LE PASSÉ
LE PRÉSENT, L'AVENIR
DE LA MUTUALITÉ

PAR

EUGÈNE JOLY

Président de l'Union du Commerce et de l'Industrie
Secrétaire général de l'Union des Sociétés de Secours et de Prévoyance mutuelle de la Loire
Ex-Secrétaire aux Congrès mutualistes
(Lyon, 1883 — Marseille, 1886 — Paris, 1889)

Aux déshérités le plus d'amour.
GUÉPIN, de Nantes.

SAINT-ÉTIENNE
IMPRIMERIE ADMINISTRATIVE ET COMMERCIALE DU « STÉPHANOIS »
17, rue de Paris, 17

1893

LE PASSÉ

LE PRÉSENT, L'AVENIR

DE LA MUTUALITÉ

IMPRIMERIE DU "STÉPHANOIS", RUE DE PARIS, 17

LE PASSÉ
LE PRÉSENT, L'AVENIR
DE LA MUTUALITÉ

PAR

EUGÈNE JOLY

Président de l'Union du Commerce et de l'Industrie
Secrétaire général de l'Union des Sociétés de Secours et de Prévoyance mutuelle de la Loire
Ex-Secrétaire aux Congrès mutualistes
(Lyon, 1883 — Marseille, 1886 — Paris, 1889)

Aux déshérités le plus d'amour.
GUÉPIN, de Nantes.

SAINT-ÉTIENNE
IMPRIMERIE ADMINISTRATIVE ET COMMERCIALE DU « STÉPHANOIS »
17, rue de Paris, 17

1893

PRÉFACE

L'étude des questions sociales restera assurément comme la caractéristique de notre époque. Si le xxe siècle doit être, comme l'a prédit un homme d'Etat, le *siècle des ouvriers*, le xixe aura eu l'insigne honneur de déblayer la route des entraves morales et juridiques qui l'encombraient encore, il y a cent ans.

Dans cette course au clocher, pour améliorer le sort du plus grand nombre, que de phrases creuses, que de redites, que de rêves irréalisables ne voyons-nous pas éclore tous les jours, mais quelle joie pour le penseur de percevoir que de toutes les théories nouvelles, celles qui ont pour résultante : *Toujours plus de justice! Toujours plus de liberté!* ont seules le don de passionner la jeune génération.

A l'heure actuelle, quatre groupements distincts se partagent l'horizon social, et aussitôt sortie des limbes de la pensée, toute théorie va, par la force de l'attraction, s'amalgamer à celui de ces groupements vers lequel l'attire plus particulièrement son affinité.

En étudiant plus attentivement les œuvres des chefs déterminés de chacun de ces groupes, nous voyons distinctement que les voies et moyens pour aboutir, préconisés par leurs auteurs, correspondent aux quatre grandes époques de l'histoire.

En effet, les premiers veulent employer : la *violence* ou *force matérielle;* les seconds : la *force légale;* les troisièmes : la *force conventionnelle :* les quatrièmes : l'union et le développement des libertés et des forces individuelles. (1)

Les partisans de la force matérielle n'y vont pas par quatre chemins. A leurs yeux, la société actuelle est mauvaise, pis que cela, pourrie jusqu'à la moelle ; il faut la supprimer, ou tout au moins supprimer tous ceux qui possèdent ; supprimer toutes les lois ; supprimer tout ce qui pourrait rappeler la civilisation actuelle. Lorsqu'il n'y aura plus rien, ni juges, ni gendarmes, ni propriétaires, ni patrons; lorsque toutes les idées de patrie, de famille, de religion auront

(1) Cette théorie des quatre groupements a été admirablement développée au Congrès de Philippeville par M. Vermont, l'éminent Président de l'Émulation chrétienne de Rouen.

disparu de la surface terrestre, un âge d'or commencera pour la nouvelle humanité : âge d'or basé sur le libre développement des facultés humaines.

Un tout petit détail, qui a cependant son importance, a été oublié par les théoriciens en question. Supposons que, par un coup de baguette magique, l'homme se réveille un beau matin à l'état rêvé par les anarchistes. Quelle différence y aurait-il entre lui et les autres animaux de la création ? Aucune, évidemment ; et alors, la petite bête, qui par atavisme, sommeille au fond du cœur du plus vertueux d'entre nous, subitement réveillée, qui nous garantira de ses débordements ? Poser la question c'est la résoudre, et nous ne croyons pas que l'humanité en vienne jamais à recommencer une expérience vieille de cent mille ans.

Les partisans de la force légale, moins nombreux que pourrait le faire supposer leur incessante agitation, ont pris pour devise : *L'Etat c'est tout, l'individu n'est rien*. Pour eux, la liberté individuelle n'existe pas; l'*Etat-Providence!* voilà leur idéal.

L'État ayant accaparé toute la fortune publique et privée, représentée par les usines, les mines, les canaux, les chemins de fer, etc., etc...... deviendrait le grand pourvoyeur de toutes choses.

Comme aboutissant, quelques circonvolutions dont on veuille parer la forme, c'est le communisme, pas autre chose. Malgré les agitations de la surface, nous ne croyons pas que ce système implante ses racines bien profondément chez nous. On ne peut cependant nier le talent, ni même le désintéressement de quelques-uns de ses apôtres, mais la société actuelle, issue de la Révolution Française, a trop soif de liberté ; elle est trop jalouse de ses droits pour les laisser confisquer au nom d'un principe, d'ailleurs absolument rétrograde.

Les partisans de la force conventionnelle sont plus cauteleux et sont de beaucoup les plus dangereux pour notre Démocratie ; c'est parmi eux que se recrutent les socialistes chrétiens.

La question sociale, à leurs yeux, doit se résoudre par un contrat moral passé entre les deux facteurs : capital et travail. D'après ce contrat, la subordination du travail ne doit plus être contestée, moyennant l'assurance que le capital satisfera à ses besoins immédiats. La corporation, détruite par le niveau égalitaire de la Révolution Française, doit être rétablie et former la base de la société nouvelle. En haut : le patronat, libre, indépendant, avec charges morales ; en bas : le salariat soumis, voilà l'idéal des partisans de la force conventionnelle.

Des incidents récents nous ont dévoilé le dessous des cartes, et ont démontré jusqu'à quel point la liberté peut être annihilée par les socialistes chrétiens. Les révélations faites autour de Notre-Dame-de-l'Usine sont fort suggestives et ont dû ouvrir les yeux aux moins clairvoyants.

S'appeler socialiste par le fait de réunir dans un atelier cinq ou six cents salariés, de les obliger à aller à la messe, à confesse et de faire payer en bons de travail à la coopérative patronale tous les objets nécessaires à leur existence, paraît au moins singulier. Il ne reste plus, pour pousser le principe à sa dernière limite, qu'à garantir le vivre et le couvert à tous les travailleurs et à leur distribuer une pièce blanche le dimanche, sous condition d'avoir été bien sages toute la semaine.

Les partisans de cet état de choses oublient que la Révolution de 1789, en brisant les corporations, les maîtrises et les jurandes, a créé une ère nouvelle d'où est sorti le monde économique actuel, et que l'on ne remonte pas plus le cours des âges que l'on ne fait remonter un fleuve vers sa source.

On pourra, avec ce système, faire, pendant quelque temps, des dupes parmi la masse ignorante, mais gare au réveil ! La nouvelle féodalité conventionnelle pourrait bien payer chèrement ses velléités de retour au moyen âge.

Les partisans du quatrième groupement fondent leur théorie sur *l'union et le développement des libertés et des forces individuelles*. Ils ont pour eux la logique et les faits acquis. L'Etat, à leurs yeux, a pour devoir de garantir, avant tout, la liberté individuelle, seule source de tout progrès ; mais loin de se désintéresser de la question sociale, il doit contribuer de toutes ses forces à encourager les essais de rénovation, basés sur la liberté, l'égalité et la fraternité.

S'inspirant de cette pensée de Gueroult : Il y a entre les hommes *solidarité, responsabilité* et *réversibilité* mutuelle ; ils demandent à chacun le *summum* de ses efforts, pour essayer de faire de la société non une marâtre, mais une bonne mère soulageant dans la mesure du possible les misères imméritées inhérentes à notre milieu économique.

Au premier rang de ces hommes généreux et désintéressés se trouvent ceux qui ont rêvé de faire de la *Mutualité* le pivot des réformes sociales. Non pas que la Mutualité représente à leurs yeux une panacée universelle, mais parce qu'ils considèrent que le principe d'association dont elle découle est le seul capable de donner des résultats probants.

La Mutualité, cette science nouvelle qui, suivant une expression de M. Luzzati, tient autant du cœur que de l'économie sociale, n'est plus, comme on le croyait naguère, une forme discrète de la charité : son rôle s'est agrandi singulièrement depuis la toute récente vulgarisation de ses principes. Aussi tous les efforts de ceux qui s'intéressent au progrès social doivent converger vers elle.

La Mutualité est un fleuve bienfaisant ayant son embouchure à la coopération pour la production, recevant comme affluents la coopération pour le crédit et la consommation, la participation aux bénéfices, cette première étape de l'association du travail et du capital, et enfin prenant sa source au sein de ces associations de Prévoyance mutuelle, si intéressantes, lesquelles ont pour noble but de parer aux besoins immédiats de la classe ouvrière, en l'assurant contre les risques inévitables de la maladie, du chômage, de la veillesse ou des infirmités prématurées.

C'est pour ceux qui s'intéressent à cette forme primitive de l'association que ce livre modeste a été écrit.

Trop peu de mutualistes connaissent la genèse des institutions dont ils sont partie intégrante. Faire connaître à chacun les droits qu'il acquiert et les devoirs qui lui incombent en entrant dans une société de secours mutuels : voilà le but poursuivi par l'auteur.

Une femme d'esprit et de cœur, à la fois écrivain de talent et philosophe : Mme E. de Girardin a dit un jour : *si l'Egalité est une chimère, la Mutualité seule est une réalité*. Ah ! combien est vraie cette pensée que nous voudrions voir inscrite à la première page de tous les manuels de nos écoliers.

Depuis quinze ans nous travaillons à propager la doctrine mutualiste au sein de nos laborieuses populations ; si à la lecture de ce modeste travail quelques soldats nouveaux viennent s'enrôler sous notre drapeau, nous nous estimerons récompensé de notre labeur.

Saint-Etienne, décembre 1891.

JOLY Eugène.

LIVRE PREMIER

LE PASSÉ

CHAPITRE Ier

La Mutualité dans l'antiquité.— Kasidéens juifs.— Hétairies grecques. — Collèges romains. — Ghuilde germanique.

Le principe de l'association est vieux comme l'humanité elle-même. Il est de toute évidence, en effet, que l'homme, livré à lui-même, ne saurait vivre longtemps sur notre planète, et que l'histoire de l'association n'est pas autre chose que l'histoire des civilisations successives.

Les hommes ont dû d'abord s'associer pour combattre les éléments de la nature ; c'est la lutte primitive de l'âge de pierre. Plus tard, réunis en tribus, en clans, ils ont puisé dans l'association les premières notions de la famille, de la propriété, de la patrie. C'est par l'association qu'ils ont pris racine au sol et qu'ils se sont élevés successivement de l'état primitif, qui ne les différenciait aucunement des autres animaux, à l'état actuel, qui en fait les maîtres incontestables du monde habité.

Grâce à ce puissant levier de l'association, les montagnes ont été percées, les mers ont été reliées entre elles par des routes aussi sûres que les routes terrestres, les continents ont été successivement explorés, enfin, aucun des secrets de la nature ne sera bientôt inconnu aux hommes, grâce aux bienfaits de l'instruction, mise à la portée de toutes les classes sociales, et dont la vulgarisation, pour produire tous ses effets, a besoin de l'association de l'Etat, des départements, des communes et de l'initiative privée.

C'est en associant ses efforts, ses idées, aux efforts, aux idées de ses devanciers, que le chimiste trouve au fond de ses creusets une nouvelle formule ; le philosophe, une genèse nouvelle de la pensée ; l'explorateur, de nouveaux continents à ouvrir à la civilisation ; le romancier, une psychologie appropriée au siècle, etc., etc., etc.

Enfin, c'est par l'association également que nous pourrons remédier aux maux présents, inhérents à notre milieu économique, si dur aux faibles, si favorable aux forts. Un des plus grands penseurs de l'humanité, Fourier, a fait de l'association la base d'un monde nouveau. Combien est loin de nous encore l'avenir prédit par le généreux penseur, mais combien ne devons-nous pas espérer en l'avenir, lorsque nous voyons, successivement et méthodiquement, chacune de ses théories passer du rêve, de l'utopie, dans le monde de la réalité.

Lorsque les hommes ont été groupés par nations indivises, les arts et les lettres, le commerce et l'industrie se sont développés parallèlement, et aussitôt une nouvelle forme de l'association est née d'elle-même ; association de soutien mutuel entre artisans de la pensée, de la plume ou de l'outil.

L'étude de ces associations dans l'antiquité est fort difficile, par suite de l'absence complète de documents les concernant. Deux motifs expliquent suffisamment cette lacune, à l'origine des mutualités. Premièrement, un fait acquis aujourd'hui, c'est que, dans l'antiquité, le travail était considéré comme avilissant, ou tout au moins comme fort peu honorable ; il restait le lot des esclaves ou des prisonniers de guerre. On comprend facilement que le groupement fut fort difficile à ces travailleurs. Cependant, des associations de soutien mutuel se formèrent entre eux, même au temps où l'esclavage florissait. L'antiquité a connu les coalitions de travailleurs, coalitions d'ailleurs réprimées avec une sauvagerie bien digne de ces temps barbares. Une deuxième considération, qui explique l'absence de documents concernant les premières associations fraternelles, c'est que tous les régimes qui se sont succédé dans le gouvernement des peuples ont eu peur des associations, quelles qu'elles fussent. Si parfois certains gouvernements ont favorisé certaines sortes d'associations complaisantes, en principe, tous les groupements leur ont porté ombrage, et nous pouvons hardiment affirmer que ce n'est qu'au XIXe siècle que le principe de la liberté de réunion et d'association conquiert sa place au soleil.

Les premières associations, toujours suspectes au pouvoir du jour, ont été obligées de prendre une forme secrète, seule capable de permettre leur développement à l'époque. On comprend, dès lors, qu'il ne nous soit resté que fort peu de documents à consulter sur cette partie fort intéressante de l'histoire de la mutualité, qui se confond avec l'histoire des travailleurs. Les historiens nous ont légué des aperçus forts intéressants sur les arts, les lettres, les sciences, la politique, la guerre dans l'antiquité, mais l'histoire du peuple est encore à faire. Cependant, d'ores et déjà, on peut dire, avec M. Boehmer, que ce qu'il manque à l'antiquité c'est le travail libre, condition essentielle à la prospérité et au développement politique de l'Etat ; car la spoliation, l'oppression et l'exploitation de la classe la plus nombreuse de la nation ne forment pas des éléments de durée pour l'Etat.

En remontant dans la nuit des siècles passés, nous trouvons en Judée, chez les juifs, sous le règne du roi Salomon, les premières traces d'associations de secours mutuels. Ces premiers mutualistes étaient connus sous le nom de Khasidéens : c'étaient des ouvriers en bâtiment, dont la mission, au début, paraît avoir été de construire et d'entretenir le temple que le roi Salomon avait fait bâtir au Seigneur, sur le modèle du Tabernacle. Ces Khasidéens étaient sans doute l'élite de la corporation ; très unis entre eux, jaloux de leurs prérogatives, ils pratiquaient l'assistance mutuelle sous toutes ses formes. Lorsqu'ils étaient obligés de voyager, ils possédaient, dans tous les centres importants, des maisons particulières appelées *somnées*, où ils trouvaient gratuitement le vivre et le couvert. De la Judée, l'association des Khasidéens passa en Egypte et plus tard en Grèce. Ils donnèrent naissance à la secte politique des Esséniens, chez lesquels la liberté individuelle, la liberté de conscience et les sentiments altruistes furent portés au plus haut point. C'est de la secte des Esséniens que quelques auteurs ont fait sortir le Christ.

Chez les Grecs, nous trouvons les hétairies ou associations fraternelles des penseurs, des philosophes et des artisans. On sait combien diverses étaient les écoles philosophiques dans l'ancienne Grèce. L'hétairie était la société qui englobait dans son sein les disciples de chaque école. Le nouvel adepte trouvait dans la société plus que des amis, des frères qui le secondaient et le secouraient dans toutes les circonstances pénibles de la vie. L'entrée dans l'hétairie était fort difficile et on exigeait du récipiendaire un ensemble de garantie morale. Les artisans avaient leurs hétairies spéciales, sorte de syndicat où les membres de la même corporation étaient seuls admis. L'association subvenait, au moyen de cotisations mensuelles, exigées des membres, aux besoins des malades, des infirmes, des veuves, des orphelins et des nécessiteux.

Chez les Romains, l'association mutuelle était très développée. La loi autorisait la formation des collèges qui correspondaient à peu près au compagnonnage des temps modernes.

Les membres composant un collège devaient avoir un même état, une même fonction ou poursuivre un but commun ; ils prenaient entre eux le nom de *collegæ*, d'où le mot de collègue. Aux termes de la loi romaine, il fallait au moins une réunion de trois personnes pour former un collège. On disait alors qu'elles formaient un corps, *corporati* d'où le mot français de corporation.

Ce système d'association était aussi pratiqué par les entrepreneurs des travaux publics, il servait pour l'exploitation en régie des revenus publics : forêts, salines, etc., etc. Dans ce cas spécial, le collège se transformait en *societate* ou société. Mais le collège était, avant tout, une association mutuelle composée d'artisans du même état. Il y avait à Rome le collège des forgerons, le collège des boulangers, etc., etc. Tous les membres du collège versaient à une caisse commune une cotisation déterminée par les statuts de l'association. Ils avaient droit, en retour, aux secours en cas de maladie ou d'infirmités prématurées. Le collège prenait sous sa protection la veuve et les orphelins de tous les membres défunts.

Les collèges romains, mieux que les confréries du moyen âge, correspondaient à nos associations de secours mutuels, car tout esprit politique ou religieux en était rigoureusement banni, ou plutôt les religieux et les politiciens étaient eux-mêmes groupés en collèges spéciaux. Pour les religieux, il y avait le *collège des pontifes*, des *augures*, des *frères arvales*, etc.; pour les politiciens, le *collège des tribuns du peuple*, des *décurions*, etc., etc.

Dans les collèges d'artisans, la cotisation mensuelle était exigée et les secours déterminés par avance d'une manière très exacte.

La plus célèbre des associations romaines fut le collège des ouvriers en constructions qui survécut à l'empire romain. Numa, 717 ans avant Jésus-Christ, avait fait venir de la Grèce un certain nombre de Khasidéens qu'il avait placés à la tête des principaux collèges romains. Sous l'impulsion des nouveaux venus, habiles architectes, la corporation des ouvriers en constructions prit un développement rapide et considérable.

Elle fut exemptée d'impôts, et le privilège des constructions publiques leur fut perpétué pendant tout l'empire romain. Ses ramifications existaient encore à l'époque de la domination lombarde. Les papes, à leur tour, leur donnèrent le monopole de la construction des églises et des édifices religieux, et par diverses chartes, l'exemptèrent de toutes les lois et statuts locaux, édits royaux et règlements municipaux concernant les corvées et toute imposition obligatoire pour les habitants du pays. Munis de ces chartes papales, la corporation issue de l'ancien collège romain, se répandit en Allemagne, en France et en Angleterre. Leurs immunités lui firent quelquefois donner le nom de *francs-maçons* ou de corporation franche.

De temps immémorial, les Germains ont connu la Ghuilde ou association mutuelle. De même qu'à Rome, la Ghuilde avait pour principal but de soulager les infortunes d'artisans du même métier, ou qu'une communauté d'intérêts réunissait dans la société fraternelle.

De même que dans les hétairies et les collèges, des statuts et règlements déterminaient les droits et les devoirs de chacun des associés et un droit d'entrée était exigé de tout nouvel adhérent. Les secours, ainsi que dans les associations de l'antiquité et du moyen âge, étaient distribués suivant les ressources de la caisse commune. Une très curieuse remarque concernant toutes les associations de l'antiquité, c'est l'oubli complet qu'elles ont eu de la Prévoyance en faveur de la vieillesse. Nous voyons bien des sociétés mutuelles secourant les malades, les veuves, les orphelins mais, pour le vieillard : rien ! Les sentiments de famille étaient-ils plus développés alors que de nos jours, comptait-on davantage sur la société, prise dans son ensemble, pour subvenir aux besoins des veillards, nous ne le croyons pas. L'absence complète de toute société pour la retraite devait tenir plutôt à la mobilité des gouvernements et au peu de garantie qu'ils offraient pour l'accumulation d'un fonds commun devant servir à cet usage. De là, la tendance marquée pour toutes les associations de vivre au jour le jour et de dépenser intégralement chaque année les sommes provenant des cotisations de leurs membres participants.

CHAPITRE II

Le Christianisme et la Mutualité. — Les Corporations au moyen âge.

Le christianisme naissant puisa sa principale, pour ne pas dire son unique force, dans l'appel adressé aux humbles, aux esclaves, aux déshérités de toutes espèces à venir prendre place au soleil, au banquet de la vie.

Les préceptes de morale qu'il apportait avec lui firent peu de chose pour son développement, car nous les retrouvons à la base de toutes les religions révélées et Confucius, Boudha, Moïse et Mahomet furent les égaux du Christ en cette matière. La plus grande gloire du christianisme fut son essai de réhabilitation du travail. En imposant, comme principe absolu, la charité envers ses semblables, il modifia la forme païenne des premières mutualités basées sur la solidarité. Peu s'en fallut, d'ailleurs, que le christianisme ne tournât au communisme le plus pur. Ecoutez les premiers pérès de l'ère chrétienne :

« Le riche est un larron. Il faut qu'il se fasse dans le monde une espèce » d'égalité, en se donnant de part et d'autre ce qu'on a de superflu. Il vaudrait » mieux que tous les biens fussent en commun. » (Saint Jean Chrysostome).

« La nature a donné le droit commun ; l'usurpation a donné la propriété » privée. » (Saint Ambroise).

« En bonne justice, tout devrait appartenir à tous ; c'est l'iniquité qui fait » la propriété particulière. » (Saint Clément).

Nous pourrions multiplier à l'infini ces citations destinées seulement à justifier le reproche de communisme que nous adressons au christianisme naissant ; mais nous préférons ne pas insister sur ce point fort délicat et fort controversé.

Les premières associations chrétiennes étaient basées sur le partage absolu des biens. Les associations agricoles, notamment, furent fort florissantes et toutes communistes.

Les *parsonniers* chrétiens de cette époque ne connaissaient point l'héritage, ils pratiquaient la solidarité à la façon des Icariens, des disciples de Cabet au au XIXe siècle.

« Celui qui ne travaille pas ne doit pas manger », a dit saint Paul, le plus grand de beaucoup des pères de l'Eglise chrétienne et le véritable fondateur de la religion nouvelle. Si ces paroles avaient été mises en pratique par les disciples des premiers apôtres, l'humanité se serait vu épargner une souffrance de deux mille ans. Malheureusement, l'invasion des barbares remit tout en question, et la féodalité, qui suivit cette invasion et à laquelle les papes et le clergé se rallièrent, retarda de dix siècles cet événement : *La glorification du travail individuel.*

Lorsque le tassement des peuples divers qui s'implantèrent, en Gaule à la suite de la conquête, fut définitivement opéré et que l'Etat prit enfin son unité, le commerce se développa peu à peu. Soumis à toutes les vexations, incertains de l'avenir, les marchands et les artisans du même état se recherchèrent et se groupèrent pour se soutenir, et pour résister aux spoliations dont ils étaient journellement victimes de la part des seigneurs, du clergé et de la cour. Telle fut l'origine des corps de métiers ou des corporations du IXe siècle.

Ces corporations étaient des associations d'individus exerçant la même profession dans une localité ou un district et dont les membres étaient réciproquement liés par certains droits et par certains devoirs. A l'origine, cet état de chose, eut pour résultat de réhabiliter le travail, en relevant la profession industrielle.

Chaque corps d'état se plaçait sous l'invocation de la Vierge ou des Saints et se soutenait mutuellement contre les exactions des gens de cour et des gens de guerre.

Les corporations jouèrent un rôle considérable dans l'affranchissement des communes; on peut même dire que ce fut leur œuvre propre.

En effet, leurs membres bien disciplinés, furent la principale force armée dont disposaient les villes lorsqu'il fallut résister aux empiétements seigneuriaux.

Dans ce temps où tout était privilège, les corporations, grâce à leurs associations, purent acheter toutes les franchises et, dès lors, la chute de la féodalité était une question de temps.

Mais ce qu'il y eut surtout d'intéressant dans les corps de métiers, au point de vue tout spécial qui nous occupe, ce fut l'esprit de mutualité et de solidarité fraternelle dont ils furent imprégnés au début. Chaque corporation englobait les artisans, les patrons, compagnons et apprentis du même état, chaque atelier formait une seule et même famille. Les malades étaient soignés aux frais de la corporation, laquelle prenait également sous son patronage les vieillards, les enfants, les veuves et les orphelins. Cet état de choses dura jusqu'au XIIIe siècle. Comment cette institution aussi vivace, aussi profondément humanitaire et sociale, dégénéra-t-elle en monstruosités, et pourquoi le mot seul de corporation suffit-il aujourd'hui à soulever un tollé général?

La faute en fut au milieu même au sein duquel les corporations se développèrent. La corruption, qui, dès le moyen âge, gangrenait les couches supérieures de la nation française, envahit peu à peu les couches inférieures, et bientôt les bourgeois des premières époques de l'affranchissement des communes, qui personnifiaient la liberté, firent place à une race dégénérée, ayant tous les vices de la noblesse et du clergé. Un point d'honneur professionnel stupide morcella tout d'abord à l'infini les corps de métiers; il en résulta une confusion grotesque, des exclusions tyranniques, des prohibitions absurdes. Les cordonniers, jaloux des savetiers, demandèrent leur dispersion; les vinaigriers, les chandeliers, les apothicaires se séparèrent des épiciers. Les tribunaux mirent trois siècles à établir une ligne de démarcation entre les tailleurs et les fripiers, entre un habit neuf et une vieille culotte. Au XVIIIe siècle, les corporations de Paris en étaient arrivées à dépenser 800,000 livres par an, en procès.

A partir du XIIIe siècle, des dispositions de plus en plus restrictives et rigoureuses s'introduisirent au sein des corporations. Pour se marier, il fallait que l'ouvrier fût *maître*, et pour obtenir la maîtrise il devait passer un examen devant un jury composé de ceux avec lesquels il allait se trouver en rivalité d'intérêts le lendemain.

Si par hasard un maître étranger à la ville ouvrait boutique, ou si un compagnon refusé à la maîtrise voulait travailler pour son propre compte, leur affaire était claire. Une nuit, les maîtres concurrents envahissaient le domicile des nouveaux venus et malgré les cris de la femme et des enfants, malgré les supplications du principal intéressé, outils, marchandises, meubles, tout était brisé et jeté au vent. Voilà pour la liberté individuelle.

Suivant un principe d'indépendance et de haute moralité, les corporations élisaient chaque année leurs syndics, leurs maîtres, prieurs ou gardes. Un édit de 1691 leur enleva ce droit et mit toutes ces dignités à l'encan. La corruption était telle à cette époque que Pontchartrain pouvait dire à Louis XIV : que Votre Majesté crée des offices, Dieu créera aussitôt des imbéciles pour les acheter; et la royauté, qui avait besoin d'argent, créait sans cesse des emplois nouveaux, Dieu faisait le reste. On en était arrivé à ce point, que nul achat ne pouvait se conclure, même pour les besoins les plus urgents, sans qu'on appelât le juré qui avait acheté le privilège de visiter, d'auner, de peser, de mesurer, etc., etc., etc.

On inventa successivement la dignité de conseiller du roi, rouleurs et courtiers en vins; la dignité de conseiller du roi, contrôleur des empilements de bois; la dignité de conseiller de police; des charges de barbiers, de perruquiers, d'apothicaires, de contrôleurs visiteurs de beurre frais, d'essayeurs de beurre salé, etc., etc.

Turgot, le grand réformateur, l'intègre homme d'Etat, nous a légué une page

2

superbe, laquelle dépeint l'état où les corporations en étaient arrivées. Dans son savant rapport concluant à la suppression des corporations et de tous les privilèges industriels, il faut lire l'énumération des *dispositions bizarres, tyranniques, contraires à l'humanité et aux bonnes mœurs dont sont remplis les codes obscurs du monopole industriel, rédigés par l'avidité, adoptés sans examen dans un temps d'ignorance et auxquels il n'a manqué pour être l'objet de l'indignation publique que d'être connus.*

Turgot rappelle les articles des statuts des corporations qui *excluent tous les autres, que les fils de maîtres, d'autres où ils rejettent tous ceux qu'ils appellent étrangers c'est-à-dire n'habitant pas la même ville. Dans un grand nombre de corporations, il suffit d'être marié pour être exclu de l'apprentissage et, par conséquent, de la maîtrise.*

L'esprit de monopole a été poussé si loin que les femmes ont été exclues des métiers les plus convenables à leur sexe, tels que la broderie qu'elles ne pouvaient exercer pour leur propre compte.

Turgot s'élève contre les *habitudes regardées comme une règle de droit commun*, et il propose de couper le mal dans sa racine, en *supprimant purement et simplement toutes les entraves qui enchaînent le travail national.* Malheureusement, il eut à lutter contre la ligue des intérêts privés; abandonné par la cour, il ne put faire triompher la cause de la liberté. Il tomba et la Révolution, treize ans après, établit définitivement, sur les ruines du trône, la *liberté du Travail.*

CHAPITRE III

Le Compagnonnage

L'association mutuelle la plus curieuse que produisit le moyen âge fut, sans contredit, le *compagnonnage*. Le compagnonnage a surtout cela de particulier qu'il survécut, en temps qu'association, à la Révolution de 1789. Les corporations, les confréries, les maîtrises, les jurandes ne se relevèrent point du coup dont elles furent frappées par la loi de mars 1791 ; seul, le compagnonnage poursuivit sa marche régulière ; il y eut même encore de beaux jours pour lui dans la première moitié de notre siècle, et aujourd'hui encore il existe, un peu modifié il est vrai, mais basé de plus en plus sur la solidarité et les principes altruistes qui firent sa force pendant dix siècles.

Le compagnonnage paraît avoir été fondé vers le XIIe siècle, quelque temps après l'organisation des corps de métiers. Ce fut au début une association secrète, établie entre ouvriers du même état ou d'états analogues et dont le double but était de se prêter un mutuel secours en cas de besoin et de présenter en face des maîtrises, trop souvent exclusives, un groupement redoutable. On voit qu'il y a quelque analogie entre le compagnonnage au moyen âge et les syndicats ouvriers actuels. Le compagnonnage, avec son esprit de solidarité, ses institutions mutualistes, a rendu de grands services à la classe ouvrière. Nous verrions avec plaisir les syndicats ouvriers s'inspirer des principes qui ont fait sa force et délaisser les coteries brouillonnes, hostiles par principe à la mutualité, comme cela arrive malheureusement trop souvent. La mutualité porte ombrage à tous ceux qui ont fait de la lutte des classes un tremplin électoral : raison de plus pour que tous les travailleurs intelligents viennent se grouper sous son drapeau fraternel.

Les *Trades-Unions* anglaises ont toujours associé la mutualité à leurs revendications sociales, et l'exemple des résultats obtenus en Angleterre devrait être médité par nos travailleurs français.

Le compagnonnage a été pendant dix siècles le lien fraternel qui a relié entre eux les travailleurs de toutes les provinces françaises.

Lorsqu'un compagnon désespérait d'arriver à la maîtrise, ou bien, chose qui arrivait fort souvent, si on ne lui permettait pas de se perfectionner dans son atelier primitif, il partait pour de longues pérégrinations. Le compagnonnage lui assurait partout des amis; aussitôt qu'il arrivait dans une ville nouvelle, des mains fraternelles se tendaient vers lui; s'il était bien portant et qu'une place fût vide au chantier, l'embauchage avait lieu sur l'heure; malade, il était soigné gratuitement, son vivre et son couvert lui étaient assurés; si la ville n'offrait aucune ressource pour son travail, un petit pécule l'aidait à gagner la ville voisine.

La réception du compagnon est entourée de cérémonies bizarres, rappelant les mystères antiques. On a voulu, tour à tour, que le compagnonnage se soit greffé sur la franc-maçonnerie, et que la franc-maçonnerie soit née du compagnonnage.

Nous ne croyons ni à l'une ni à l'autre de ces théories. Le compagnonnage nous paraît avoir toujours été une société fondée dans un but de défense mutuelle qui porta les hommes à s'entr'aider et à se soustraire par le groupement à l'arbitraire des patrons du moyen âge, autrement durs au salarié que ceux de nos jours. La franc-maçonnerie nous paraît avoir poursuivi un tout autre but.

Les compagnons se divisaient en trois grandes fractions :

1° Les Enfants de Salomon;

2° Les Enfants de maître Jacques;

3° Les Enfants du père Soubise.

Les enfants de Salomon se composaient des tailleurs de pierre, appelés : *compagnons étrangers ou loups ;* des menuisiers et des serruriers du devoir de liberté, dits : *gavots ;* des charpentiers dits : *renards de la liberté.*

Les enfants de maître Jacques ne comprenaient dans le début que les tailleurs de pierre, compagnons passants dits : *loups-garous*, et des menuisiers et serruriers du devoir dits : *dévorants*. Les menuisiers reçurent les tourneurs ; les serruriers, les vitriers. Puis entrèrent chez eux : les taillandiers, les forgerons, les maréchaux, les charrons, les tanneurs, les corroyeurs, les fondeurs, les ferblantiers, bourreliers, selliers, cloutiers, vanniers, dalleurs, chapeliers, sabotiers, cordiers, tisserands, boulangers. Les ferrandiniers ou tisseurs ne furent reçus qu'en 1841 et les cordonniers sont les enfants de maître Jacques depuis 1871 seulement.

Les enfants de Soubise ne recevaient au début que les charpentiers qui s'appelaient : *passants* ou *drilles ;* plus tard entrèrent chez eux les couvreurs et les plâtriers.

Parmi les compagnons et pour des raisons qu'il serait oiseux de développer ici, les uns : *hurlent*, les autres ne *hurlent* pas ; les uns *tôpent*, les autres ne *tôpent pas ;* les uns ont des *surnoms*, les autres n'en ont pas. Quelques uns ont des boucles d'oreilles, tous ont des couleurs, des rubans et des cannes et pour emblèmes l'équerre, la règle et le compas.

Le compagnon a pour statuts un *devoir*, c'est-à-dire un code de lois et règlements, basé sur la plus étroite solidarité, le plus fraternel dévouement, l'altruisme le plus parfait. Ce code a toujours été très sévère. Un compagnon dont la conduite est notoirement scandaleuse est rayé de la société ; un voleur est chassé ignominieusement après la cérémonie émouvante dite : *conduite de Grenoble.* Pour être admis compagnon : il faut jouir d'une considération parfaite, n'être ni joueur, ni intempérant, avoir été apprenti pendant un certain laps de temps, être libéré du service militaire et dans beaucoup de corps d'état avoir produit un chef-d'œuvre.

Dans le compagnonnage, bien avant que l'idée de l'école professionnelle ait germé, avaient lieu des cours gratuits pour les apprentis. Les mieux doués, les plus instruits des compagnons se faisaient un devoir d'enseigner aux jeunes gens, la lecture, l'écriture, quelques notions de calcul et de dessin et surtout le travail professionnel. C'est même la seule école où aient passé une foule d'artistes éminents qui, dans les arts décoratifs, ont porté haut le génie français.

Dans chaque localité, les compagnons avaient un chef élu au scrutin, en assemblée générale, appelé par les compagnons : *Premier*. Il, était le dépositaire des secrets de la corporation, il présidait la réunion et représentait la société vis à vis des sociétés sœurs et des patrons.

Tout compagnon devait, pendant une semaine, son temps à la société, sous le titre de *rouleur*. Le rouleur était chargé d'embaucher et de lever les acquits, c'est-à-dire qu'il s'assurait que tout compagnon, quittant une ville, ne laissait aucune dette.

Toute société de compagnonnage se considérait, vis-à-vis des patrons, responsable de la conduite de ses compagnons ; aussi la discipline, au sein de l'association, a-t-elle été toujours très sévère. On a eu fort raison de dire que : *le compagnonnage confère à l'initié une noblesse dont il est aussitôt fier et jaloux à l'excès.*

Les funérailles d'un compagnon sont entourées d'une pompe touchante ; le corps est porté sur les épaules de quatre compagnons ; sur le cercueil sont apposées deux cannes en croix, l'équerre, le compas et les couleurs de l'association ; l'éloge du défunt est prononcé par un compagnon ami et la cérémonie funèbre se termine par une accolade fraternelle, dite : *Guillebrette*.

Lorsque dans une localité une société de compagnonnage était en souffrance, elle faisait appel aux autres sociétés de France et toujours l'appel était entendu et la société en péril était bientôt, grâce à la solidarité, remise en état de faire face à ses engagements.

En cas de difficultés dans la solution d'une question importante, la société faisait appel à toutes les autres sociétés.

Nous avons vu plus haut que le compagnonnage se divisait en trois fractions importantes. Jusque vers la moitié du XIXe siècle, ces trois fractions rivales furent toujours ennemies. Des excès révoltants, des rixes sanglantes avaient lieu presque journellement entre compagnons rivaux. En 1826, un noble cœur, *Agricol Perdriguier*, compagnon menuisier, dit : *Avignonnais la Vertu*, résolut de mettre fin à ces rivalités séculaires. En 1839, il publia un petit livre fort curieux, dans lequel, après avoir rappelé la mission généreuse du compagnonnage pendant dix siècles, il terminait en faisant appel à la conciliation et surtout à la réconciliation.

Tous les grands penseurs de l'époque appuyèrent ses idées, Chateaubriand, Lamartine, Georges Sand, Bérenger, Lamennais, se mirent de la partie, et enfin, en 1848, dix mille compagnons des trois fractions rivales, rassemblés à Paris, se réconciliaient dans une fête mémorable.

Depuis cette époque, le compagnonnage est à peu près uni, mais ses rangs s'éclaircissent de jour en jour. Le parti ouvrier socialiste le bat en brèche et lui enlève une partie de ses recrues. Les sociétés de secours mutuels actuelles remplacent d'ailleurs avantageusement le compagnonnage, en ce qui concerne la partie philanthropique de son programme. Les sociétés de secours mutuels ont une analogie avec le compagnonnage, en ce sens qu'elles tendent à remplacer la *charité* par la *solidarité*.

CHAPITRE V

Les Confréries

Les confréries, dont l'origine remonte aux premières années du moyen âge, étaient des associations de personnes du même métier, de la même paroisse ou du même quartier, réunies en commun, au début du moins, plutôt pour l'accomplissement de pratiques religieuses que pour l'échange de services mutualistes.

Beaucoup d'écrivains se plaisent à faire descendre nos associations mutuelles directement des confréries ; sans nier absolument cette paternité, nous constatons seulement que ce n'est guère que vers la fin du XVIIIe siècle que la plupart des confréries introduisirent des modifications mutualistes dans leurs statuts et règlements. Avant cette époque, elles paraissent peu dignes d'intérêt.

Les plus célèbres confréries ouvrières furent celles de Saint-Crépin et Saint-Crépinien, de Saint-Honoré, de Saint-Martin le Bouillant, de Sainte-Anne.

Beaucoup de confréries du moyen âge étaient composées de joyeux viveurs et de farceurs émérites, à l'instar de certains clubs anglo-américains de nos jours. Telle fut par exemple la confrérie célèbre de Notre-Dame-de-Liesse, qui n'admettait dans son sein que les personnes susceptibles de pouvoir offrir un banquet pantagruélique aux co-associés et que la voix populaire avait surnommée la *Confrérie des Goulus*.

Il n'était point rare de voir, au cours de leurs processions, les confréries remplir leurs calebasses des offrandes des promeneurs et ensuite de dépenser la collecte en excès et en débauches sans nom.

En 1498, le parlement ému, défendit aux confréries de donner des banquets.

François Ier, par son célèbre édit de Villers-Cotterets, essaya de les supprimer entièrement ; mais les usages furent plus forts que la volonté royale, et les confréries, un moment émues, restèrent, malgré le roi, plus florissantes que jamais.

Turgot, en 1776, voulut supprimer les confréries en même temps que les corps de métiers. C'est de cette époque que date, pour la plupart d'entre elles, leur transformation en associations d'assistance mutuelle.

La Révolution de 1789 en dispersa les derniers vestiges et ce fut en vain que la Restauration essaya de les rétablir ; elle n'aboutit qu'à l'éclosion de quelques confréries de pénitents bigarrés dont nous voyons encore de nos jours les derniers vestiges dans quelques villes du midi de la France.

Monsieur Bleton, le distingué mutualiste lyonnais, dans un savant rapport, couronné par la section d'économie sociale à l'exposition universelle de 1889, donne d'intéressants détails sur plusieurs confréries lyonnaises, datant du XIIIe siècle. Il résulte des documents conservés aux archives paroissiales et municipales de Lyon, que la ville possédait un nombre considérable de confréries bourgeoises et d'artisans. On a retrouvé les statuts et règlements complets de la confrérie des marchands banquiers, joailliers, commissionnaires et merciers, établie en l'église collégiale de Saint-Nizier, le 9 mars 1487, ainsi que ceux de la grande confrérie des négociants établie en l'église des RR. PP. Feuillants, à peu près à la même époque.

Un des plus intéressants documents cité par M. Bleton est celui fourni par la confrérie de la Trinité, société comptant déjà au XVe siècle plus de 3.000 membres. Il existe à la bibliothèque de la ville de Lyon un manuscrit où furent trancrits en 1422 tous les actes intéressant l'association depuis 1306. Les procès-verbaux des séances tenues par les membres ont été ajoutés ensuite jusqu'à la date du 29 mai 1792. C'est donc cinq siècles de la vie d'une institution contenue dans ce registre, peut-être unique en France (1).

En résumé, l'association dans les confréries revêtait rarement une forme mutuelle, c'était plutôt la charité discrète. Pourtant, dans les confréries d'artisans, les sentiments de solidarité se développèrent rapidement, et vers la fin du XVIIIe siècle, à l'époque de leurs dissolutions, beaucoup d'entre elles pratiquaient la mutualité à l'instar de nos associations actuelles.

C'est ainsi que la confrérie de Notre-Dame-de-la-Nativité, fondée à Paris en 1740, en l'église Saint-Laurent, prit, dès les premiers jours de la Révolution, le nom de société panotechnique de prévoyance et créa une caisse de retraite spéciale pour les vieillards. C'est, croyons-nous, la première application de la retraite qui ait été tentée. Cette caisse spéciale, indépendante de la société était alimentée par une cotisation particulière. On pouvait faire partie de la société sans verser à cette caisse, mais pour y verser, il fallait d'abord : être membre participant de la panotechnique de Prévoyance.

La cotisation spéciale fut d'abord fixée à 5 sols par mois. Vers 1740 cette cotisation fut portée à 10 sols. Ce versement était encore exigé en 1810.

La plus intéressante des confréries, en ce sens qu'elle a donné naissance à la plus ancienne des sociétés de secours mutuels existant aujourd'hui, fût la confrérie de Sainte-Anne.

Fondée en 1696, en l'église du prieuré de Sainte-Marie du Temple à l'ordre des Chevaliers de Malte et de Jérusalem, elle a successivement adopté toutes les améliorations que les usages, les mœurs et les lois ont apportées à la mutualité.

(1) Rapport présenté au nom du comité des Présidents. Page 3. Lyon 1889. (Mouzin Rusan, éditeur).

Dans une notice fort intéressante, publiée par le Président actuel et qui a paru dans le *Bulletin Officiel* en 1887, nous trouvons les renseignements suivants, qui font connaître la vie de l'association depuis sa fondation :

« Les plus anciens documents datent de 1625. Tous se suivent et sont d'ac-
« cord pour faire remonter la société à 1694, sans indiquer le nom de son fon-
« dateur; seulement dans les quatre premières années elle était administrée
« par sieur Canappe et s'appelait : confrérie et société hospitalière d pa-
« gnons menuisiers et habitants du Temple, sous l'invocation de sainte Anne. »

« Dans l'église de Sainte-Marie, enclos du Temple, elle avait une chapelle
« dédiée à sainte Anne, ainsi que les ornements nécessaires au culte. L'office
« s'y disait tous les dimanches et se célébrait solennellement à la Sainte-
« Anne. Les objets du culte étaient confiés à la garde des comptables, qui les
« remettaient à leurs successeurs. Outre les cotisations, les comptables faisaient
« chaque année, dans la semaine de la Sainte-Anne, une quête chez les maîtres
« menuisiers du quartier du Temple, pour subvenir aux dépenses des confrè-
« res. »

« Puis vient un règlement qui fixa à 5 sols par mois la cotisation des con-
« frères, et à 3 livres par semaine, les secours remis aux sociétaires malades
« et pour les comptables, à 3 livres 10 sols. On obtient ce secours en avertis-
« sant les comptables, qui sont chargés en outre, d'aller visiter les malades, les
« dimanches en leur portant assistance.

« Tout confrère âgé ou incapable de travailler, aura droit à la maison de
« Bicêtre et à 30 sols par mois. »

« Les comptables, choisis parmi les plus capables, sont chargés de veiller à
« la conduite des confrères plus jeunes.

« Les confrères qui seront deux mois sans payer leur mois et confrérie se-
« ront rayés de dessus les livres, et si, dans le courant de six mois à deux ans,
« ils viennent payer leurs arrérages, ils seront remis dans les rangs. »

« Les deux sortants comptables sont chargés d'aller chercher les deux en-
« trants en charge en carrosse, le jour de la Sainte-Anne, après quoi, ils iront
« chercher le *meneur* et la *quêteuse*. »

« La semaine d'avant la Sainte-Anne les quatre en charge avec le bedeau
« du Temple, sont obligés d'aller faire la quête dans toutes les boutiques du
« Temple. »

« Le syndic est obligé de tirer quittance des malades qui ont reçu assistance ;
« comme aussi des pensionnaires qui sont à Bicêtre. »

« Il est obligé de venir une fois par mois au Temple, s'il ne peut venir plus
« souvent, afin de veiller à ce qui se passe à la confrérie. »

« Tous les maîtres en charge qui feront plus de dépenses qu'il n'est dit ci-
« dessus, au jour de la fête, il ne leur sera point tenu compte, et ce sera à
« leurs frais et dépens. »

« Le présent règlement a été approuvé par Henri Bodet, doyen, MM. les an-
« ciens syndics et maîtres en charge et a été signé comme bon pour servir de
« de règlement à l'avenir, pour la confrérie et société Sainte-Anne, érigée par
« les compagnons menuisiers et habitants du Temple. »

Voilà certes un règlement que ne désavoueraient point nos associations actuelles, rien n'y manque : frais de maladie, visites, responsabilité, pensions pour les vieillards.

Puis viennent d'autres règlements qui modifient et étendent le cercle d'action de la société.

En 1792, on vend les objets du culte, les membres se dispersent et sont réduits à 30. La société prend le titre de : *société fraternelle de secours* et se réunit dans le logement du sieur Rancy sociétaire.

En 1801, le comptable disparait avec 300 francs, tout l'avoir social. Alors Rémégeraux, un ancien sociétaire résolut de relever la société. Il lui offre son local qui fût pendant 10 ans son siège social. En 1805, l'association possède 185 livres et les sociétaires payent d'avance l'année entière.

En 1807, une pension de 3 livres 10 sous par mois était constituée, une autre en 1808. Il fut convenu que les malades recevraient 20 sols par jour, en suivant exactement le règlement, ce secours sera alloué pendant trois mois ; on décide également l'achat d'un coffre et de trois clefs, dont une est remise au syndic et chacune des autres aux comptables.

En 1810, la société reçoit deux cartes de dispensaire de la société philanthropique de Paris.

En 1811, l'association, composée de 83 membres, transporte son siège social au local actuel, rue Saint-Mery, 41.

En 1812, l'avoir social est de 1.074 francs 18 centimes, elle place 1.000 francs au Mont-de-Piété.

En 1816, 2.354 francs en caisse. Le droit d'admission est élevé de 10 à 15 fr. Une pension de 120 francs est servie au sieur Lubadie, âgé de 72 ans.

En 1817, une somme de 40 francs est attribuée aux funérailles de tout sociétaire décédé.

En 1819, on décide que lorsque le décès se produira hors de Paris les 40 francs seront mis à la disposition de la veuve ou des orphelins. Le capital social s'élève à 4.000 francs.

En 1820, une disposition sévère préserve les finances sociales : « Tout compta-
« ble qui payerait un malade qui ne serait point en droit aux secours, sera tenu
« de rembourser ce qu'il aura donné au dit malade, sauf recours contre le
« sociétaire, de plus le comptable sera amendé de 5 francs. »

« Tout sociétaire qui ne solderait pas ses cotisations arriérées de un an, mal-
« gré l'avertissement fait le onzième mois, est rayé des contrôles.

« Le nombre des sociétaires est fixé à 150, et ce chiffre est maintenu par
« l'admission des surnuméraires, au fur et à mesure des décès. »

En 1821, la société reçoit un don de 900 francs, à l'occasion de la naissance du duc de Bordeaux.

En 1824, une nouvelle pension de 120 francs est servie à un sociétaire âgé de 60 ans et qui possède 20 ans de société.

En 1825, la société de Sainte-Anne contribue pour 200 francs et la société de Saint-Eustache, pour 120 francs, au service funèbre de Louis XVIII. La société possède 8.200 francs, dont 7.100 francs au Mont-de-Piété.

En 1826, la députation des décès est fixée à 40 membres. Au décès du doyen ou des délégués, la société entière assiste aux funérailles. Le secours de veuve est accordé à la femme et aux enfants légitimes.

En 1827, le secours de maladie est fixé à trois mois et pour les maladies chroniques une pension provisoire est servie pendant la durée.

M. le docteur Montezeau offre son concours gratuit. Il est accepté comme médecin consultant.

Un malade, dont la négligence a retardé la guérison, rembourse deux semaines sur cinq; il est radié définitivement en 1825.

L'admission n'est définitive que sur le certificat délivré par le médecin de la société.

En 1830, la cotisation est portée de 1 franc à 1 fr. 25 et les fonds de la société sont transférés du Mont-de-Piété au Trésor Public, par l'achat de 400 francs de rente pour 8.674 francs, plus 21 fr. 70 de frais au nom de la société de Sainte-Anne, avec pouvoir de transfert pour le président et deux administrateurs.

Enfin, établissement d'une exacte proportion entre les cotisations mensuelles des sociétaires et les secours accordés.

En 1832, droit d'admission fixé à 12 francs et l'âge maximum 40 ans. Taux de la pension fixé à 5 francs par mois. Le fonds social est divisé en deux parties : 1° Réserve sociale; 2° Partage entre les sociétaires et les veuves. Indemnité funéraire, remplacé par une cotisation extraordinaire de 1 franc, remise aux héritiers des défunts.

En 1833, par suite du choléra, réduction de la pension à 4 francs par mois. Vente de 35 francs de rente pour payer 325 francs de dettes. Réduction de 1 francs à 0 fr. 80 de la cotisation funéraire.

En 1835, rétablissement de la pension à 5 francs, admission reculée à 45 ans, avec droit à la pension à 65 ans.

En 1836, le ministre de l'intérieur autorise la société de Saint-Anne, après lui avoir imposé certaines modifications statutaires.

En 1837, elle reçoit un don de 575 francs à l'occasion du mariage du duc d'Orléans.

En 1838, l'actif social est de 8 800 francs.

En 1841, il est créé une cotisation extraordinaire de 0 fr. 25 par trimestre, destinée à prolonger les secours, au delà du temps fixé par les statuts.

En 1842, cotisation extraordinaire de 0 fr. 50, pour célébrer le service funèbre du duc d'Orléans avec la société de Saint-Eustache, de Panotechnique et des Arts-et-Métiers.

En 1843, la société philanthropique de Paris, fait don à la société d'un livret de caisse d'épargne de 100 francs, destiné à récompenser et à encourager, parmi les ouvriers, les habitudes d'ordre et d'économie.

Le titulaire désigné, le sieur Bughon, en fait don à son tour à la société.

En 1843, la duchesse d'Orléans fait un don de 500 francs à la société.

En 1844, l'actif social est de 10.200 francs, et la pension mensuelle est portée de 5 francs à 5 fr. 50.

En 1846, actif social 13.000 francs ; en 1854, 16.000 francs. Depuis cette époque la société s'est régulièrement augmentée, et les rentes et les dépenses de ces dernières années se sont balancées par 6 et 7.000 francs.

Enfin, en 1887, la société de Sainte-Anne se faisait approuver.

Cet historique de la plus ancienne société de secours mutuels française peut s'appliquer à peu près à toutes les associations qui ont survécu à la Révolution Française. Il démontre l'énergie et la persévérance de certains travailleurs, de ceux que rien n'abat, lorsqu'il s'agit de faire triompher ou de faire vivre une institution de solidarité sociale.

CHAPITRE VI

La Mutualité en France, depuis la Révolution de 1789 jusqu'en 1848.

La Révolution française ne fut point tendre pour les associations en général et pour les associations mutuelles en particulier. Le caractère des confréries, en la forme sous laquelle elles se présentaient, lui parut un obstacle à la sécularisation des institutions sociales qu'elle poursuivait ; d'autre part, sa crainte de voir reparaître, sous une autre forme et sous un autre nom, les corporations industrielles, tant abhorées, lui fit dépasser le but. Les constituants ne voyaient dans toute association qu'un retour au passé. Ils voulaient, avant tout, rendre ce retour impossible. Cet ordre d'idées aboutit à la loi du 17 juin 1791, dans la teneur de laquelle nous relevons les dispositifs suivants :

« Les citoyens d'un même état, les entrepreneurs, ceux qui ont boutique « ouverte, les ouvriers ou compagnons d'un art quelconque, ne pourront, « lorsqu'ils se trouvent réunis, ni nommer de président, ni secréta[illegible] ni

« syndic, ni tenir des registres, prendre des arrêtés en délibération, former des « règlements sur *leurs prétendus intérêts communs !* »

Il faut certainement tenir compte des circonstances, pour apprécier cette loi à sa juste valeur. Ce qui nous paraît inique aujourd'hui, était alors nécessaire. La transformation sans secousse du régime économique et industriel de la France, qui était encore possible sous Turgot, si les bonnes volontés s'étaient réunies, n'était plus possible en 1791. Il fallait passer le fer rouge sur le passé : la Constituante n'hésita pas, si elle alla jusqu'à nier l'existence d'intérêts communs pour les ouvriers d'une même profession, elle établit avec raison le régime de la libre concurrence. Elle ne pouvait penser d'ailleurs que moins de cent ans après, le régime qu'elle inaugurait aboutirait, à son tour, à une ploutocratie à laquelle on ne pourrait précisément se soustraire que par la libre association des efforts individuels.

Quoi qu'il en soit, malgré la loi restrictive de 1791, la mutualité répondait à un besoin trop puissant, à des aspirations trop légitimes, pour disparaître complètement. Si les sociétés mutuelles, mises à l'index par la Constituante, ne se multiplièrent pas, du moins quelques-unes d'entr'elles continuèrent à fonctionner tant bien que mal.

La promulgation du Code pénal fut le signal de leur résurrection. A l'abri des articles 291, 292, on vit bientôt se former partout des sociétés mutuelles. Sous la restauration, Paris comptait, en 1822, 132 sociétés composées de onze mille membres.

Parmi les départements où l'éclosion fut la plus rapide, citons la Gironde, le Nord, la Haute-Garonne, le Rhône, le Haut-Rhin, le Bas-Rhin, le Tarn, le Var et la Seine-Inférieure.

Une des personnalités mutualistes les plus remarquables du commencement du siècle fut M. Benjamin Delessert, petit-fils d'un protestant exilé, qui fonda, en 1805, la Société philanthropique de Paris.

« En voyant travailler 3.000 ouvriers dans les manufactures, cet homme de « bien avait compris quels étaient leurs besoins matériels et moraux ; il « voulut faire renaître, parmi les travailleurs qui fécondent nos richesses « publiques et particulières, l'assistance mutuelle. A son instigation et avec « ses conseils, la société philanthropique chercha les moyens de créer et de « multiplier en France les associations de secours mutuels. Ses efforts per- « sonnels aboutirent à la fondation de cinquante neuf sociétés, de 1805 à 1815 (1).

Il fallait vraiment que cet esprit de solidarité et de fraternité, qui est l'apanage des associations mutuelles, fût profondément ancré au fond du cœur de la génération de cette époque, pour supporter toutes les vilenies dont le

(1) Cité par M. E. Schlœsing, président de la Société protestante de Prévoyance de Marseille. (Secours mutuels n° 4.)

gouvernement abreuvait les mutualistes et pour ne point jeter le manche après la cognée. La situation des sociétaires était en effet, suivant une heureuse expression de M. Bletton, celle d'une personne qu'on autoriserait à circuler entre deux gendarmes. Qu'on en juge par la teneur de l'ordonnance suivante, prise par le Maire de Lyon en 1822, à l'effet de réglementer la situation des associations de bienfaisance de la ville, vis à vis de l'administration supérieure.

« Nous, Maire de la ville de Lyon,

« Considérant qu'il existe à Lyon, entre les ouvriers des diverses professions, « plusieurs sociétés de bienfaisance et de secours mutuels, dont les règlements, « arrêtés à des époques déjà éloignées, ne contiennent pas toutes les disposi- « tions dont l'expérience a fait reconnaître la nécessité.

« Considérant qu'il importe de rappeler les dites associations au seul but que « l'administration s'est proposé, en autorisant leur établissement ; que ce but « n'est et ne peut être que le soulagement des malades, vieillards et infirmes « de la société,

« Ordonnons ce qui suit :

« Article premier. — Toute assemblée générale ou particulière d'aucune « société de bienfaisance, quelle qu'elle soit, ne pourra avoir lieu qu'en vertu « d'une autorisation spéciale et par *écrit par nous et sous la présidence de « tel commissaire de police, que nous aurons désigné à cet effet.*

« Les réunions particulières des bureaux de ces mêmes sociétés, soit que ces « réunions aient été désignées à des jours fixes, ou qu'elles aient été convo- « quées extraordinairement, ne pourront avoir lieu qu'autant que le syndic ou « le secrétaire en aura donné avis au susdit commissaire de police, lequel « aura la faculté d'y assister, s'il le juge à propos.

« Art. 2. — Le fonds présumé nécessaire aux besoins journaliers de chaque « société est fixé à la somme de trois cents francs. Chaque fois qu'il y aura « dans la caisse d'une société une somme de cent francs, au-dessus du fonds « ci-dessus fixé, la dite somme de cent francs devra être déposée au Mont-de- « Piété pour y produire l'intérêt déterminé par le règlement de cet établisse- « ment. »

« Le trésorier de chaque société est personnellement responsable de toute « inexécution qui serait commise à la disposition prescrite par le présent « article, lequel est d'obligation pour toutes les sociétés : tant celles qui sont « présentement établies que pour celles qui demanderaient par la suite, l'auto- « risation de s'établir.

« Art. 3. — En conséquence de l'article précédent, les syndics et trésoriers « de toutes les sociétés présentement existantes seront tenus, sous *leur* « *responsabilité personnelle, de venir faire, dans un délai de quinze jours,* « *au bureau de police municipal,* la déclaration des sommes en toutes valeurs « qui pourront être alors dans leur caisse.

« Chaque Société sera tenue d'avoir un registre dit : journal de caisse par « débit et crédit, lequel sera *préalablement côté et paraphé par le commis-* « *saire de police* chargé par nous de la présidence des assemblées générales « de la dite Société. Sur ce registre devront être portés sans lacune ni inter- « valle et à la suite les uns des autres :

« Au débit, tous les articles de recettes ;

« Au crédit, tous les articles de dépenses en quoi que ces articles puissent « consister.

« Art. 4. — Lorsque les besoins de la Société exigeront qu'il soit prélevé « des sommes quelconques sur les dépôts faits à la Caisse du Mont-de-Piété, « le syndic ou le chef de la Société délivrera, à l'ordre du trésorier, une ordon- « nance de payement sur la dite Caisse. Cette ordonnance, qui sera acquittée « à présentation, devra préalablement être revêtue du visa du commissaire de « police, chargé de la présidence de la Société.

« Art. 5. — Chaque commissaire de police qui aura été délégué par nous, « à l'effet de présider les assemblées générales ou particulières d'une Société de « bienfaisance, est spécialement tenu de s'assurer, par la vérification des « pièces et livres de comptabilité, que le bureau se conforme exactement à ce « qui est prescrit par les articles précédents. A cet effet le journal de caisse, « dont il est question à l'article 3, devra être balancé et arrêté quatre fois l'an, « une fois par trimestre, par le *commissaire de police,* en présence des « membres du bureau et cela *sans préjudice des vérifications extraordi-* « *naires* auxquelles *ledit commissaire* jugerait convenable de procéder. S'il « venait à être reconnu, qu'au moyen d'écritures fictives, le bureau se fût « permis d'éluder l'exécution des susdits articles, le commissaire de police en « dressera procès-verbal, lequel nous sera transmis sur le champ, pour être « référé à l'autorité supérieure et être pris telle mesure qu'il appartiendra.

« Art. 6. — Toutes caisses particulières, tous régistres dissimulés, toutes « rétributions quelconques autres que celles déterminées par les règlements « approuvés sont sévèrement prohibés, à peine contre les contrevenants, « d'être poursuivis selon toute la rigueur des lois.

« Art. 7. — Il est expressément défendu aux membres du bureau, et en « général à tous individus quels qu'ils soient, d'employer les fonds de la « Société, lors même qu'il y aurait une délibération de l'assemblée générale, à « d'autres usages qu'au soulagement des malades, des vieillards et infirmes, « et ce, uniquement dans les cas prévus par les règlements.

« Et quant aux frais de premier établissement et à ceux des menues dépenses « annuelles, il sera nécessaire, avant que les membres du bureau puissent les « ordonnancer valablement, qu'il en ait été dressé un état qui sera présenté à « notre approbation avec avis du commissaire de police.

« ART. 8. — Dans la huitaine de la publication de la présente ordonnance, « les syndics de toutes les sociétés existantes aujourd'hui se présenteront au « bureau de police municipale pour retirer un exemplaire, certifié par nous, « de ladite ordonnance. Cet exemplaire sera annexé par eux à la minute du « règlement de chaque Société, dont il est déclaré faire partie intégrante.

« ART. 9. — La présente ordonnance sera préalablement soumise à l'appro- « bation de M. le Conseiller d'Etat, Préfet du Rhône, pour être affichée aux « lieux accoutumés de cette ville.

« Fait à l'Hôtel de Ville de Lyon, le 6 novembre 1822.

Le Maire de la ville de Lyon,

BARON RAMBAUD.

Vu et approuvé par nous, Conseiller d'Etat, Préfet du Rhône, la présente ordonnance pour avoir son entière exécution.

Lyon, le 12 novembre 1822.

Le Conseiller d'Etat, Préfet du Rhône,

COMTE DE TOURNON.

La monarchie de juillet, par la loi du 10 avril 1837, réglementa à son tour les sociétés de secours mutuels en même temps que toutes les associations de plus de vingt personnes. Cette loi, en imposant la demande d'autorisation préalable, mit les associations entre les mains du ministre de l'intérieur. A Paris, cette autorisation était accordée par le Préfet de Police, dans les départements par les Préfets. La loi de 1834 donnait le pouvoir à ces fonctionnaires de retirer, du jour au lendemain, sans avis du Conseil d'Etat, l'autorisation accordée. Tombée en désuétude à la suite de la révolution de février 1848, cette loi de 1834 a été remise en vigueur en ce qui concerne les sociétés autorisées par le décret de 1852 et aujourd'hui encore, ces intéressantes associations n'ont d'existence légale qu'en vertu du bon vouloir de l'administration de laquelle elles ressortissent. Pendant la crise politique qui suivit la chute de M. Thiers, et surtout au Seize Mai pendant le passage de M. de Fourtou au ministère de l'intérieur, plusieurs d'entre elles eurent à souffrir de l'arbitraire administratif, et, dans beaucoup de cas, sans la haute influence des membres honoraires, la dissolution eût été prononcée.

Le gouvernement de Louis-Philippe se montra fort paternel pour la Mutualité ; et c'est certainement de 1830 à 1848 que l'on vit se créer le plus grand nombre des associations existant encore aujourd'hui. En 1842, Paris comptait 234 sociétés et 17.500 membres. En 1844, 256 sociétés et 20.600 membres. En 1845, 262 sociétés et 23.000 membres. L'association, sous toutes ses formes, était d'ailleurs préconisée, à cette époque, par toute une pléiade de penseurs et d'écrivains socialistes. C'était l'époque où l'on se passionnait pour S. Simon, pour Fourier, pour Auguste Comte, pour Cabet, pour Proudhon, etc., etc. En relisant les statuts des associations fondées à cette époque, il est facile de se rendre compte de l'influence de tel ou tel penseur ; tel paragraphe, insignifiant aujourd'hui, dénotait alors que les fondateurs étaient empreints de S. Simonisme, tel autre que Fourier et sa géniale théorie des quatre mouvements avait frappé leur esprit.

Le mutuellisme de Proudhon, qui fut fort en honneur à Lyon principalement, se rattache par beaucoup de côtés à la mutualité, telle que la comprennent aujourd'hui beaucoup d'esprits éminents.

« Proudhon enseignait que l'idée mutuelliste, comme l'idée communiste, était « aussi ancienne que l'état social. Il rattachait le mutuellisme à cette fameuse « maxime, que tous les sages ont répété et que nos constitutions de l'an II et « de l'an III, à leur exemple, placèrent dans la déclaration des droits et des « devoirs de l'homme et du citoyen : « Ne faites pas aux autres ce que vous ne « voudriez pas qu'on vous fît.» Faites constamment aux autres le bien que vous « voudriez en recevoir.

« Partisan résolu de la liberté individuelle, il estimait que la société devait « être considérée non comme une hiérarchie de fonctions et de facultés, mais « comme un système d'équilibration entre forces libres, dans lequel chacune « est assurée de jouir des mêmes droits, à la condition de remplir les mêmes « devoirs, d'obtenir les mêmes avantages en échange des mêmes services. Ces « principes sont ceux qui régissent nos associations mutuelles (1). »

Dans certaines régions, principalement dans le Dauphiné, la très grande majorité des Sociétés de secours mutuels ont jusqu'à présent refusé de se faire approuver, préférant conserver une certaine indépendance, principalement dans la gestion de leurs fonds. On ne peut expliquer cette anomalie, puisque en fait les sociétés approuvées jouissent incontestablement de privilèges fort remarquables et surtout fort intéressants au point de vue pécuniaire, que par un état d'esprit inspiré par le socialisme libertaire de 1848. On ne peut nier, en tous cas, que les écrits des penseurs de cette époque contribuèrent puissamment à l'essor que prit la mutualité, malgré les barrières qui l'empêchaient encore de se développer librement et que la Révolution de 1848 allait bientôt briser.

(1) *L'Assistance mutuelle en 1890*, par Emile Bérard, Président de la Société des Arts et Métiers de Blidah (Algérie).

Sous le gouvernement de Louis-Philippe, l'étude de la création de la Caisse nationale de retraites pour la vieillesse fut poursuivie par le Consul général du commerce. Une commission composée de MM. Delessert, président, d'Eichal, Louis Reybaud, Arlès Dufour, Reverchon, Isaac Kœcklin, Bonvoinez et Chavannes, chargea M. Ortolan, le savant jurisconsute, de faire un rapport sur la question. M. Ortolan le publia en 1846, et nous y trouvons en germe les bases de la loi actuelle. Le projet n'aboutit point ; il fut critiqué par tous les esprits de l'époque, même par ceux qui avaient fourni la preuve du plus grand attachement à la classe ouvrière. On accusait l'institution d'être *immorale, dangereuse pour l'Etat, illusoire pour les ouvriers*.

Voici ce que répondait M. Ortolan :

« 1° *Objection. — L'institution est immorale.*

« L'institution est immorale, a-t-on dit, car elle repose sur un placement « viager à fonds perdus, qui a son principe dans l'égoïsme, qui déshérite la « famille, qui en détruit l'esprit, qui prend sur la part de la femme et des « enfants pour faire un sort au mari, qui, une fois le titulaire mort, laisse la « femme et les orphelins sans ressources.

« Nous admettons tout cela pour le placement viager d'un capital important ; « pour cette combinaison qui permet à un homme d'accroître ses jouissances, « de transformer l'aisance en luxe, de dévorer à la fois, jour par jour, son « fonds et son revenu, de telle manière que sa fortune n'ait profité qu'à lui « seul et qu'elle s'éteigne avec lui. Mais comment la pensée peut-elle venir d'en « dire autant du placement successif des minimes retenues faites volontaire- « ment et avec persévérance sur le salaire de chaque semaine, dont le chiffre « ne doit pas dépasser la somme de 1 fr. 50 par semaine, de 4 francs par mois, « qui iraient se perdre, le plus souvent, sans cette louable prévoyance, en de « condamnables dissipations, et qui ont pour but d'assurer quoi ? Une pension « alimentaire, le strict nécessaire au chef de famille quand il sera vieux et « incapable de continuer son labeur. N'est-ce point là un intérêt de famille ? « N'est-ce pas une chose d'éternelle justice que le fruit du travail accompli « dans l'âge viril donne au moins la nourriture au travailleur devenu vieux ? « Et quel esprit de famille prétend-t-on imposer à cette femme, à ces enfants, « lorsqu'on veut les pousser à disputer cette dernière nourriture au vieillard, « acquise goutte à goutte à la sueur de son front ? Mais si ce reproche « d'égoïsme est vrai partout, il est vrai dans ces associations mutuelles entre « ouvriers, que chacun s'accorde à trouver si méritantes et à vouloir encou- « rager, il est vrai dans toutes nos administrations publiques, où chaque « fonctionnaire, au moyen de retenues successives, acquiert des droits à une « pension de retraite.

« Mais les choses sont loin heureusement de se passer comme on le dit !

« Que le sentiment de famille est loin du portrait que l'on veut faire ! Ces « pensions de retraites, acquises par des retenues, sont considérées comme « un bienfait dans le ménage, la femme, les enfants se reposent sur cette « perspective ; le chef de famille est à l'abri pour ses vieux jours, tout le « monde l'est par lui et avec lui. Et en admettant que la mort empêche le « titulaire du livret de jouir de sa pension, le capital si péniblement amassé « n'est point perdu pour la famille. Les enfants sont devenus eux-mêmes des « hommes, ils travaillent à leur tour, et la seule personne dont on doit « s'occuper c'est la femme. Or, la loi a réservé tous ses intérêts et ainsi qu'on « le verra par le texte lui-même, le déposant a le choix entre deux natures de « rentes ; une rente avec abandon du capital ; une rente dont le capital est « remboursable à ses héritiers. Il ne tient donc qu'à lui de faire profiter sa « femme de la sécurité que l'Etat lui assure. Eloignons même ce cas et exami- « nons quelle est dans la classe ouvrière la situation des vieillards devenus, « par l'âge ou les infirmités, incapables de travailler. Les enfants ne se cotisent « qu'à grand'peine et avec répugnance pour subvenir imparfaitement à leurs « besoins. Ils sont dans la famille une cause de privations, une charge, aussi « les voit-on peu soignés, trop souvent abandonnés ; avec leur pension alimen- « taire, au contraire, ils y apporteront une sorte d'aisance, ils y seront utiles « jusqu'à leur dernier moment, ils y recevront les soins qui ne devraient « jamais leur manquer. Pour produire cet heureux résultat, pour prévenir ce « déplorable abandon, il a suffi plus d'une fois d'un faible secours de huit « francs par mois, alloués à ce vieillard ? Loin de détruire les liens de famille, « l'institution aura donc pour résultat direct de les resserrer.

« 2e *Objection. — L'institution sera dangereuse pour l'Etat ?*

« L'institution, disait-on, ne sera autre chose qu'une assurance à primes, une « sorte de spéculation faite par l'Etat. Dans l'impossibilité absolue de calculer « d'avance les tarifs d'une manière rigoureuse, l'Etat perdra ou gagnera ; s'il « perd, où s'arrêtera-t-il ? S'il gagne, quel gain odieux ? A cela le ministre a « répondu avec raison : Qu'il y ait perte ou qu'il y ait gain, les tarifs pourront « toujours être revisés par la loi et l'on s'en inquiétera assez tôt pour que le « mal, s'il existe, d'un côté ou de l'autre, soit promptement arrêté.

« 3e *Objection. — L'institution est illusoire pour les ouvriers ?*

« L'institution, a-t-on dit, n'a pour les ouvriers que des désavantages, ou « tout au moins les avantages qu'elle promet sont illusoires. Remarquons, dit « M. Ortolan, que rien n'est forcé. Tout est volontaire, tout est spontané et « libre. Il suffirait de vouloir contraindre à recourir à l'institution pour que, « à l'instant même, elle fut discréditée et impossible. Mais, ajoute-t-on,

« l'ouvrier ne peut thésauriser, retenir sur un salaire déjà insuffisant la prime « qu'il devra verser ; il ne peut prendre pour un si long temps un engagement « aussi régulier; la caisse sera appelée : *Caisse nationale de retraites pour « la classe laborieuse*, et ce sera vraiment une caisse pour la classe aisée. Si « l'ouvrier s'arrête, s'il suspend ses versements, et combien de causes acciden- « telles ne viendront pas l'y forcer? Que deviendront les versements qu'il aura « fait?

« A tout cela quelques réponses de bon sens. La pension devra être limitée, « dans son taux le plus élevé, à une somme telle qu'elle ne dépasse jamais « les besoins alimentaires des classes à qui elle est destinée; il devra en « être établi divers taux, au choix de celui qui voudra se la constituer, afin « que l'institution se plie aux facultés les plus étroites des classes laborieuses; « le payement des primes, comme celui de la pension, devra se diviser mois « par mois et pourra même l'être semaine par semaine, à l'aide du concours de « quelques intermédiaires ; les retenues à faire ainsi sur le salaire se renferme- « ront, au gré du contractant, dans la limite de 1 fr. 50 à 4 fr. par mois tout « au plus. Il n'est pas un de nos ouvriers, nous ont dit les manufacturiers de « diverses villes, qui ne soit à même de s'imposer ce prélèvement bien « inférieur à celui qui va se perdre en journées de dissipations. On a remarqué « trop souvent que, pour un grand nombre d'ouvriers, l'augmentation du « salaire, si un compte de prévoyance n'y est pas assigné, tourne en oisiveté, « en ivrognerie; Il y a plus, on a remarqué que, souvent, l'ouvrier règle son « travail et le salaire qu'il veut obtenir sur la dépense strictement nécessaire « à son entretien, quand cet entretien lui semble assuré pour quelques jours, « il quitte l'atelier, il chôme jusqu'à ce que les besoins le ramènent au travail. « Offrez-lui une économie incessante et nécessaire, dans laquelle il s'engage « pour assurer son avenir, ce sera pour lui tout profit. »

LIVRE DEUXIÈME

LE PRÉSENT

CHAPITRE Ier

La Révolution de 1848 et la Mutualité. — Création de la Caisse nationale des retraites pour la vieillesse. — Loi du 18 juin 1850. — Loi du 20 juillet 1886. — Tarif des rentes de 1 fr. à 100 francs.

La Révolution de 1848 fut saluée par les travailleurs comme le signal d'une ère nouvelle. Pour la deuxième fois, la France allait se trouver sous le régime républicain et les revendications sociales, qui, depuis vingt ans, fermentaient au sein de la masse, allaient s'épanouir au grand jour.

Certes, jamais Révolution suscita pareil enthousiasme, et l'on peut affirmer que si la question sociale pouvait se résoudre par décrets, nous jouirions, depuis 1848, d'une félicité universelle. Malheureusement les faits économiques sont plus puissants que les bonnes volontés, et on ne décrète point le bonheur du peuple.

Il est de mode aujourd'hui de traiter de sentimentaux les hommes de cette puissante génération de 1848 qui se trouvèrent à l'improviste chargés des destinées du gouvernement de la France.

Sentimentaux, c'est possible, dans tous les cas, ils portaient dans le cœur un amour profond pour le peuple. Il n'est point permis de suspecter la profonde sympathie qu'avaient pour les travailleurs des hommes tels que : Pelletan, Edgard Quinet, Lamartine, Jules Simon, Charras, Louis Blanc, Proudhon, Lammenais, Albert, Crémieux, pour ne citer que ces seuls noms.

Le premier soin du gouvernement de 1848 fut de supprimer les entraves à la liberté de penser et de s'associer. La Mutualité bénéficia largement du décret du 28 juillet 1848 qui consacrait d'une manière absolue la liberté de réunion. Les sociétés mutuelles n'eurent plus à demander l'autorisation préalable et toutes les formalités administratives furent supprimées du même coup. Une fois la liberté complète rendue aux associations, le gouvernement s'occupa d'améliorer la condition du travailleur. Une grande commission fut nommée avec mission de centraliser les revendications sociales. Cette commission fut présidée par M. Bethmont. Un projet de loi fut déposé en même temps, d'après lequel les communes, les départements et l'Etat étaient astreints à une contribution régulière au profit des institutions mutualistes. Un député, M. Rouveure, alla plus loin, il proposa que les patrons fussent frappés d'une contribution régulière obligatoire au profit de ces mêmes institutions.

La Constituante repoussa les deux propositions, mais, de plus en plus, l'idée faisait son chemin *que la Mutualité, pour pouvoir rendre tous les services attendus, doit posséder des règles fixes pour guide et que le devoir de l'Etat est de l'encourager, surtout lorsque cet Etat est démocratique.*

L'ouvrier, par les conditions mêmes dans lesquelles il se trouve placé, est, en général, imprévoyant, il vit comme l'oiseau sur la branche : pour lui, le lendemain n'existe pas, jusqu'au jour où la maladie, les infirmités prématurées ou la vieillesse viennent lui ouvrir les yeux et lui apprendre, trop tard hélas ! qu'il y a différentes manières d'ordonnancer son budget et qu'il eût pu, avec un peu de bonne volonté et quelques légers sacrifices, atténuer tout au moins les funestes effets des maux inhérents à la nature humaine. Le plus grand bienfait de la Mutualité, des modestes associations de secours mutuels surtout, est précisément de montrer aux travailleurs ce que peut enfanter de prodiges, ce que peut amener de bien-être l'épargne la plus modeste, lorsque cette épargne devient propriété collective.

En ce qui concerne la vieillesse du travailleur, les législateurs de 1848 voulurent lui offrir une garantie assez solide pour faire disparaître toute hésitation et l'amener par la force des choses à épargner et surtout à épargner sentencieusement. Ce sera pour la deuxième République un éternel honneur d'avoir doté la France d'une institution qui est pour l'ouvrier, le plus déshérité, un outil admirable destiné à assurer son indépendance et son bien-être, à la condition cependant qu'il veuille bien apprendre à s'en servir. La loi portant création d'une Caisse nationale des retraites pour la vieillesse est du 18 juin 1850. On peut dire que rien ne fut négligé pour que les intérêts sacrés de la classe ouvrière fussent respectés.

Voici l'analyse succinte de l'institution créée par la République de 1848, avant que la loi de 1886 ne vint la modifier :

« Les versements à la Caisse des retraites doivent être de 5 fr. au moins et « sans fraction de franc.

« Ceux qui sont effectués au profit de deux conjoints doivent être de 10 fr. « au moins et multiples de 2 fr. Ils peuvent être faits au profit de toute « personne âgée de trois ans au moins et jouissant de la qualité de français. « Toutefois, les étrangers peuvent faire des versements s'ils sont admis en « France à jouir des droits civils.

« Les versements opérés par les mineurs de moins de dix-huit ans doivent « être autorisés par leur père, mère ou tuteur. Le versement opéré antérieurement au mariage reste propre à celui qui l'a fait. Le versement opéré pendant « le mariage par l'un des conjoints profite séparément à chacun d'eux par moitié.

« En cas de séparation de corps ou de biens, le versement postérieur profite à « celui qui l'a opéré.

« La Caisse rembourse sans intérêt : 1° toute somme versée irrégulièrement « par suite de fausse déclaration sur les noms, nationalités, qualités civiles et « âge des déposants, ou par défaut d'autorisation ; 2° les sommes qui, lors de « la liquidation définitive, sont insuffisantes pour produire une rente viagère « de 5 fr. ou qui dépasseraient, soit la somme de 2.000 fr. par année, soit « le capital nécessaire pour constituer une rente de 600 fr. ; 3° toute somme « versée au profit d'une personne morte au jour du versement ou atteinte de « la maladie dont elle est morte dans les vingt jours du versement.

« Les versements peuvent être effectués à la Caisse des Dépôts et Consigna- « ou chez ses préposés dans les départements, soit par les intéressés eux- « mêmes, soit à leur profit par des tiers, soit enfin par les Caisses d'Epargne, « Sociétés de secours mutuels ou autres intermédiaires choisis par les « déposants.

« Ces déposants ne sont pas obligés d'opérer leur versement entre les mains « du même préposé. Ainsi, les versements commencés dans un département « peuvent être continués dans un autre.

« Le montant de la rente viagère est fixé d'après des tarifs qui tiennent « compte : 1° de l'intérêt composé du capital à raison de 4 1/2 0/0 par an ; « 2° des chances de mortalité en raison de l'âge du déposant et de l'âge « auquel commence la retraite, calculées d'après les tables dites : de Dépar- « cieux ; 3° du remboursement au décès, du capital versé, si le déposant en « fait la demande au moment du versement. Ainsi, le déposant a le choix entre « deux natures de rentes : une rente avec abandon, une rente avec réserve du « capital à son décès. On comprend sans peine que les rentes demandées avec « réserve du capital soient moins élevées avec les mêmes versements que celles « auxquelles donne droit l'abandon du capital.

« Le déposant qui a demandé à son décès le remboursement du capital versé « peut, à l'époque fixée pour l'entrée en jouissance, faire l'abandon de tout ou « partie de ce capital, à l'effet d'obtenir une augmentation de rente, sans qu'en « aucun cas le montant total puisse excéder 600 fr.

« Au décès du titulaire de la rente, avant ou après l'époque de l'entrée en « jouissance, le capital déposé est remboursé sans intérêts aux ayants droit, « si la réserve en a été faite au moment du dépôt et s'il n'a pas été fait usage « de la faculté d'abandon total ou partiel au moment de l'entrée en jouis- « sance.

« Le capital réservé reste acquis à la *Caisse des Retraites*, en cas de « déshérence ou par l'effet de la prescription, s'il n'a pas été réclamé dans les « trente années qui auront suivi le décès du titulaire de la rente.

« L'entrée en jouissance peut être fixée au choix du déposant, à partir de

« chaque année d'âge accompli depuis cinquante ans, sans fraction trimes-
« trielle, et le versement doit précéder de deux ans au moins l'époque fixée
« pour la jouissance de la rente.

« En cas de blessures graves ou d'infirmités prématurées, régulièrement
« constatées, entraînant une incapacité absolue de travail, la pension peut
« être liquidée même avant cinquante ans et en proportion des versements
« faits avant cette époque.

« Les versements faits pendant les deux années qui précèdent l'époque fixée
« par le déposant pour l'entrée en jouissance de sa rente viagère sont compris
« dans la liquidation de cette rente, pourvu qu'ils n'excèdent pas le quart de
« l'ensemble des versements antérieurs, c'est-à-dire ne dépassant pas, à l'époque
« de la liquidation définitive, le cinquième du total des versements.

« Les rentes viagères de la Caisse des retraites sont incessibles et
« insaisissables jusqu'à concurrence de 300 fr. Les arrérages sont payés par
« trimestre. Une commission permanente est chargée de veiller à la bonne
« administration de la Caisse des retraites. Cette commission se compose de
« quinze membres nommés pour trois ans par le chef de l'Etat, sur la propo-
« sition des ministres du commerce et des travaux publics. Elle présente
« chaque année un rapport sur la situation morale et matérielle de la Caisse.
« Ce rapport est communiqué aux Chambres. »

Depuis sa fondation, la Caisse nationale des retraites pour la vieillesse a subi diverses modifications, notamment par le décret du 18 mars 1852; la loi du 28 mai 1853, le décret du 18 août 1853, la loi du 7 juillet 1856, le décret du 27 juillet 1861, la loi du 4 mai 1864, la loi du 20 decembre 1872. Enfin, en 1886, le 20 juillet, fut promulguée la loi qui régit actuellement cette institution et dont voici la teneur complète :

« Article premier. — A partir du 1er janvier 1887, la Caisse des retraites
« créée par la loi du 18 juin 1850 prendra nom de : *Caisse nationale des*
« *retraites pour la vieillesse* · elle fonctionnera sous les garanties de l'Etat,
« dans les conditions ci-après énoncées :

« Art. 2. — La Caisse nationale des retraites pour la vieillesse est gérée par
« l'administration de la Caisse des Dépôts et Consignations, qui pourvoit aux
« frais de gestion.

« Art. 3. — Il est formé auprès du ministre du commerce une commission
« supérieure chargée de l'examen de toutes les questions qui concernent la
« Caisse nationale des retraites pour la vieillesse.

« Cette commisssion présente chaque année au Président de la République,
« sur la situation morale et matérielle de la Caisse, un rapport qui est distribué
« au Sénat et à la Chambre des députés.

« Elle est composée de seize membres, ainsi qu'il suit :

« 2 sénateurs nommés par le Sénat ;

« 2 députés nommés par la Chambre ;

« 2 conseillers d'Etat nommés par le Conseil d'Etat ;

« 2 présidents de sociétés de secours mutuels désignés par le ministre de « l'intérieur;

« 1 industriel désigné par le ministre du commerce.

« Ces membres sont nommés pour trois ans.

« Font partie de droit de la commission :

« Le président de la Chambre de Commerce de Paris ;

« Le directeur général de la Caisse des Dépôts et Consignations ;

« Le directeur du commerce intérieur au ministère du commerce ;

« Le directeur général de la comptabilité publique au ministère des finances ;

« Le directeur du mouvement général des fonds au ministère des finances ;

« Le directeur de la dette inscrite au ministère des finances ;

« Le directeur du secrétariat et de la comptabilité au ministère de l'intérieur.

« La commission élit son président.

« Art. 4. — Le capital des rentes viagères est formé par les versements « volontaires des déposants.

« Art. 5. — Les versements sont reçus et liquidés à partir de 1 fr. et sans « fraction de franc.

« Ils peuvent être faits, soit à capital aliéné, soit à capital réservé.

« Art. 6. — Le maximum de la rente viagère que la Caisse nationale des « retraites est autorisée à inscrire sur la même tête est fixée à douze cents « francs.

« Art. 7. — Les sommes versées, dans une année, au compte de la même « personne, ne peuvent dépasser mille francs.

« Ne sont pas astreints à cette limite :

« 1° Les versements effectués en vertu d'une décision judiciaire ;

« 2° Les versements effectués par les administrations publiques avec les « fonds provenant des cotisations annuelles des fonds non admis au bénéfice « de la loi du 9 juin 1853 sur les pensions civiles ;

« 3° Les versements effectués par les sociétés de secours mutuels avec les « fonds de retraites inaliénables déposés par elles à la Caisse des Dépôts et « Consignations.

« En aucun cas, ces versements ne pourront donner lieu à l'ouverture d'une « pension supérieure à douze cents francs.

Art. 8. — Les rentes viagères constituées par la Caisse nationale des retraites « sont incessibles et insaisissables jusqu'à concurrence de trois cent soixante « francs.

« Art. 9. — Le montant de la rente viagère à servir est calculé conformé-
« ment à des tarifs tenant compte pour chaque versement :

« 1° De l'intérêt composé du capital, fixé conformément à l'article 12 de la « présente loi ;

« 2° Des chances de mortalité en raison de l'âge du déposant et de l'âge « auquel commence la retraite, calculées d'après les tables dites : de Déparcieux.

« Ces tables seront ultérieurement rectifiées d'après les résultats dûment constatés des opérations de la caisse ;

« 3° Du remboursement, au décès, du capital versé si le déposant en a fait « la déclaration au moment du versement.

« Art. 10. — L'entrée en jouissance de la pension est fixée, au choix du « déposant, à partir de chaque année d'âge accomplie, de cinquante à soixante-« cinq ans.

« Les tarifs sont calculés jusqu'à ce dernier âge.

« Les rentes viagères au profit des personnes âgées de plus de soixante-cinq « ans sont liquidées suivant les tarifs déterminés pour l'âge de soixante-« cinq ans.

« Art. 11. — Dans le cas de blessures graves ou d'infirmités prématurées, « conformément au décret du 27 juillet 1891, et entraînant incapacité absolue « de travail, la pension peut être liquidée, même avant cinquante ans, et « en proportion des versements faits avant cette époque.

« Les pensions, ainsi liquidées pourront être bonifiées à l'aide d'un crédit « ouvert, chaque année, au budget du ministère de l'intérieur.

« Dans aucun cas, le montant des pensions bonifiées ne pourra être supérieur « au triple du produit de la liquidation, ni dépasser un maximum de trois cent « soixante francs (360 fr.), bonification comprise.

« La commission supérieure statuera sur toutes les demandes de bonification « et devra en maintenir les concessions dans les limites des crédits disponibles.

« Art. 12. — Les tarifs établis en conformité de l'article 9 sont calculés sur « un taux d'intérêt gradué par quart de franc.

« Un décret du Président de la République fixe au mois de décembre de « chaque année, en tenant compte du taux moyen des placements de fonds « de rentes sur l'État effectués par la caisse pendant l'année, celui de ces « tarifs qui doit être appliqué l'année suivante.

« Ce décret est rendu sur la proposition du ministre des finances, après avis « de la commission supérieure.

« Art. 13. — Les versements peuvent être faits au profit de toute personne « âgée de plus de trois ans.

« Les versements opérés par les mineurs âgés de moins de seize ans doivent « être autorisés par leur père, mère ou tuteur.

« Le versement opéré antérieurement au mariage reste propre à celui qui « l'a fait.

« Les femmes mariées, quel que soit le régime de leur contrat de mariage, « sont admises à faire des versements sans l'assistance de leur mari.

« Le versement fait pendant le mariage, par l'un des deux conjoints, profite « séparément à chacun d'eux par moitié.

« Peut, néanmoins, profiter à l'un des conjoints qui l'effectue, le versement « opéré après que l'autre conjoint a atteint le maximum de la rente ou après « que les versements faits dans l'année, au profit exclusif de celui-ci, soit « antérieurement au mariage, soit par donation, ont atteint le maximum des « versements annuels.

« Le déposant marié qui justifiera soit de sa séparation de corps, soit de sa « séparation de biens, contractuelle ou judiciaire, sera admis à effectuer des « versements à son profit exclusif.

« En cas d'absence ou d'éloignement d'un des deux conjoints, depuis plus « d'une année, le juge de paix peut accorder l'autorisation de faire des « versements au profit exclusif du déposant.

« Sa décision peut être frappée d'appel devant la Chambre du conseil du « tribunal de première instance.

« Art. 14. — Les étrangers résidant en France sont autorisés à faire des « versements à la Caisse des retaites pour la vieillesse aux mêmes « conditions que les nationaux.

« Toutefois, les étrangers ne pourront jouir, en aucun cas, des bonifications « dont il est parlé au deuxième paragraphe de l'article 11.

« Art. 15. — Le déposant qui a stipulé le remboursement à son décès du « capital versé peut, à toute époque, faire abandon de tout ou partie de « ce capital, à l'effet d'obtenir une augmentation de rentes, sans, qu'en « aucun cas, le montant total puisse excéder douze cents francs.

« Le donateur qui a stipulé le retour du capital, soit à son profit, soit au « profit des ayants droit du donataire, peut également, à toute époque, faire « l'abandon du capital, soit pour augmenter la rente du donataire, soit « pour se constituer à lui-même une rente, si la réserve avait été stipulée à « son profit.

« Art. 16. — L'ayant droit à une rente viagère qui a fixé son entrée en « jouissance à un âge inférieur à soixante-cinq ans peut, dans le trimestre « qui précède l'ouverture de la rente, reporter sa jouissance à une autre « année d'âge accompli, sans que, en aucun cas, la rente, augmentée d'après

« les tarifs en vigueur, puisse excéder douze cents francs, ni qu'il y ait lieu « au remboursement d'une partie du capital déposé.

« Art. 17. — Au décès du titulaire de la rente, avant ou après l'époque « d'entrée en jouissance, le capital déposé est remboursé sans intérêt aux « ayants droit si la réserve a été faite au moment du dépôt et s'il n'a pas été « fait usage de la faculté accordée par l'article 15 ci-dessus.

« Les certificats de propriété destinés aux retraits de fonds versés à la Caisse « nationale des retraites pour la vieillesse doivent être délivrés dans les formes « et suivant les règles prescrites par la loi du 28 floréal an VII.

« Art. 18. — Le capital réservé reste acquis à la Caisse des retraites en « cas de deshérence ou par l'effet de la prescription, s'il n'a pas été réclamé « dans les trente années qui auront suivi le décès du titulaire de la rente.

« Art. 19. — Sont remboursés, sans intérêt, les sommes qui, lors de la « liquidation définitive, seraient insuffisantes pour produire une rente viagère « de 2 fr. ou qui dépasseraient soit la somme de mille francs par année, soit « le capital nécessaire pour produire une rente de douze cents francs.

« Est également remboursée sans intérêt par la Caisse, toute somme versée « irrégulièrement par suite de fausses déclarations sur les qualités civiles, « noms et âge des déposants ; ces irrégularités ne peuvent être invoquées par « le titulaire du livret ou ses représentants pour exiger le remboursement « du capital.

« Art. 20. — Il est tenu à la Caisse des Dépôts et Consignations un Grand-« Livre sur lequel les rentes viagères pour la vieillesse sont enregistrées.

« Un double du Grand-Livre est déposé au ministère des finances.

« L'extrait d'inscriptions à délivrer à la partie doit, pour former titre « valable contre l'Etat, être revêtu du visa du contrôle institué par la Caisse « des Dépôts et Consignations par la loi 24 juin 1883.

« Art. 21. — Il est remis à chaque déposant un livret sur lequel sont « inscrits les versements par lui effectués et rentes viagères correspon-« dantes.

« Art. 22. — Les fonds de la Caisse nationale des retraites sont employés « en rentes sur l'Etat, en valeurs du Trésor, ou, sur la proposition de la « commission supérieure et avec l'autorisation du ministre des finances, soit « en valeurs garanties par le Trésor, soit en obligations départementales ou « communales.

« Les sommes nécessaires pour assurer le service des arrérages sont déposées « en compte courant au Trésor.

« Le taux de l'intérêt du dit compte est fixé par le Ministre des finances et « ne peut être inférieur au taux d'après lequel est calculé, pour l'année, le « montant des rentes viagères à servir aux déposants.

« Art. 23. — La Caisse nationale des retraites établit chaque année le bilan « de ses opérations.

« Art. 24. Les certificats, actes de notoriété et autres pièces exclusivement « relatives à l'exécution de la présente loi, seront délivrés gratuitement et « dispensés des droits de timbre et d'enregistrement.

« Art. 25. — Un règlement d'administration publique déterminera les « mesures propres à assurer l'exécution de la présente loi et notamment : « 1° les attributions et le mode de fonctionnement de la commission supérieure ; « 2° la forme des livrets et des extraits d'inscription ; 3° le mode d'après lequel « les versements seront faits, soit directement par les déposants, soit pour « leur compte par les Caisses d'Epargne et les associations de prévoyance « mutuelle.

« Art. 26. — Dans un délai qui ne pourra excéder une année après la « promulgation de la présente loi, l'administration de la Caisse des retraites « devra être entendue avec les ministres des finances et des postes et « télégraphes pour permettre les versements chez les comptables directs du « Trésor et les receveurs des postes, soit en espèces, soit en timbres-poste.

« Art. 27. — Dans le délai de six mois après la promulgation de la présente « loi, une instruction pratique résumant les avantages et le fonctionnement de « la Caisse nationale des retraites, sera rédigé, après avis de la commission « supérieure, par l'administration de la Caisse ; cette instruction sera affichée :

« 1° Dans toutes les mairies ;

« 2° Dans tous les bureaux de comptables directs du Trésor ;

« 3° Dans tous les bureaux de postes ;

« 4° Dans toutes les écoles publiques.

« Art. 28. — A partir du 1er janvier 1887, sont abrogées les lois des 18 juin « 1850, 28 mai 1853, 7 juillet 1856, 12 juin 1861, 4 mai 1864, 20 décembre 1872, « ainsi que toutes les autres dispositions qui seraient contraires à la « présente loi.

« La présente loi, délibérée et adoptée par le Sénat et par la Chambre des « députés, sera exécutée comme loi de l'Etat.

« Fait à Mont-sous-Vaudray, le 20 juillet 1886.

Jules GRÉVY.

POUR LE PRÉSIDENT DE LA RÉPUBLIQUE :

Le Ministre des Finances,

Sadi CARNOT.

Le Ministre du Commerce et de l'Industrie,

Edouard LOCKROY.

TARIF DES PENSIONS DE RETRAITE

(A capital réservé. — Capitalisation 4 %)

des membres participants de Sociétés de secours mutuels approuvées

Décret du 26 avril 1856; décret du 28 décembre 1888

Montant de la PENSION	CAPITAL correspondant	Montant de la PENSION	CAPITAL correspondant	Montant de la PENSION	CAPITAL correspondant	Montant de la PENSION	CAPITAL correspondant
1	25	26	650	51	1.275	76	1.900
2	50	27	675	52	1.300	77	1.925
3	75	28	700	53	1.325	78	1.950
4	100	29	725	54	1.350	79	1.975
5	125	30	750	55	1 375	80	2.000
6	150	31	775	56	1.400	81	2.025
7	175	32	800	57	1.425	82	2.050
8	200	33	825	58	1.450	83	2.075
9	225	34	850	59	1.475	84	2.100
10	250	35	875	60	1.500	85	2.125
11	275	36	900	61	1.525	86	2.150
12	300	37	925	62	1.550	87	2.175
13	325	38	950	63	1.575	88	2.200
14	350	39	975	64	1.600	89	2.225
15	375	40	1.000	65	1.625	90	2.250
16	400	41	1.025	66	1.650	91	2.275
17	425	42	1.050	67	1.675	92	2.300
18	450	43	1.075	68	1.700	93	2.325
19	475	44	1.100	69	1.725	94	2.350
20	500	45	1.125	70	1.750	95	2.375
21	525	46	1.150	71	1.775	96	2.400
22	550	47	1.175	72	1.800	97	2.425
23	575	48	1.200	73	1.825	98	2.450
24	600	49	1.225	74	1.850	99	2.475
25	625	50	1.250	75	1.875	100	2.500

CHAPITRE II

Exemple des avantages offerts par la Caisse nationale des retraites pour la vieillesse. — Pièces nécessaires aux diverses opérations de la caisse.

La loi du 18 juin 1883, sur la Caisse nationale des retraites pour la vieillesse, doit être affichée dans toutes les mairies, dans tous les bureaux de poste, dans toutes les écoles publiques, enfin chez tous les percepteurs. Une affiche spéciale, apposée dans les mêmes locaux, fait connaître les avantages et le fonctionnement de cette institution de prévoyance. Nous allons extraire des tableaux contenus dans cette affiche spéciale quelques chiffres qui démontrent toute l'importance des avantages offerts. Il y a peu de travailleurs en France qui, à une époque quelconque de leur vie, ne puissent déposer une modeste épargne à la Caisse nationale des retraites. C'est le premier versement qui est le plus dur à opérer; une fois le chemin appris, le reste va tout seul.

Le taux d'intérêt qui sert de base aux calculs ci-dessous est celui de 4 %. Il reste bien entendu que les avantages seraient plus considérables, si le taux fixe de 5 %, en vigueur jusqu'en 1883, avait été maintenu ; d'autre part, la rente servie va continuer à s'abaisser, étant donné que le taux d'intérêt servi par l'État sera dorénavant celui de l'ensemble du marché des rentes pendant l'année écoulée.

Un versement unique de 10 francs, fait à capital aliéné sur la tête d'un enfant de 3 ans, avec jouissance à 60 ans, rapporte 158 fr. 44 de rente, soit 44 % du capital versé. Ce versement unique de 10 francs, fait à 20 ans, rapporte encore à 20 ans une rente de 74 francs.

Des versements annuels de 30 francs effectués depuis l'âge de 18 ans jusqu'à 60 ans (soit 1.290 francs versés) produisent à ce dernier âge :

1° A capital aliéné, une rente viagère de 457 fr. 77, c'est-à-dire 35 fr. 48 % du capital versé ;

2° A capital réservé, une rente de 313 fr. 65 ou 24 fr. 31 % du capital déposé.

Un père de famille effectue un seul versement de 100 fr. sur la tête de son fils âgé de 3 ans; la rente acquise sera pour la jouissance à capital aliéné :

A 50 ans........................	68 fr. 41
A 60 ans........................	158 44
A 65 ans........................	267 70

4

A capital réservé, la rente acquise sera :

A 50 ans....................	53 fr. 83
A 60 ans....................	132 21
A 65 ans....................	223 37

Pour s'assurer 600 fr. de rente à 55 ans, il faudrait verser annuellement, depuis l'âge de 20 ans, savoir :

A capital aliéné..............	71 fr. 68
A capital réservé.............	104 63

Pour s'assurer 1.000 fr. de rente à 60 ans, il faudrait verser annuellement, depuis l'âge de 25 ans, savoir :

A capital aliéné..............	97 fr. 37
A capital réservé.............	150 06

Pour s'assurer à 65 ans le maximum de 1.200 fr. de rente servie par la Caisse nationale, il faudrait verser annuellement depuis l'âge de 30 ans, savoir :

A capital aliéné..............	88 fr. 90
A capital réservé.............	146 35

Voici quelques autres exemples de rente rapportée avec versement à capital aliéné :

Un père de famille verse 20 fr. sur la tête de son enfant âgé de 3 ans. La famille verse ensuite 1 fr. par mois sur le livret primitif, l'enfant devenu homme continue lui-même chaque mois à porter à la Caisse national· cette modeste somme de 1 fr., la rente acquise à l'âge de 60 ans sera de 427 fr. 98, elle sera de 731 fr. 13 si le versement se continue jusqu'à 65 ans.

Admettons que l'on donne un livret de la Caisse nationale des retraites de 50 fr., lors de la distribution des prix à un enfant de 8 ans. Ce serait lui assurer une pension de 63 fr. 34 à l'âge de 60 ans, et s'il voulait ne jouir de sa rente qu'à 65 ans, elle s'élèverait à 107 fr. 02.

Pour un enfant de 10 ans, la rente acquise avec ce même livret de 50 fr. sera à 60 ans de 58 fr. 18, à 65 ans de 98 fr. 31.

Un jeune ménage, le mari ayant 30 ans, la femme 25 ans, effectue au moment de leur mariage un versement de 100 fr. à la Caisse nationale des retraites pour la vieillesse, ce ménage continue à épargner 2 sous par jour et chaque mois ces sommes sont portées à la caisse et inscrites sur le livret. Le ménage possédera quand le mari aura 65 ans et la femme 60 ans une retraite de 409 fr. 37.

Les tableaux d'où sont tirés les exemples ci-dessus, accompagnés d'une instruction résumant les avantages offerts par la Caisse à ses déposants, seront adressés *franco* à toute personne qui en fera la demande au Directeur général de la Caisse des dépôts et consignations, 56 rue de Lille, à Paris.

Ils peuvent, en outre, être obtenus gratuitement chez tous les comptables chargés de recevoir les versements, c'est-à-dire chez les Trésoriers-Payeurs généraux et Receveurs particuliers de finances, chez les Trésoriers-Payeurs et Payeurs particuliers en Algérie, chez les Percepteurs et Receveurs des Postes.

Nous avons vu que la somme minimum acceptée par la Caisse nationale des retraites, sur livret individuel, a été fixée par la loi de 1886 à 1 fr.

Pour l'obtention du livret, lors du premier versement, le déposant n'a qu'à se présenter aux bureaux des agents préposés à la recette, savoir ; Trésoriers-Payeurs généraux, Receveurs des finances, Percepteurs ou Receveurs des Postes, le déposant aura dû se munir de son extrait de naissance légalisé, dont l'obtention est absolument gratuite ; l'agent chez lequel il se présente doit, sur sa demande, lui donner tous les renseignements voulus ; après versement, il lui remet un reçu provisoire, qui doit être échangé, dans le courant du mois qui suit, en un livret individuel qui sera pour le déposant un véritable titre de rente. Pour les versements ultérieurs, la présentation du livret individuel suffit.

Pour les sociétés de secours mutuels approuvées ou reconnues d'utilité publiques, les versements à la Caisse nationale des retraites nécessitent certaines formalités, faciles à remplir d'ailleurs. Lorsqu'une société rentrant dans les catégories précitées veut distraire de son capital social, placé à fonds libre, une somme quelconque pour être affectée à la retraite, le Président doit établir les deux états suivants que toute société bien organisée doit avoir imprimés d'avance :

MODÈLE ÉTAT N° 1

DÉPARTEMENT
DE LA LOIRE
—
VILLE
DE SAINT-ÉTIENNE

L'UNION DU COMMERCE ET DE L'INDUSTRIE

Société de Secours mutuels approuvée

DÉLIBÉRATION pour le vote d'un prélèvement destiné à accroître le fonds de retraites.

La Société, après avoir constaté que le nombre de ses Membres honoraires est de ...., celui de ses Membres participants de ...., et que son capital de réserve s'élève actuellement à ...., décide qu'une somme de sera prélevée sur cette réserve pour être affectée à l'accroissement du fonds de retraites.

Cette somme ne sera versée entre les mains du préposé de la Caisse des dépôts et consignations qu'après l'approbation, par M. le Préfet, de la présente délibération.

Délibérée en assemblée générale, le

Le Président, *Le Secrétaire,*

MODÈLE ÉTAT N° 2

DÉPARTEMENT
DE LA LOIRE
—
VILLE
DE SAINT-ÉTIENNE

L'UNION DU COMMERCE ET DE L'INDUSTRIE

Société de Secours mutuels approuvée

Mandat de versement au fonds de retraites

M. le Trésorier de la Société est autorisé, en exécution de la délibération prise le 188..., par la Société de secours mutuels l'*Union du Commerce et de l'Industrie*, à verser la somme de .... entre les mains du préposé de la Caisse de .... au compte du fonds de retraites, constitué en vertu du décret du 26 avril 1856.

Saint-Étienne, le 188 .

Le Président, *Le Secrétaire,*

Le Trésorier, muni de ses deux états faits en double expédition, se rend à la Préfecture ou à la Sous-Préfecture pour faire viser ces pièces.

Généralement, c'est l'affaire de quelques minutes. La Préfecture garde un exemplaire de chaque pièce, l'autre est rendue au Trésorier, qui n'a plus qu'à se rendre au bureau du Trésorier-Payeur général ou du Receveur particulier des finances, qui, sur la présentation des états, encaisse la somme et la porte à l'actif de la Société, fonds de retraites.

A seule fin d'éviter tout retard ou toute demande d'explications, le Trésorier aura établi, au préalable, le bordereau suivant :

DÉPARTEMENT
DE LA LOIRE
—
ARRONDISSEMENT
De Saint-Etienne
—
VILLE
DE SAINT-ÉTIENNE

L'UNION DU COMMERCE ET DE L'INDUSTRIE

Société de Secours mutuels approuvée

FONDS DE RETRAITES

***BORDEREAU** des versements au compte du « Fonds de Retraites », constitué en vertu du décret du 26 avril 1856, de fr..*

Provenant :

1° De sommes versées par la Société, en vertu du décret du 26 avril 1856.................................	....
2° De donations..	....
3° De legs...............	....
TOTAL....................	....

Je soussigné, arrête le présent bordereau à la somme de .... que je déclare verser entre les mains du préposé de la Caisse des dépôts et consignations.

Saint-Etienne, le ....

Le Trésorier,

Pour l'obtention de la pension accordée par une Société de Secours mutuels, le Président doit adresser à la Préfecture un extrait de la délibération prise en assemblée générale, laquelle doit être libellée de la manière suivante :

DÉPARTEMENT
d

—

COMMUNE
de

SOCIÉTÉ DE SECOURS MUTUELS

de.................................... *à*....................................

EXTRAIT DU REGISTRE DES DÉLIBÉRATIONS

Assemblée générale du..

L'an mil huit cent .... et le .... du mois d ...., les membres de la Société de secours mutuels d .... se sont réunis en assemblée générale, sous la présidence de M. ...., président.

Vu l'article 8 du décret du 26 avril 1856, ainsi conçu : « Les pensions ne peuvent être inférieures à 30 francs ni excéder, dans aucun cas, le décuple de la cotisation annuelle fixée par les statuts de la Société à laquelle le titulaire appartient ».

Sur la proposition du bureau,

Considérant que M. .... a toujours payé régulièrement la cotisation, prévue par l'article .... des statuts, qui fixe à .... ans d'âge et à .... ans de sociétariat, l'admissibilité à une pension de retraite. L'Assemblée générale accorde à ce sociétaire une pension viagère fixée ainsi qu'il suit.

(Suit le tableau.)

N° D'ORDRE	NOM DU CANDIDAT	PRÉNOMS	DATE de LA NAISSANCE — Décret du 26 avril 1856 art. 6	ÉTAT CIVIL — Marié célibataire veuf ou veuve — Décret du 28 décembre 1886 art. 2	PROFESSION — Décret du 28 décembre 1886 art. 2	DATE D'ADMISSION dans la Société — Décret du 26 avril 1856 art. 6	MONTANT de la PENSION — Décret du 26 avril 1856 art. 8	DÉPARTEMENT dans lequel la pension sera payée — Instruction générale du 1er août 1877
1								
2								
3								
4								
5								
6								
7								
8								

L'acte de naissance est ci-joint :

(Timbre de la Société)

Le .... 18 ...

Le Secrétaire, *Le Président,*

En vertu de l'article 1983 du Code civil, ainsi conçu : « Le propriétaire d'une rente viagère n'en peut demander les arrérages qu'en justifiant de son existence », le retraité doit, pour toucher les termes échus de sa pension, être porteur, chaque fois, d'un certificat de vie, sur papier libre, délivré par le maire de la commune où il réside.

MINISTÈRE DES FINANCES

RENTES VIAGÈRES
pour la vieillesse

—

MAIRIE

d ....

—

DÉPARTEMENT

d ....

CERTIFICAT DE VIE

Délivré sur papier libre

En exécution de l'article 24 de la loi du 20 juillet 1886, relative à la Caisse des retraites.

Je soussigné, maire de la commune de .... arrondissement de .... , certifie, sur l'attestation de (1) .... que M (2) .... prénommé (3) .... demeurant .... né à .... département d .... , le .... mil .... cent .... suivant son acte de naissance qu'il m'a présenté, et sur la tête d....... quel ... existe 1 ... titre....... de rente viagère pour la vieillesse, détaillé dans le tableau ci dessous, est vivant pour s'être présenté aujourd'hui devant moi, en foi de quoi j'ai délivré le présent qu'....... a signé avec moi (4).

A .... , le .... mil huit cent quatre-vingt ....

Signature d....... comparant... , *Signature du Maire,*

(Sceau de la Mairie)

(1) L'attestation des témoins n'est obligatoire qu'autant que le maire le juge nécessaire.

(2) Indiquer pour une femme le nom de naissance seulement.

(3) Pour une femme, faire suivre ses prénoms des mots : femme du sieur un tel, ou veuve une telle.

Pour une fille, porter la mention célibataire.

(4) Dans le cas où le titulaire ne peut signer, soit par ignorance, soit par impuissance, le certificat doit en faire mention.

DÉPARTEMENT

d

ARRONDISSEMENT,

d

Vu bon à payer par le Percepteur de la commune ci-dessus, ou à son défaut, par l'un des receveurs des revenus indirects de la même localité.

Le

(5) En toutes lettres.

Quittance de payement du trimestre échu le 1er 18

		SOMMES	
		ANNUELLES	TRIMESTRIELLES
		Montant du terme...........	

Pour acquit de la somme de (5)
reçue par moi porteur du certificat d'inscription, demeurant

A , le 18 .

Payé par moi soussigné. Receveur particulier à
Percepteur des contributions directes à
Receveur d

(Timbre quittance)

Il arrive quelquefois que le titulaire d'un titre de rente le perd, ce qui met le sociétaire retraité et la Société dans un grand embarras. Un duplicata du titre est obtenu moyennant la déclaration suivante :

MODÈLE DE DÉCLARATION

POUR OBTENIR DE LA CAISSE DES DÉPÔTS ET CONSIGNATIONS LA PUBLICATION D'UN TITRE DE RENTE PERDU

« Aujourd'hui, le 18 , a comparu devant nous, maire
« de la commune d , département d ,
« le sieur (nom, prénoms et date de naissance), né le demeu-
« rant à , lequel nous a déclaré avoir perdu l'extrait d'une

« inscription viagère de .... francs, n° ...., dont il est propriétaire,
« et nous a dit qu'il désirait en obtenir le remplacement en la forme prescrite
« par le décret du 3 messidor, an XII, s'engageant à rapporter l'extrait adhiré,
« s'il se retrouve ; ladite déclaration faite en présence d ....,
« demeurant à   , et du sieur ....   , demeu-
« rant à ...., lesquels nous ont attesté l'individualité du
« declarant et ont, ainsi que lui, signé avec nous, les jours, mois et an que
« dessus. »

(Suivent les signatures.)

Cette pièce est délivrée gratuitement et est dispensée des droits de timbre et d'enregistrement (art. 24 de la loi du 20 juillet 1886).

La signature du Maire (à l'exception de ceux de Paris) doit être légalisée par le Préfet ou le Sous-Préfet.

Lors du décès d'un retraité dans une Société de secours mutuels approuvée, le Président doit adresser au Préfet l'acte de décès, sur papier libre, avec prière de faire procéder, par la Caisse des dépôts et consignations, à la réintégration, à la Caisse des retraites, des fonds affectés au service de la rente éteinte, ceci sans autres formalités. (Article 4, paragraphe 3 du décret du 26 avril 1856.)

Tous les modèles des pièces dont nous venons de donner la teneur, sur la demande expresse d'un certain nombre de Présidents de Sociétés, peuvent être réclamés aux mairies. Les Présidents de Sociétés devraient d'ailleurs tous posséder un exemplaire des statuts modèles, édités par Paul Dupont, à Paris, lesquels renferment tous ces documents et une foule d'autres renseignements aussi utiles qu'indispensables aux administrateurs de Sociétés mutuelles.

CHAPITRE III

Législation des Sociétés de Secours mutuels. — Loi du 15 juillet 1850. — Décret-loi des 26 mars 1852 et 26 avril 1856. — Dotations. — Les Sociétés de Secours mutuels devant la loi française, en 1893.

Du mois de février 1848 jusqu'au 15 juillet 1850, les associations de secours et de prévoyance mutuelle française jouirent de la plus entière liberté, en vertu du droit absolu de réunion que la République avait décrété.

Parallèlement à la création de la Caisse nationale des retraites, les constituants de 1848 poursuivirent l'étude d'une législation propre à développer au sein de la classe ouvrière les saines idées de mutualité, et à assurer aux associations la certitude de l'avenir. Un des comités de la Constituante fut chargé de rédiger un rapport sur la question, mais cette Assemblée se sépara avant de l'avoir discuté.

La Législative reprit le projet dont nous trouvons, pour la première fois, les bases établies dans le rapport sur la réorganisation de l'assistance publique lu par M. Thiers le 26 janvier 1850. Voici comment s'exprimait le futur libérateur du territoire sur cette intéressante question de la Mutualité :

« Les Sociétés de secours mutuels doivent être simplement respectées dans « leur liberté ; elles doivent être libres de se former, de s'administrer, de se « dissoudre. Mais en se donnant la peine de veiller sur leurs statuts, de « garder leurs fonds et d'en servir l'intérêt, l'Etat peut leur rendre des services « qui sont à sa portée et qui ne dépasseraient pas la limite d'intervention « indiquée par les véritables principes. En attribuant aux Sociétés de secours « mutuels la qualité de personnes civiles, pouvant non seulement ester en « justice, mais recevoir des dons et legs, qualité qui lui appartient de lui « accorder ou de lui refuser, l'Etat pourrait se réserver la faculté de reviser « leurs statuts, dès lors de tenir la main à ce que ces statuts fussent équitables, « bien conçus, à l'abri de toute fraude.

« Le Conseil d'Etat, chargé de veiller à la formation de toutes les Sociétés, « pourrait être chargé aussi de contrôler les statuts des Sociétés de Secours « mutuels qui s'adresseraient à lui pour devenir personnes civiles. Il leur « épargnerait ainsi, comme il le fait à beaucoup de sociétés d'assurances,

« beaucoup d'erreurs dommageables, qui tiennent, chez les administrateurs « de ces sociétés, au défaut d'expérience et de connaissance des lois. « Par exemple, il a été reconnu que les sociétés qui ne se bornent pas « à pourvoir à la maladie et aux infirmités accidentelles, mais qui « veulent pourvoir aux infirmités de l'âge, et tendent ainsi à se convertir « en caisses de retraites, sont exposées à des insuffisances de ressources « prochaines et en quelque sorte à la banqueroute. Il a été reconnu encore « que celles qui seraient formées en vue du chômage sont tout aussi impuis- « santes et, de plus, dangereuses. Il suffirait effectivement d'une crise « industrielle tant soit peu intense, pour mettre toutes ces caisses en déficit, « car aucune d'elles n'aurait les ressources nécessaires pour nourrir la « plupart de ses membres pendant un ou deux mois d'inaction. De même « qu'une caisse de secours mutuels contre la maladie serait mise en banque- « route par une épidémie, de même une telle caisse étendue au chômage « succomberait aux premiers revers d'une industrie qui frapperait à la fois le « plus grand nombre de ses sociétaires. Enfin, appliquée au chômage, elle « donnerait lieu à des appréciations ou difficiles ou impossibles. Comment, en « effet, les associés pourraient-ils apprécier si le postulant est privé de travail « par sa faute, par un refus d'accepter un salaire raisonnable ou par une « détresse réelle de l'industrie à laquelle il est voué? L'expérience apprend, en « outre, que les sociétés de cette nature pourraient devenir des moyens « assurés de solder les grèves, de les préparer même et de les produire à « volonté. Il y a donc un grand intérêt à ce que l'Etat revise les statuts des « sociétés de secours mutuels, si on veut empêcher ces sociétés de se dénaturer « et de manquer le véritable objet en cherchant à atteindre un but impossible « ou dangereux. Nous n'entendons pas que l'Etat doive interdire telle ou « telle société, parce qu'elle ne sera pas venue lui soumettre ses statuts, lui « demander son attache; non, assurément..... L'Etat doit respecter toutes ces « sociétés, à moins qu'elles ne fussent tellement dangereuses, qu'elles ne « tombassent sous le coup des lois ordinaires. Mais en s'imposant le soin « d'examiner, de consacrer les statuts de celles qui voudraient recourir à lui, « en y ajoutant la faculté première de pouvoir recevoir les dons et legs et « surtout en se faisant leur banquier, pour leur épargner les détournements « de fonds, pour leur servir un intérêt fixe de 5 0/0, avantages de sûreté et « d'intérêt qu'elles ne trouveraient nulle part, il les amènera à solliciter « elles-mêmes son intervention et à se conformer volontairement aux sages « réglements qu'il pourra établir.....

« En résumé, liberté complète des associations de secours mutuels, à « moins qu'elles ne soient contraires aux lois; liberté, disons-nous, mais « protection et appui pour celles qui auront recours à l'Etat. Vérification et « légalisation de leurs statuts, usage des caisses du Trésor pour y déposer

« leurs fonds, intérêt régulier et avantageux de leur argent : tels sont les « principes que nous vous proposons d'adopter. »

Les conclusions de M. Thiers inspirèrent la loi du 15 juillet 1850, que nous reproduisons *in-extenso :*

« Article premier. — Les associations reconnues sous le nom de Sociétés « de secours mutuels pourront, sur leur demande, être déclarées : *Etablissement* « *d'utilité publique*, aux conditions ci-après déterminées.

« Art. 2. — Ces Sociétés ont pour but d'assurer des secours temporaires aux « sociétaires malades, blessés ou infirmes et de pourvoir aux frais funéraires « des sociétaires. Elles ne pourront promettre des pensions de retraites aux « sociétaires.

« Art. 3. — Elles devront compter au moins cent membres et ne point « dépasser deux mille. Toutefois, le ministre de l'agriculture et du commerce « pourra, sur la demande du maire ou du préfet, autoriser les sociétés à « admettre plus de deux mille membres. Le nombre minimum de cent pourra « être réduit pour les communes rurales ou dans des cas exceptionnels.

« Art. 4. — Ces Sociétés sont placées sous la surveillance et la protection « de l'autorité municipale. Le maire ou un adjoint par lui désigné ont « toujours le droit d'assister à toutes les séances ; lorsqu'ils y assistent, ils la « président. Les présidents et vice-présidents sont nommés par l'association, « conformément aux règles établies par les statuts de la société. Ils peuvent « être révoqués dans la même forme.

« Art. 5. — Les cotisations des sociétaires seront fixées par les statuts « d'après les tables de mortalité et de maladies confectionnées ou approuvées « par le gouvernement.

« Art. 6. — Lorsque les fonds réunis dans la caisse d'une société de plus « cent membres s'élèveront au-dessus de la somme de trois mille francs, « l'excédent sera versé à la Caisse des Dépôts et Consignations.

« Si la Société est composée de moins de cent membres, ce versement pourra « avoir lieu lorsque les fonds réunis dans la caisse dépasseront mille francs.

« Le taux de l'intérêt des sommes déposées est fixé à 4 1/2 0/0, jusqu'à ce « qu'il ait été statué autrement par une loi.

« Les Sociétés de secours mutuels pourront faire aux Caisses d'Epargne des « dépôts égaux à la totalité de ceux qui seraient permis au profit de chaque « sociétaire individuellement.

Art. 7. — Les Sociétés déclarées *Etablissement d'utilité publique* pourront « recevoir des donations et legs après y avoir été autorisées.

« Les dons et legs de sommes d'argent ou d'objets mobiliers dont la valeur

« n'excédera pas mille francs seront exécutoires en vertu d'une autorisation du « préfet.

« Les gérants ou administrateurs de ces Sociétés pourront toujours, à titre « *conservatoire*, accepter les dons et legs. La décision de l'autorité qui « interviendra ultérieurement aura effet du jour de cette acceptation.

« Art. 8. — Au besoin, les communes fourniront gratuitement aux Sociétés « dûment autorisées ou aux sections établies dans leurs circonscriptions, les « locaux nécessaires.

« Elles leur fourniront aussi gratuitement les livrets et registres nécessaires « à l'administration et à la comptabilité.

« En cas d'insuffisance des ressources de la commune, cette dépense sera à « la charge du département.

« Art. 9. — Tous les actes intéressant les Sociétés de secours mutuels « dûment autorisées seront exempts des droits de timbre et d'enregistrement.

« Art. 10. — Sont nulles de plein droit les modifications apportées à des « statuts par une société autorisée, si elles n'ont pas été préalablement « approuvées par le gouvernement.

« La dissolution ne sera valable qu'après la même approbation.

« En cas de dissolution d'une Société de secours mutuels, il sera restitué « aux sociétaires faisant partie en ce moment de la Société le montant de « leurs versements respectifs jusqu'à concurrence des fonds existants, et « déduction faite des dépenses occasionnées personnellement.

« Les fonds restés libres après cette restitution seront partagés entre les « Sociétés du même genre ou d'établissements de bienfaisance situés dans la « commune, ou, à leur défaut, entre les Sociétés de secours mutuels dûment « autorisées du même département, au prorata du nombre de leurs membres.

« Art. 11. — Un règlement d'administration publique déterminera : 1° les « conditions et garanties générales sous lesquelles les Sociétés de secours « mutuels seront reconnues comme établissement d'utilité publique, dans les « limites fixées par la présente loi ; 2° le mode de surveillance de ces « établissements par l'Etat ; 3° les causes qui pourraient autoriser les préfets « à prononcer la suspension temporaire de ces Sociétés ; 4° les formes et « conditions de la dissolution.

« Art. 12. — Les Sociétés de secours mutuels déjà reconnues comme « établissement d'utilité publique continueront à s'administrer conformément « à leurs statuts. Les Sociétés non autorisées, mais existant depuis un temps « assez long pour que les conditions de leur administration aient été « suffisamment éprouvées, pourront être reconnues comme établissement « d'utilité publique, lors même que leurs statuts ne seraient pas complètement « d'accord avec les conditions de la présente loi.

« Les autres Sociétés de secours mutuels, actuellement constituées ou qui se « formeraient dans l'avenir, s'administrent librement tant qu'elles ne « demanderont pas à être reconnues comme établissement d'utilité publique. « Néanmoins, elles peuvent être dissoutes par le Gouvernement, le Conseil « d'Etat entendu, dans le cas de gestion frauduleuse ou si elles sortaient de « leurs conditions de Sociétés mutuelles de bienfaisance.

« En cas de contravention à l'arrêté de dissolution, les membres, chefs « ou fondateurs seront punis correctionnellement des peines portées en « l'article 13 de la loi du 28 juillet 1848.

« Art. 13. — Le ministre de l'agriculture et du commerce rendra compte « dans le premier semestre de chaque année de l'exécution de la présente loi.

« A cet effet, chaque Société de secours mutuels devra fournir, à la fin de « l'année, au Préfet du département où elle est placée, un compte de la « situation et un état des cas de maladie ou de mort éprouvés par les Sociétés « dans le cours de l'année.

« Art. 14. — Un crédit de cent mille francs est ouvert à M. le ministre du « commerce pour subvenir aux dépenses nécessaires à l'exécution de la « présente loi. »

Le règlement d'administration publique, fixant les formes dans lesquelles les Sociétés de secours mutuels pouvaient être reconnues d'utilité publique, parut le 14 juin 1851, en même temps que les statuts modèles destinés à faciliter la formation des sociétés nouvelles. Ces deux documents contenant les textes encore en vigueur aujourd'hui sont obtenus aux préfectures ou sous-préfectures sur la demande des intéressés.

La loi de 1850 et le décret du 14 juin 1851, qui en annulait les dispositions libérales puisqu'il obligeait, par son article 6, les Sociétés de secours mutuels à communiquer aux préfets ou à leurs délégués leurs livres, registres, procès-verbaux et pièces de toute nature, et, par les articles 10 et 11, le droit aux préfets de suspendre les Sociétés en cas de fraudes ou d'irrégularités dans sa comptabilité et si elles sortent des conditions des sociétés de bienfaisance, eurent pour résultat un effet absolument contraire à celui que l'on attendait. A la fin de l'année 1851, neuf Sociétés seulement avaient demandé et obtenu d'être reconnues d'utilité publique.

C'est alors que le gouvernement autoritaire qui venait de s'implanter en France, comprenant toute l'importance qu'il y aurait pour lui à tenir dans sa main les associations mutuelles, rendit le fameux décret du 26 mars 1852, qui donna naissance aux Sociétés *approuvées* en leur conférant la capacité civile.

Ce décret statuait ainsi :

« Article premier. — Une Société de secours mutuels sera créée dans « chaque commune, par les soins du *maire* ou du *curé*, après que l'utilité « aura été déclarée par le préfet, sur l'avis du Conseil municipal.

« Art. 2, 3, 5. — Elle devra se composer d'associés participants et de « membres honoraires. — Le *Président* sera *nommé* par le *Chef de l'Etat*. « Le nombre des associés ne pourra dépasser cinq cents sans son « autorisation.

« Art. 6. — Elles auront pour but d'assurer des secours temporaires aux « sociétaires malades ou infirmes ; de pourvoir à leurs frais funéraires, et de « leur promettre des pensions de retraite liquidées sur livrets individuels.

« Art. 7. — Les statuts seront soumis à l'approbation du préfet. Ils « régleront le chiffre des cotisations d'après des tableaux de maladie et de « mortalité approuvés par le gouvernement.

« Art. 20. — Les Sociétés sont tenues d'adresser chaque année au préfet « un compte-rendu de leur situation morale et financière.

Voici pour les obligations ; en échange, le décret concédait aux Sociétés approuvées :

« Le droit de prendre des immeubles à bail ; de posséder des objets « immobiliers ; — de recevoirs des dons et legs ; — de jouir d'un local pour « leurs réunions ; — le droit de remise des 2/3 du droit municipal sur les « convois des sociétaires ; — l'exemption du droit de timbre et d'enregis- « trement ; — la participation aux subventions du gouvernement. »

Par décret du 26 avril 1856, les Sociétés approuvées ou reconnues comme établissement d'utilité publique ont été autorisées à constituer à la Caisse des Dépôts et Consignations un fonds de retraites collectif dont les revenus sont destinés à servir de pensions de retraites aux sociétaires remplissant les conditions prescrites par les statuts.

Aux termes de l'article 6 du décret, les candidats aux pensions doivent avoir au moins 50 ans et faire partie de la Société depuis plus de 10 ans.

Une loi, en date du 11 juillet 1868, a créé la Caisse nationale d'assurances en cas de décès. Cette Caisse, comme la Caisse nationale des retraites pour la vieillesse, est gérée par la Caisse des Dépôts et Consignations. Chacun peut s'assurer individuellement, mais la loi donne aux Sociétés approuvées un grand privilège : c'est l'assurance collective.

L'article 7 est ainsi conçu :

« Les Sociétés approuvées, conformément au décret du 26 mars 1852, sont « admises à contracter des assurances collectives sur une liste indiquant le

« nom, l'âge de tous les membres qui la composent, pour assurer au décès « de chacun d'eux une somme qui, dans aucun cas, ne pourra excéder mille « francs. Les assurances sont faites pour une année seulement. Elles pourront « se cumuler avec les assurances individuelles. »

En 1888, 89 sociétés avaient joui des avantages offerts. Ces 89 sociétés composaient un nombre de 22.159 membres participants La moyenne des sommes assurées pendant cet exercice a été de 235 fr. 70 et le montant total des sommes payées par les sociétés assurées, tant à titre de primes principales que comme primes complémentaires, s'est élevé à 99.822 fr. 45.

Une somme totale de 132.923 fr. 53 a été ordonnancée en 1889-90-91 par suite des décès survenus dans le cours de l'année d'assurance parmi les membres participants, et les sociétés assurées se sont trouvées réaliser ainsi un bénéfice de 33.101 fr. 11, soit 33 0/0 du capital engagé et en moyenne 372 fr. par Société.

Formalités à remplir pour contracter une assurance collective en cas de décès

Le président d'une Société de secours mutuels qui veut contracter une assurance collective souscrit une proposition d'assurance indiquant le nom de la Société et celui du président qui la représente, le montant de la prime collective versée, la somme à recevoir au décès de chacun des membres de la Société et l'année pour laquelle l'assurance est contractée.

A cette proposition est jointe une liste nominale de tous les membres qui composent la Société; cette liste mentionne les noms et prénoms des sociétaires, la date de leur naissance et la prime correspondant à l'âge de chacun d'eux, conformément au tarif.

Pour éviter les retards qu'entraînerait le renvoi des pièces en cas d'erreurs dans les chiffres, les présidents ne pourront porter qu'au crayon ou même laisser en blanc : 1° sur la proposition, le montant de la prime collective ; 2° sur la liste nominative, la prime correspondant à l'âge de chacun des sociétaires, la Caisse des Dépôts et Consignations se chargeant de remplir ces indications.

La proposition d'assurance et la liste nominative dûment revêtues de la signature du président, qui appose, en outre, le timbre de la Société, sont adressées directement à la Caisse des Dépôts et Consignations pour y être examinées et complétées s'il est nécessaire.

Ces deux pièces sont ensuite soumises par la Caisse des Dépôts à l'approbation du ministre de l'intérieur et renvoyées au président de la Société.

Le président effectue alors le versement du montant de la prime collective et produit à l'appui la proposition d'assurance et liste nominative qui l'accompagne. Les versements sont reçus à Paris et dans les départements par les trésoriers généraux, les receveurs particuliers des finances, les percepteurs des contributions directes et les receveurs des postes.

Le paiement des sommes dues à une société par suite du décès d'un des membres est effectué entre les mains du trésorier de cette société dûment autorisé.

Ce paiement a lieu à Paris, à la Caisse des Dépôts et Consignations, ou dans les départements, par l'entremise de ses préposés, sur une autorisation du directeur général, auquel la demande doit être adressée par le président de la Société, avec l'acte de décès du sociétaire.

DOTATION

Par décrets rendus le 22 janvier et le 27 mars 1852, un fonds de dotation de 10 millions de francs a été constitué en faveur des Sociétés mutuelles approuvées.

Une première répartition en vue d'encourager la création de ces associations fut faite en vertu du décret du 1er février 1853.

Trois autres répartiti ns proportionnelles, nécessitées par le décret du 26 avril 1856, qui réglementait la création des Caisses de retraites, ont été effectuées savoir :

Par décret du 26 avril 1856, 200.000 fr. ; par arrêté ministériel du 9 avril 1856, 508.040 fr. ; enfin, un décret du 24 mars 1860 décida l'emploi des capitaux disponibles en achat de rente 3 0/0 sur l'Etat. Une somme de 10.000.117 fr. fut affectée à l'acquisition de 437.500 fr. de rente ; les titres de rente de la dotation furent placés à la Caisse des Dépôts et Consignations chargée d'en percevoir les arrérages (décrets du 28 novembre 1853 et du 24 mars 1860). Depuis cette époque, des acquisitions de rentes 3 0/0 ont accru la dotation de 72.500 fr. de rentes ayant coûté 1.640.456 fr. 60. Au capital initial de 10 millions a été joint le reliquat disponible après la dissolution du comité de l'œuvre de patronage des Sociétés de secours mutuels entre anciens militaires des armées de terre et de mer, dont la liquidation a été approuvée par un décret du 26 décembre 1871. Ce reliquat s'élevait à 39.389 fr. 95 et porté à 1.039.350 fr. 95 le capital de la dotation.

Le revenu annuel de la dotation a été fixé, par suite de l'acquisition successive des rentes 3 %, à 510.000 francs. Ce revenu a été affecté annuellement et d'après des bases invariables aux subventions proportionnelles accordées aux

Sociétés approuvées qui opèrent des versements à leurs caisses de pensions viagères de retraites. Les calculs de répartition comprennent les éléments suivants :

1° Le quart du versement ; 2° Un franc par membre participant ; 3° Un franc par membre participant âgé de plus de 55 ans.

Toutefois, le mode de répartition est soumis aux restrictions suivantes : La subvention ne peut jamais s'élever à une somme supérieure au versement opéré ; lorsque le nombre des sociétaires est égal ou inférieur à mille, la subvention ne peut excéder 3.000 francs ; si le nombre des membres participants est supérieur à mille, la subvention ne peut excéder le nombre des membres multipliés par trois ; dans aucun cas, la subvention ne peut dépasser 10.000 francs.

Jusqu'au 31 décembre 1883, des secours prélevés sur le fonds de dotation furent accordés aux Sociétés approuvées, soit pour aider à leur établissement, soit afin d'atténuer les déficits causés par des circonstances exceptionnelles, par les maladies épidémiques ou les maladies nombreuses.

Mais ces secours éventuels furent supprimés, à partir de cette époque, en raison de l'accroissement constant des versements à la Caisse des retraites. Le revenu de la dotation est absorbé aujourd'hui, et au-delà, par la répartition aux Sociétés, en vertu du décret réglementaire du 26 avril 1856. Un décret, rendu le 10 juin 1889, a réglé définitivement l'emploi de la dotation. Voici la teneur du décret :

« Le Président du Conseil, Ministre de l'Intérieur,

« Sur la proposition du Directeur de l'Assistance publique ;

« Vu les décrets du 26 mars 1852, 28 novembre 1853, 26 avril 1856 ;

« Considérant que les recettes de la dotation des Sociétés de secours mutuels « approuvées, constituées par les décrets du 22 juin 1852 et 27 mars 1852, « consistent :

« 1° Dans la rente annuelle et perpétuelle, en 3 % sur l'Etat, de 510.000 « francs ;

« 2° Dans les crédits ouverts chaque année au budget du Ministère de l'Inté- « rieur, depuis la loi du 29 juin 1881.

« Considérant que les subventions réglementaires proportionnelles, allouées « en vertu du décret du 26 avril 1856, en raison des versements effectués aux « Caisses de retraites par les Sociétés de secours mutuels, ont absorbé jusqu'à « ce jour, pour l'exercice 1888, la presque totalité des crédits disponibles, non « compris les frais généraux et dépenses obligatoires incombant au service « des Sociétés de secours mutuels ;

« Considérant qu'il est urgent, en attendant le vote par le Parlement de « crédits supplémentaires, de réserver le revenu de la dotation et le crédit « voté pour 1891 au payement : 1° Des subventions obligatoires qui seront « dues, en 1889, aux Sociétés qui ont opéré des versements, en 1888, à leurs « caisses de retraites ; 2° Des dépenses obligatoires imputables sur ces « capitaux :

« ARRÊTE :

« ARTICLE PREMIER. — Le revenu total de la dotation des Sociétés de « secours mutuels approuvées et le crédit à ouvrir au budget du Ministère de « l'Intérieur, pour l'exercice 1889, sont exclusivement affectés aux subventions « réglementaires et proportionnelles à accorder, en 1889, à celles de ces asso- « ciations qui ont, en conformité du décret réglementaire du 26 avril 1856, « effectué des versements à leurs caisses de retraites en 1888.

« ART. 2. — Il ne sera accordé, en 1889, de subvention ni pour création de « Société, ni pour déficit, ni pour assurance collective en cas de décès, jusqu'à « ce que des crédits supplémentaires suffisants, pour faire face à ces dépenses, « aient été alloués définitivement par le Parlement.

« ART. 3. — Le Directeur de l'Assistance publique et des Institutions de « prévoyance est chargé de l'exécution du présent décret.

« Fait à Paris, le 10 janvier 1889.

« Pour le Ministre de l'Intérieur :

« *Le Sous-Secrétaire d'Etat,*

« LÉON BOURGEOIS. »

Il résulte des lois et décrets en la matière que les Sociétés mutuelles se présentent aujourd'hui, en France, sous trois formes distinctes. 1° Les Sociétés autorisées ; 2° Les Sociétés reconnues d'utilité publique ; 3° Les Sociétés approuvées. Nous résumons, d'après M. C. Ramée, les droits et les avantages de chaque forme de ces associations.

Les premières, sociétés libres ou simplement autorisées, en vertu des articles 291 et 292 du Code pénal, ne sont réglées par aucun acte législatif spécial ; elles sont soumises, à Paris, à l'autorisation préalable et sous la surveillance immédiate du Préfet de police, dans les départements sous la surveillance des Préfets et Sous-Préfets et des commissaires de police.

L'autorisation accordée est toujours révocable. En cas d'inexécution des statuts, ou pour tout autre cause, l'autorité à toujours le droit de les dissoudre, aux termes de l'article premier de la loi du 10 avril 1834, remis en vigueur par le décret du 26 mars 1852.

Elles s'administrent en dehors de toute réglementation, conformément aux lois régissant les associations en général, et ont libre emploi de leurs fonds qu'elles gèrent à leurs risques et périls.

Elles ne peuvent constituer de retraites au profit de leurs membres que sur livret individuel.

Pour se réunir en assemblée générale, elles sont obligées de demander, cinq jours à l'avance, une autorisation au Préfet ou au Sous-Préfet de leur arrondissement.

Il est évident que leur revenu est forcément restreint, puisque le taux d'intérêt ne peut, sans spéculations hasardeuses, atteindre celui des Sociétés reconnues d'utilité publique ou approuvées.

Créées en vertu de la loi du 15 juillet 1850, les Sociétés reconnues comme établissement d'utilité publique, s'administrent comme les Sociétés approuvées et restent soumises au contrôle du gouvernement.

La valeur des cotisations, l'emploi des fonds et les conditions de retraites, sont déterminés par le Conseil d'Etat, dont le rôle de tuteur consiste à éclairer les Sociétés sur les garanties que peuvent offrir les placements déterminés par les statuts, à leur faire prévoir que tel ou tel mode de retraite pourra constituer dans l'avenir un danger ou une perte pour l'association.

La reconnaissance comme établissement d'utilité publique est non pas un droit, mais une véritable faveur gouvernementale qui, depuis quarante ans, n'a été accordée qu'à neuf associations de secours mutuels.

Les Sociétés approuvées forment une institution intermédiaire entre les Sociétés libres et les Sociétés reconnues. Elles ont une existence légale et des avantages qui n'appartiennent pas aux Sociétés simplement autorisées, et ont à part les immeubles, une capacité civile aussi étendue que les Sociétés reconnues, car elles n'ont, quant aux immeubles, que la capacité de les prendre à bail, tandis que les Sociétés reconnues peuvent en devenir propriétaires.

On peut facilement se rendre compte, par ces indications sommaires, de la situation que notre législation a créée entre les trois espèces de Sociétés.

Nous allons maintenant exposer les principaux avantages qui sont accordés aux Sociétés communales ou professionnelles qui sollicitent l'approbation, en conformité des articles 1 et 18 du décret organique du 26 mars 1852.

Une Société approuvée peut prendre des immeubles à bail, posséder des objets mobiliers et faire tous les actes relatifs à ces droits.

Cet article est très important, puisqu'il confère à une Société approuvée les droits d'une personne. Elle peut, en effet, passer des baux, acheter et posséder en propre nom des objets mobiliers, ce que ne peut faire la Société autorisée ; recevoir dons et legs mobiliers de quelque importance,

Les sociétés approuvées sont aptes à recevoir des dons et legs mobiliers jusqu'à 5.000 fr. avec l'autorisation du Préfet, et, au-delà de ce chiffre, avec l'approbation de l'autorité compétente, c'est-à-dire par décret rendu sur l'avis du Conseil d'Etat.

Les sociétés approuvées peuvent donc, ainsi que les sociétés reconnues, recevoir dons et legs mobiliers de quelque importance que ce soit.

Le décret de 1852 ne mentionne que les sociétés approuvées ; il en résulte que les sociétés simplement autorisées ne peuvent recevoir aucune donation ou legs par disposition entre vifs ou testamentaires. C'est du reste ce que les tribunaux ont décidé en annulant des actes de ce genre.

Il faut, pour obtenir l'autorisation d'accepter des dons et legs, produire des actes nombreux qui pourraient entraîner la société dans des frais considérables, si l'article 11 du décret précité ne portait que tous les actes intéressant les Sociétés de secours mutuels approuvées sont exempts de timbres et d'enregistrement. C'est encore un privilège accordé aux sociétés approuvées et dont ne jouissent pas les sociétés simplement autorisées.

Il en est de même pour les actes de naissance, de mariage, de décès, etc., etc., intéressant l'association. Les affiches pour comptes rendus, conférences, concerts, bals, etc., etc., sont exemptes de droits de timbre, pourvu qu'elles portent le titre de la société ainsi que la date de l'approbation.

Les sociétés approuvées peuvent librement tenir leurs assemblées générales sans avoir à avertir l'autorité administrative. Elles ont droit à la jouissance d'un local gratuit fourni par la commune, avec le mobilier nécessaire à la tenue des assemblées, ainsi qu'à la fourniture gratuite de livres et registres nécessaires à l'administration et à la comptabilité.

Les fournitures dues par l'administration municipale consistent :

1° En registres matricules pour recevoir les noms, prénoms, âges, domiciles et professions des sociétaires ;

2° En un journal du trésorier, ou registre sur lequel doivent être inscrites toutes les recettes et toutes les dépenses à leurs dates respectives ;

3° En un registre de procès-verbaux pour y consigner les délibérations des bureaux et celles des assemblées générales ;

4° En livrets de sociétaires, contenant le compte courant de chaque sociétaire, indiquant ce qu'il a payé à la société et ce qu'il a reçu ;

5° En feuilles de visite.

L'article 13 du décret de 1852 donne aux sociétés approuvées la faculté de verser à la Caisse des Dépôts et Consignations l'excédent des fonds disponibles.

Ces dépôts constituent dans cette caisse les fonds dits : de réserve des sociétés approuvées. Cet article est la reproduction textuelle de l'article 6 de la loi du 15 juillet 1850, sur les Sociétés de secours mutuels reconnues. Le décret de 1852 a donc étendu aux sociétés approuvées le privilège accordé par la loi de 1850 aux sociétés reconnues.

En accordant aux sociétés approuvées la faculté de placer leurs fonds à la Caisse des dépôts et consignations en compte courant, en les faisant bénéficier d'un intérêt exceptionel de 4 1/2 %, le législateur a voulu offrir à leurs économies un placement à l'abri des fluctuations auxquelles sont exposées la rente de l'Etat et les autres valeurs mobilières.

L'article 7 du décret du 26 avril 1856 donnait aux sociétés approuvées ou reconnues la faculté de verser à la Caisse des Dépôts et Consignations, à l'intérêt de 4 1/2 % par an, les fonds libres destinés à constituer des pensions viagères de retraite aux sociétaires arrivés à l'époque de la liquidation. Ces dépôts constituent les fonds dits : de retraites, et les intérêts sont capitalisés, sauf ceux que le service des pensions a absorbés. Cet article est un des plus importants, car pour la rente viagère, la question du taux de placement est un des éléments principaux. La loi de 1886 a modifié le taux de l'intérêt servi, qui est maintenant fixé chaque année par décret. (Voir la loi de 1886 sur la Caisse nationale des retraites). Les sociétés approuvées ou reconnues ont le droit de servir à leurs sociétaires participants des pensions de retraites, conformément au décret du 26 avril 1856.

Ces pensions sont libellées sous la forme de titres de rentes viagères au nom du sociétaire. Elles sont irréductibles, car il y a contrat entre le sociétaire et la Caisse des retraites, contrat qui ne peut être violé. Les pensions ainsi constituées sont incessibles et insaisissables conformément à l'article 6 de la loi de 1886.

Le payement des rentes viagères rentre, comme celui de toute autre rente due par l'Etat, dans les attributions du Trésor public. Il est effectué par l'entremise des Payeurs-généraux, et les rentiers peuvent recourir à l'intervention des percepteurs pour faire payer au Trésorier général du département leurs titres de rentes, afin que le paiement des arrérages puisse avoir lieu sans déplacement pour les parties. Ces pensions sont généralement constituées à capital réservé, c'est-à-dire que le capital qui a servi à les constituer rentre dans le fonds de la société à chaque décès de pensionnaire et permet de doter un nouveau pensionnaire, et ainsi de suite, indéfiniment.

Aux sommes versées par les sociétés approuvées ou reconnues, aux fonds de retraites, viennent s'ajouter les intérêts qui se capitalisent tous les ans et s'augmentent encore des subventions accordées par l'Etat en proportion des versements, conformément au mode de répartition adopté. (C. Hamé.)

Ajoutons, pour terminer, que, en vertu du décret du 27 octobre 1870, signé par le gouvernement de la Défense Nationale, les sociétés approuvées ou reconnues d'utilité publique nomment elles-mêmes leur Président en assemblée générale. Le Président doit être nommé pour cinq ans et un extrait du procès-verbal constatant l'élection doit être transmis au Préfet.

Un certain nombre de sociétés de secours mutuels approuvées, possédant un capital de plusieurs milliers de francs, se contentent de capitaliser leur avoir à la Caisse d'épargne, oubliant qu'elles perdent annuellement, de ce fait, un intérêt de 1 fr. à 1 fr. 50 %. Les Caisses d'épargne, en effet, donnent un intérêt de 3 fr. 25 à 3 fr. 75 %, suivant les localités, tandis que la Caisse des Dépôts et Consignations qui est ouverte à toutes les sociétés approuvées, donne en vertu de la loi non encore abrogée un intérêt de 4 1/2 % aux fonds libres.

Beaucoup de mutualistes, même parmi les présidents ou administrateurs de sociétés, confondant les fonds versés en vue de la constitution des pensions de retraites avec les fonds libres, croient encore que l'argent est aliéné par le fait de rentrer dans la Caisse de l'Etat.

On ne saurait trop éclairer les mutualistes à ce sujet ; les fonds libres déposés à la Caisse des Dépôts ne sont point aliénés, ils peuvent être retirés avec la même facilité au guichet de la Caisse des Dépôts qu'au guichet de la Caisse d'épargne, et ils jouissent en plus d'un intérêt supérieur. Le devoir de tous les Présidents est donc de tenir la main à ce qu'il ne soit versé aux Caisse d'épargne que les sommes strictement nécessaires au fonctionnement journalier de l'association. Tout ce qui peut constituer un capital de réserve doit être versé à la Caisse des Dépôts et Consignations.

Nous donnons ci-dessous les modèles :

1° Du mandat de versement au fonds de dépôt ;

2° Du mandat de retrait de fonds de dépôt ;

3° Du mandat autorisant le trésorier à toucher les intérêts du fonds de dépôt, lesquels ne se capitalisant pas comme à la Caisse d'épargne doivent être retirés tous les ans.

DÉPARTEMENT
DE LA LOIRE
—
VILLE
DE SAINT-ÉTIENNE

L'UNION DU COMMERCE ET DE L'INDUSTRIE

Société de Secours mutuels approuvée

MANDAT de versement au fonds de dépôt

M. le Trésorier de la Société est autorisé, en exécution de la délibération prise le 188 , par la Société de secours mutuels

l'*Union du Commerce et de l'Industrie*, à verser la somme de..................
entre les mains du préposé de la Caisse de .... au compte du fonds de dépôt, conformément à l'article 13 du décret du 26 mars 1852.

Saint-Etienne, le .... *188*.....

LE PRÉSIDENT,

DÉPARTEMENT
DE LA LOIRE
—
VILLE
DE SAINT-ÉTIENNE

L'UNION DU COMMERCE ET DE L'INDUSTRIE

Société de Secours mutuels approuvée

MANDAT de retrait de fonds de dépôt

M. le Trésorier de la Société est autorisé, en exécution de la délibération prise le.................................188......, par la Société de secours mutuels l'*Union du Commerce et de l'Industrie*, à retirer la somme de ....
du fonds de dépôt constitué au profit de la Société, conformément à l'article 13 du décret du 26 mars 1852.

Saint-Etienne, le.................................. *188*.....

LE PRÉSIDENT,

DÉPARTEMENT
DE LA LOIRE
—
VILLE
DE SAINT-ÉTIENNE

L'UNION DU COMMERCE ET DE L'INDUSTRIE

Société de Secours mutuels approuvée

M. ...., trésorier de la Société, est autorisé à toucher le montant des intérêts du fonds de dépôt de la Société de secours mutuels l'*Union du Commerce et de l'Industrie* s'élevant à la somme de ....

Saint-Etienne, le.................................. *188* .

LE PRÉSIDENT, LE SECRÉTAIRE,

CHAPITRE IV

Opérations des Sociétés de secours mutuels d'après le dernier rapport officiel présenté au Président de la République (année 1889) (1).

On comptait en 1889, 8883 sociétés de secours mutuels composées de 1.401.679 membres et possédant ensemble 165.534.940 fr. 53.

Les 8.883 sociétés se décomposaient en 6.445 sociétés approuvées, 2.428 sociétés autorisées et enfin 10 sociétés reconnues comme établissement d'utilité publique savoir :

1° *Arts et Métiers de la Rochelle*, comptant 14 membres honoraires, 190 membres participants hommes, 232 femmes et 234 enfants. Son avoir général était à cette époque de 51.104 fr. et la quotité de la pension servie de 68 francs.

2° *Protestants de Prévoyance à Paris*, comptant 395 honoraires, 278 participants hommes, 280 femmes. Avoir général 97.453 fr. Quotité de la pension servie par la Société, 172 fr.

3° *Artistes dramatiques à Paris*, comptant 0 membre honoraire, 1,710 membres participants hommes, 1670 femmes. Avoir général 4.352.257 fr. Quotité de la pension variable, secours accordés en 1889, 149.436 fr.

4° *Vrais amis de la Boucherie (Paris)*, comptant 67 membres honoraires, 443 membres participants hommes, 25 femmes. Avoir général 486.607 fr. Quotité de la pension servie 217 fr.

5° *Sauveteurs de la Seine (Paris)*, comptant 554 membres honoraires, 287 membres participants hommes. Avoir général 141.901 fr. Quotité de la pension, 120 fr.

6° *Demoiselles et employées dans le commerce à Paris*, comptant 220 membres honoraires, 459 membres participants femmes. Avoir général, 161.045. Quotité de la pension, 120 fr.

7° *La Mutualité commerciale à Paris*, comptant 220 membres honoraires,

(1) Depuis que ce chapitre a été écrit, le compte-rendu des opérations pour l'année 1890 a paru, mais il ne modifie que légèrement les chiffres cités. Une statistique triennale est d'ailleurs seulement intéressante à ce sujet.

2643 membres participants hommes, 191 femmes. Avoir général, 156.715 fr. Quotité de la pension pas encore déterminée.

8° *Notre-Dame-de-Bon-Secours à Dieppe*, comptant 74 membres honoraires, 419 membres participants hommes, 71 femmes. Avoir général, 142.033 fr. Quotité de la pension servie, 60 fr.

9° *Emulation Chrétienne à Rouen*, comptant 748 membres honoraires, 1,331 membres participants hommes, 917 femmes. Avoir général, 522 949 francs. Quotité de la pension, 123 fr.

10° *L'Union à Versailles*, comptant 140 membres honoraires, 97 membres participants hommes, 122 femmes. Avoir général, 130.215 fr. Quotité de la pension, 75 fr.

Les 6,455 sociétés approuvées ou reconnues d'utilité publique se divisent en 4,534 sociétés d'hommes, 1,730 sociétés mixtes, c'est-à-dire composées d'hommes femmes et enfants et 191 sociétés de femmes seules.

Les 2,448 sociétés autorisées se divisent en 1,984 sociétés d'hommes, 308 sociétés mixtes et 136 sociétés de femmes.

Les sociétés approuvées ou reconnues d'utilité publique comptent 175.028 membres honoraires et 891.533 membres participants; elles possèdent un capital disponible de 54.499 526 fr. et un fonds de retraites s'élevant à 80.463.149 fr.

Les sociétés autorisées comptent 23.818 membres honoraires, 311.300 membres participants. Leur avoir général s'élève à 33.581.265 fr.

Les recettes totales des trois catégories d'associations se sont élevées en 1889 à 38 450.499 fr. 10 et les dépenses totales à 24.189.767 fr. 50.

Depuis 1889, un grand nombre d'associations admettent les enfants dans leur sein. Plusieurs d'entr'elles où les enfants ne sont point très nombreux leur accordent *gratuitement* les secours médicaux et pharmaceutiques, mais la plupart des sociétés leur demandent une cotisation qui varie, suivant la région, de 1 fr. à 18 fr. par an. La cotisation de 6 fr. est le plus souvent appliquée. 510 associations, réparties dans 74 départements, admettent les enfants aux bienfaits de la Mutualité; le nombre des enfants s'élève à 25.077.

Plusieurs Sociétés de secours mutuels comptent un nombre considérable d'enfants; ainsi la *Société des Alsaciens-Lorrains* à Paris en compte 1200; *La Terre Promise*, à Paris, 707; *La Famille*, à Constantine, 408; *La Société communale*, à Arras, 369; la *Société de Saint-Eloi*, à Vieux-Condé (Nord), 341; la *Société des Ouvriers*, à Feurs (Loire), 332; la *Société de Parthenay* (Deux-Sèvres), 327; la *Société de Civray* (Vienne), 289; la *Société des Marins* à Etretat, 270 ; les deux sociétés scolaires des VIIe et XIXe arrondissements de Paris comptent, la première 506 et la seconde 1,656 enfants.

La cotisation moyenne générale des enfants est de 3 fr. 31 et la dépense moyenne générale de 2 fr. 37, malgré que certaines sociétés, comme nous l'avons déjà dit, fournissent *gratuitement* les secours médicaux et pharmaceutiques.

La moyenne des membres répartis dans les sociétés approuvées se décompose ainsi : moyenne des participants, 115 hommes, 23 femmes ; honoraires, 28 ; soit une moyenne totale de 166 membres par société.

Dans les sociétés autorisées, nous trouvons, en moyenne, 117 participants hommes, 19 femmes et 11 membres honoraires, soit une moyenne totale de 147 membres par société.

Le nombre des journées de maladie s'est élevé, en 1889, dans les sociétés approuvées, à 3.647.581, savoir : 3.211.157 pour les hommes et 436.434 pour les femmes. La durée moyenne de la maladie par malade a été de 15.71 journées. La moyenne des malades a été de 28,25 pour 100 membres participants hommes, et de 31,34 pour 100 membres participants femmes. La dépense moyenne des malades a été de 12 fr. 58 pour les hommes et de 10 fr. 62 pour les femmes.

Dans les sociétés autorisées, le nombre des journées de maladie a été de 1.468.954, savoir : 1.329.496 pour les hommes et 139.458 pour les femmes. La durée moyenne de la maladie a été de 10 jours 11. La moyenne des malades a été de 28,87 pour 100 membres participants hommes, et 32 pour 100 membres participants femmes. Les frais moyens de maladie se sont élevés à 14 fr. 02 pour les hommes et à 10 fr. 48 pour les femmes.

Indemnité journalière

Les sociétés approuvées ont distribué, en 1889, la somme de 4.551.229 fr. 66 à titre d'indemnité journalière à 232.133 malades, soit : 4 119.622 fr. 10 à 192.366 hommes, et 431.701 fr. 56 à 39.767 femmes. La moyenne de l'indemnité journalière à chaque malade a été de 21 fr. 42 pour les hommes et de 10 fr. 86 pour les femmes. Moyenne générale, 19 fr. 61.

L'indemnité moyenne journalière a été de 1 fr. 28 pour les hommes, et de 0 fr. 99 pour les femmes, soit une moyenne générale de 1 fr. 25.

807.812 membres sont assurés pour l'indemnité journalière ; d'où il ressort que la part contributive pour chaque associé, pour les frais résultant de l'indemnité journalière accordée par les statuts, est de 6 fr. 05 pour les hommes et de 3 fr. 40 pour les femmes. Ensemble, pour les sociétés mixtes, 5 fr. 63.

Les sociétés autorisées ont distribué une somme totale de 2.092.788 fr. 63 à 76.880 membres malades, savoir : 1.945.298 fr. 49 à 66.875 hommes, et 147.490 francs 14 cent. à 1.000 femmes.

L'indemnité moyenne accordée à chaque malade s'est élevée à la somme de 29 fr. 09 pour les hommes et à 14 fr. 74 pour les femmes. Moyenne générale, 27 fr. 22. L'indemnité moyenne journalière a été de 1 fr. 46 pour les hommes et de 1 fr. 06 pour les femmes. Moyenne générale, 1 fr. 42.

262.878 membres participants sont assurés pour l'indemnité journalière ; d'où il ressort que la part contributive pour chaque associé a été de 8 fr. 40 pour les hommes et de 4 fr. 72 pour les femmes. Moyenne d'ensemble, 7 fr. 96.

Frais médicaux

Les sociétés approuvées ont dépensé en frais médicaux, en 1889, une somme de 2.391.222 fr. 69 pour 232.135 malades, soit une moyenne de 10 fr. par malade. Les journées de maladie s'élèvent, au total, à 367.591 fr. ; il en résulte une dépense médicale de 0 fr. 66 pour chaque journée de maladie ; 807.812 membres participants sont assurés pour les frais de maladie ; les honoraires médicaux sont en moyenne de 2 fr. 96, savoir : 2 fr. 86 pour les sociétés d'hommes, 3 fr. 12 pour les sociétés mixtes, et 2 fr. 76 pour les sociétés de femmes.

Dans les sociétés autorisées, 634.774 fr. 06 ont été dépensé pour 76.880 malades, soit une dépense moyenne de 8 fr. 26 par malade. Le nombre des journées de maladie s'étant élevé à 1.468.954, la dépense moyenne par journée de maladie a été de 0 fr. 43. Répartie entre 262.878 membres participants, la part contributive de chacun d'eux pour les frais médicaux est donc de 2 fr. 41. Cette moyenne varie entre 2 fr. 40 pour les sociétés d'hommes, 2 fr. 49 pour les sociétés mixtes et 2 fr. 11 pour les sociétés de femmes.

Frais pharmaceutiques

Les sociétés approuvées ont dépensé, en 1889, une somme totale de 2.972.043 fr. 44 en frais pharmaceutiques, savoir : 2.431.172 fr. 81 pour les hommes et 540.870 fr. 63 pour les femmes.

La dépense moyenne par malade s'est élevée à 12 fr. 64 pour les hommes et à 13 fr. 60 pour les femmes. Moyenne d'ensemble : 12 fr. 80.

Chaque journée de maladie a nécessité une dépense pharmaceutique de 0 fr. 76 pour les hommes, 1 fr. 24 pour les femmes. Moyenne d'ensemble : 0 fr. 81.

Le nombre des sociétaires assurés pour les frais pharmaceutiques étant de

807.812, la part contributive pour chacun d'eux est de 3 fr. 57 pour les hommes et 4 fr. 26 pour les femmes. Moyenne d'ensemble : 3 fr. 68.

Les sociétés autorisées ont dépensé en frais pharmaceutiques une somme totale de 848.191 fr. 01, soit 743.376 fr. 52 pour les hommes et 104.814 fr. 49 pour les femmes.

La dépense moyenne par malade s'est élevée à 11 fr. 12 pour les hommes et à 10 fr. 48 pour les femmes. Moyenne d'ensemble : 11 fr. 03.

Chaque journée de maladie a nécessité une dépense pharmaceutique de 0 fr. 56 pour les hommes et de 0 fr. 75 pour les femmes. Moyenne d'ensemble : 0 fr. 58.

Si nous considérons que 262.878 membres participants sont assurés pour les frais pharmaceutiques, la part contributive de chacun d'eux est de 3 fr. 23, soit 3 fr. 21 pour les hommes et 3 fr. 55 pour les femmes.

Frais généraux par Malade

Il résulte de ce qui précède que, dans les sociétés approuvées, chaque sociétaire malade a occasionné une dépense générale de 42 fr. 71 ; la cotisation moyenne étant de 14 fr. 17, c'est donc une charge de 28 fr. 24 dont se trouve grevé le budget de l'association pour chacun de ses malades.

La part contributive de chaque associé dans les dépenses de maladie étant de 12 fr. 27, et la cotisation moyenne de 14 fr. 47, il reste donc seulement une somme de 2 fr. 20 par membre participant a affecter aux autres dépenses diverses.

La dépense moyenne par maladie est très variable, suivant les régions. Elle est inférieure à la moyenne dans le Nord, et de beaucoup supérieure dans le Midi. Les statistiques établissent une moyenne générale de 42 fr. 71. Cette moyenne s'est élevée à 74 fr. 90 dans les Bouches-du-Rhône, à 73 fr. 61 dans la Seine, à 60 fr. 57 dans le Rhône, à 57 fr. 58 dans la Gironde, à 42 fr. 19, chiffre équivalent à la moyenne générale, dans l'Ile-et-Vilaine ; elle descend à 34 fr. 96 dans la Seine-Inférieure, à 29 fr. 14 dans le Nord, et à 25 fr. 76 dans Meurthe-et-Moselle.

La quotité moyenne générale des frais de maladie étant de 2 fr. 72, elle monte à 4 fr. 50 dans la Seine, à 3 fr. 73 dans les Bouches-du-Rhône, à 3 fr. 31 dans la Gironde, à 3 fr. 27 dans la Seine-Inférieure, à 3 fr. 11 dans le Rhône, à 2 fr. 64 dans Meurthe-et-Moselle ; elle descend à 1 fr. 83 dans l'Ile-et-Vilaine, et à 1 fr. 59 dans le Nord.

Dans les sociétés autorisées, chaque malade a occasionné une dépense moyenne de 46 fr. 51 ; la cotisation moyenne étant de 15 fr. 78, c'est donc une charge de 30 fr. 73 par sociétaire malade qui incombe au budget de l'association.

La part contributive moyenne de chaque sociétaire dans les frais occasionnés par la maladie étant de 13 fr. 60, et la cotisation moyenne de 15 fr. 78, c'est donc une somme de 2 fr. 18 par membre participant à affecter aux autres dépenses sociales.

Frais de Gestion

Les sociétés approuvées ont dépensé en frais de gestion savoir : sociétés d'hommes, 386.262 fr. 90 ; sociétés mixtes, 417.137 fr. 52 ; sociétés de femmes, 21.242 fr. 03.

La moyenne des frais de gestion s'est élevée par société à 87 fr. 86 pour les sociétés d'hommes, 248 fr. 15 pour les sociétés mixtes, et 113 fr. 59 pour les sociétés de femmes.

La part contributive pour chaque associé a été de 0 fr. 83 dans les sociétés d'hommes, 1 fr. 10 dans les sociétés mixtes, et 0 fr. 90 dans les sociétés de femmes. Moyenne générale : 0 fr 95.

Les sociétés autorisées ont dépensé en frais de gestion savoir : sociétés d'hommes, 175.073 fr. 93 ; sociétés mixtes, 145.856 fr. 90 ; sociétés de femmes, 7.430 fr. 43.

La moyenne des frais de gestion s'est élevée, dans les sociétés autorisées, savoir : par société, à 95 fr. 25 pour les sociétés d'hommes ; 517 fr. 27 pour les sociétés mixtes, 56 fr. 29 pour les sociétés de femmes.

Part contributive pour chaque associé : 1 fr. 03 pour les hommes, 1 fr. 19 pour les sociétés mixtes, et 0 fr. 49 pour les femmes. Moyenne générale, 0 fr. 90.

Frais funéraires

En 1889, les frais funéraires se sont élevés, dans les sociétés approuvées, à 767.546 fr. 84 pour 12.234 décès. Dans les sociétés d'hommes, le nombre des décès s'est élevé à 7.351, et la moyenne de la dépense par société a été de 98 fr. 27. La moyenne de la part contributive de chaque associé a été de 0 fr. 94; enfin, la moyenne des dépenses par société a été de 58 fr. 72.

Dans les sociétés mixtes, pour 4.536 décès, la moyenne des frais par société a été de 191 fr. 58 ; la part contributive de chaque associé de 0 fr. 97, et la moyenne de frais par décédé a été de 70 fr. 07.

Dans les sociétés de femmes, pour 347 décès, la moyenne des frais par société a été de 96 fr. 75 ; la part contributive de chaque associé de 0 fr. 76 et la moyenne des frais par décès de 52 fr. 14.

Pour les sociétés autorisées, la dépense totale s'est élevée à 245.043 fr. 16

pour 4.586 décès, savoir : pour les sociétés d'hommes, 2.992 décès ; moyenne des frais par société, 95 fr. 71 ; part contributive de chaque associé, 1 fr. 04 ; moyenne de frais par sociétaire décédé, 58 fr. 25.

Pour les sociétés mixtes, moyenne des frais par société, 221 fr. 62 ; part contributive par associé, 0 fr. 72 ; moyenne des frais par sociétaire décédé, 36 fr. 89.

Incurables

Les sociétés approuvées ont dépensé, en 1889, une somme de 1.238.329 fr. 71 à secourir 9.492 vieillards ou incurables, savoir : dans les sociétés d'hommes, 1.020.532 fr. 13 alloués à 6.128 membres, soit une moyenne de 167 fr. 73 par membre secouru ; dans les sociétés mixtes, 166.834 fr. 27 ont été alloués à 2.481 hommes, et 30.784 fr. 61 à 666 femmes, soit une moyenne de 67 fr. 24 pour les hommes, et de 46 fr. 21 pour les femmes secourues ; dans les sociétés de femmes, 11.178 fr. 70 alloués à 207 femmes, soit une moyenne de 54 fr. par sociétaire secourue. La moyenne générale du secours alloué a été de 130 fr. 46. La part contributive de chaque associé a été, dans les sociétés d'hommes, de 2 fr. 12 ; dans les sociétés mixtes, 0 fr. 73 pour les hommes et 0 fr. 29 pour les femmes ; enfin, dans les sociétés de femmes, 0 fr. 33. Moyenne générale d'ensemble, 1 fr. 51.

Les sociétés autorisées ont alloué 707.844 fr. 69 de secours à 5.295 membres, savoir : les sociétés d'hommes, 294.783 fr. 04 à 3.572 membres, soit une moyenne de 82 fr. 53 par sociétaire secouru ; les sociétés mixtes, 356.248 fr. 93 à 1.173 hommes, et 43.049 fr. 84 à 247 femmes, soit une moyenne de 303 fr. 71 par homme et de 174 fr. 29 par femme secourus ; les sociétés de femmes, 13.762 fr. 79 à 303 femmes, soit une moyenne de 45 fr. 42 par sociétaire secourue. Moyenne générale d'ensemble, 133 fr. 68.

Part contributive de chaque associé dans les sociétés : d'hommes, 1 fr. 78 ; dans les sociétés mixtes, 5 fr. 41 pour les hommes et 2 fr. 66 pour les femmes ; dans les sociétés de femmes 0 fr. 91.

Veuves et Orphelins

Les sociétés approuvées ont alloué, en 1889, aux veuves et aux orphelins de leurs sociétaires décédés, une somme totale de 337.775 fr. 01, savoir : pour les sociétés d'hommes, 211.761 fr. 02 aux veuves et 12.803 fr. 46 aux orphelins, soit une moyenne de 81 fr. 20 par veuve et de 33 fr. 17 par orphelin ; pour les sociétés mixtes, 91.995 fr. 65 aux veuves et 19.630 fr. 19 aux orphelins, soit une moyenne de 63 fr. 31 par veuve, et de 44 fr. 61 par orphelin ; pour les sociétés de femmes, 1.230 fr. 20 aux veuves et 354 fr. 40 aux orphelins, soit une moyenne de 49 fr. 20 par veuve et de 18 fr. 65 par orphelin.

La part contributive de chaque associé a été de 0 fr. 49 dans les sociétés d'hommes, 0 fr. 34 dans les sociétés mixtes, 0 fr. 07 dans les sociétés de femmes. Moyenne générale, 0 fr. 42.

Les sociétés autorisées ont alloué 305.485 fr. 79 aux veuves et orphelins, savoir : pour les sociétés d'hommes, 141.445 fr. 25 aux veuves, et 9.017 fr. 11 aux orphelins, soit une moyennne de 141 fr. 34 aux veuves et de 44 fr. 60 aux orphelins ; pour les sociétés mixtes, 122.063 fr. 40 aux veuves et 30 475 fr. 55 aux orphelins, soit une moyenne de 127 fr. 95 aux veuves et de 123 fr. 88 aux orphelins ; pour les sociétés de femmes, 2.165 aux veuves et 319 fr. 50 aux orphelins, soit une moyenne de 49 fr. 20 aux veuves et de 18 fr. 79 aux orphelins. Part contributive de chaque associé : 0 fr. 90 dans les sociétés d'hommes, 1 fr. 86 dans les sociétés mixtes, 0 fr. 16 dans les sociétés de femmes. Moyenne générale : 1 fr. 15.

Décès

Le nombre des décès dans les sociétés approuvées s'est élevé, en 1889, à 12.889, soit une moyenne générale de 1,49 pour cent associés.

Dans les sociétés d'hommes, nous trouvons 7.352 décès et une moyenne de 1,50 décès par cent membres.

Dans les sociétés mixtes, 5.190 décès, moyenne : 1,37 0/0.

Dans les sociétés de femmes, 347 décès, moyenne : 1,46 0/0.

La moyenne générale des décès dans les dix dernières années a été de 1,57 0/0. La moyenne des décédés âgés de plus de 55 ans, a été de 17,71 0/0, dans les sociétés d'hommes et de 15,40 0/0 dans les sociétés de femmes et une moyenne générale de 16,64 0/0.

Dans les sociétés autorisées, nous trouvons 4.926 décès, soit une moyenne de 1,61 0/0 qui se décompose ainsi : sociétés d'hommes, 3.015 décès, soit 1,78 0/0 ; pour les sociétés mixtes, 1,639 décès, soit 1,34 0/0 ; pour les sociétés de femmes, 272 décès, soit 1,61 0/0.

La moyenne générale des dix dernières années a été de 1,63 0/0. Le nombre des décédés âgés de plus de 55 ans a été en proportion de 18 0/0 dans les sociétés d'hommes, de 8 0/0 dans les sociétés mixtes et de 25 0/0 dans les sociétés de femmes. Moyenne générale 14 0/0.

De l'ensemble des renseignements qui précèdent, il résulte que, en échange d'une cotisation moyenne de 15 fr. 17, le membre participant homme a motivé, dans les sociétés approuvées, la dépense suivante :

Indemnité pécuniaire de maladie......	6 05
Honoraires médicaux................	2 96
Médicaments.......................	3 57
Frais funéraires..................	0 97
Frais de gestion..................	0 95
Secours aux veuves et orphelins.....	0 41
Secours aux vieillards infirmes.......	1 73
Dépenses diverses..................	1 73
Total......	18 35

soit une dépense totale de 18 fr. 35, supérieure de 3 fr. 18 au chiffre de la cotisation moyenne.

En échange d'une cotisation moyenne de 10 fr. 71, le membre participant femme a motivé les dépenses suivantes :

Indemnité de maladie...............	3 40
Honoraires médicaux................	2 96
Médicaments.......................	4 26
Frais funéraires..................	0 95
Frais de gestion..................	0 95
Secours aux vieillards infirmes......	0 33
Secours aux veuves et orphelins.....	0 41
Dépenses diverses..................	1 73
Total.........	14 99

soit une dépense totale de 14 fr. 99, supérieure de 4 fr. 28 au chiffre moyen de la cotisation.

Il résulte de ces chiffres que les membres honoraires ont non seulement l'honneur de constituer, par le produit de leurs cotisations, le fonds de retraite des Sociétés de secours mutuels, mais que leur concours a contribué à éviter le déficit inévitable sans leur généreuse intervention.

Pour les sociétés autorisées, l'ensemble des résultats est à peu près identique ; en effet, en échange d'une cotisation moyenne de 16 fr. 81, le membre participant homme a motivé la dépense suivante :

Indemnité pécuniaire de maladie.....	8 40
Honoraires médicaux................	2 41
Médicaments.......................	3 21
Frais funéraires......	0 92
Frais de gestion..................	1 07
Secours aux veuves et aux orphelins..	1 15
Secours aux vieillards incurables.....	2 81
Dépenses diverses..................	1 79
Total	21 76

soit une dépense totale de 21 fr. 76, supérieure de 3 fr. 95 au chiffre moyen de la cotisation.

En échange d'une cotisation moyenne de de 8 fr. 18, le membre participant femme a motivé la dépense suivante :

Indemnité de maladie..............	4 72
Honoraires médicaux..............	2 41
Médicaments......................	3 35
Frais funéraires..................	0 92
Frais de gestion..................	1 07
Secours aux veuves et orphelins.....	1 15
Secours aux vieillards infirmes.......	1 82
Dépenses diverses..................	1 79
Total.........	17 23

soit une dépense totale de 17 fr. 23, supérieure de 9 fr. 05 au chiffre moyen de la cotisation.

Retraites

En 1889, 1.567 sociétés approuvées ont versé à la Caisse nationale des retraites pour la vieillesse une somme totale de 2.964.889 fr. 75, soit un versement moyen, par société, de 1.857 fr. ; cette moyenne n'était que de 1.450 francs en 1879. Si l'on déduit de ces chiffres une somme de 695.370 fr. versée par les sociétés dont l'unique but est la retraite, la moyenne des versements descend à 1.417 fr.

En 1856	294	sociétés	possédant un fonds	de retraite de	741.234 83
En 1866	2,351	—	—	—	11.469.258 77
En 1876	2,652	—	—	—	27.767.250 46
En 1886	3,334	—	—	—	64.491.649 05
En 1889	3,589	—	—	—	80.463.149 27

L'avoir moyen par société approuvée à la Caisse des retraites était, en 1856, de 746 fr. ; en 1866, de 4,954 fr.; en 1876, de 9.764 fr. ; en 1886, de 19.343 fr. ; en 1889, il s'élève à 22.419 fr., et défalcation faite des sociétés spéciales de retraites à 20.124 fr. 05.

Le nombre des pensionnés a atteint en 1887 le nombre de 20.311 ; ce nombre était de 2.302 en 1869 et de 10.700 en 1879.

La moyenne du taux de la pension servie était de 67 fr. 87, en 1872 ; 71 fr. 04 en 1882 et 71 fr. 93 en 1889. A cette moyenne, il convient d'ajouter les suppléments de pension servis sur les fonds disponibles. Ces suppléments se sont élevés, pour l'année 1889, à la somme de 1.238.229 fr. 70.

Sur 22.311 pensions inscrites au 31 décembre 1889 à la Caisse des retraites en faveur des membres des sociétés approuvées, 5.322, soit une proportion de 20,23 0/0, sont compris entre le chiffre de 100 fr. et de 596 fr. Cette proportion était de 17,94 0/0 en 1879.

La quotité moyenne des 26.311 pensions peut se répartir d'après les catégories suivantes :

Nombre de pensions de	30 fr.	à	99 fr.	inclusivement	20.989
—	100	—	119	—	1.889
—	120	—	149	—	1.209
—	150	—	199	—	1.115
—	200	—	299	—	875
—	300	—	596	—	184

Diverses sociétés spéciales de retraites, ayant bénéficié de l'approbation, versent, chaque année, une somme considérable à la Caisse nationale des retraites. C'est ainsi, qu'en 1889, ont versé : *Les Industries*, de Paris, 246.000 francs ; *Le Grain de Blé*, de Paris, 125.000 fr. ; *La Prévoyance en faveur de la vieillesse*, de Marseille, 90.000 fr. ; *La 242e*, de Lyon, 300.000 fr.

Il résulte, de l'état statistique fourni par les sociétés approuvées en 1889, que les 4/5 de la somme totale versée aux fonds de retraites proviennent de la cotisation des membres honoraires. Ces chiffres attestent que le concours financier des membres honoraires est un élément puissant de prospérité pour l'institution mutualiste.

Les subventions accordées aux fonds de retraites se sont élevées, en 1887, au chiffre de 877.139 fr. ; le chiffre de la subvention était de 329 628 fr., en 1859 ; 374.464 fr. en 1869, et 475.510 fr. en 1879. La moyenne de la subvention pour chaque société a été de 522 fr. en 1889.

En résumé, il a été versé, depuis les origines, aux Caisses de retraites des Sociétés de secours mutuels, les sommes suivantes :

Montant des versements opérés par les sociétés.....	41.052.821 33
Subventions allouées par l'État....................	15.530.559 66
Donations et legs affectés à la retraite............	1.512.642 58
Intérêts capitalisés..............................	22.385.636 46
Ensemble..............	80.482.660 03
Remboursement aux sociétés..........	19.510 86
Solde créditeur en 1889................	80.463.149 27

La proportion annuelle des décédés pensionnaires a été de 7,04 0/0 en 1887 ; elle avait été de 8,04 0/0 en 1879 et de 6,21 0/0 en 1869.

L'âge moyen des pensionnaires décédés a été de 73 ans 1 mois 16 jours en 1887 ; il avait été de 72 ans 6 mois en 1879.

Le capital à fournir pour l'obtention d'une pension de retraite de 100 fr. était de 2.500 fr. en 1889. Ce capital, d'après la loi de 1886 sur la Caisse nationale des retraites pour la vieillesse, est variable chaque année, puisque, d'après la loi, l'intérêt servant à la capitalisation est lui-même fixé chaque année.

Il existait en 1887, 29 Sociétés de secours mutuels approuvées ayant pour but unique la retraite. Ces 29 sociétés spéciales comprenaient 59.341 membres et possédaient un capital disponible de 3.271.203 fr. 56 et un fonds de retraites de 8.786.041 fr. 28, soit un avoir total de 12.057.244 fr. 80. De plus, 31 sociétés autorisées sont spéciales de retraite ; ces 31 sociétés comprenaient 43.728 membres et possédaient, au 31 décembre 1887, 7.125.513 fr. 37. La plus importante des sociétés autorisées est *La 230e*, de Lyon, composée de 33.000 membres et possédant un capital de 3 millions.

CHAPITRE V

Les Unions et Syndicats mutualistes

L'utilité des Unions et Syndicats mutualistes n'est plus contestée aujourd'hui que par quelques esprits grincheux, ayant peur de tout, même de leur ombre. Les dernières préventions doivent nécessairement tomber devant les résultats obtenus en France et surtout du fait de la vulgarisation des services qu'ont rendu, à la Mutualité, les grandes Fédérations anglaises et belges.

En Angleterre, les Unions de sociétés embrassent tout le Royaume-Uni, les colonies comprises. Au lieu de se fédérer par localité, les associations anglaises se sont, en partie du moins, fédérées par professions similaires sur toute l'étendue du territoire.

« Les grandes Fédérations, écrit M Ludlow, greffier en chef, sont une des « gloires de l'Association en Angleterre. Aucune société locale, si bien « organisée qu'elle soit, ne peut rendre les mêmes services à ses sociétaires, et, « par là, à la nation tout entière.

« Le principe fédéral seul se prête à cette mobilité, qui caractérise de plus « en plus les classes ouvrières dans la société moderne. Rien de plus difficile, « dans une société locale, que de fournir des secours à distance, quand un « sociétaire quitte le voisinage de la société. Rien de plus facile, au contraire, « pour une grande société fédérée, dont le réseau embrasse tout le territoire. « Chacune de ces loges (1) agit, au besoin, comme mandataire de toutes les

(1) La Loge correspond à peu près à la section autonome française.

« autres, pour les examens et certificats médicaux, pour le paiement des « secours, pour la perception des cotisations. Toutes admettent comme « visiteurs tous les membres du corps fédéral, et, à certaines conditions, les « acceptent comme sociétaires. Une fois admis dans la Fédération, un ouvrier « n'est, pour ainsi dire, jamais dépaysé ; partout où s'ouvre une loge de la « société, il trouve des amis, aussi bien au-delà des mers que dans le Royaume-« Uni. Puis, l'étendue de la Fédération ouvre de larges horizons à la pensée, à « l'ambition. Le moindre sociétaire des loges peut parvenir, de grade « en grade, aux plus hautes dignités de l'Ordre. Les réunions annuelles « de ces Fédérations sont de véritables Parlements composés de centaines de « délégués. Les intérêts des loges coloniales et étrangères y sont représentés. « Toutes les questions d'importance vitale pour la société s'y traitent, et il est « rare qu'une année se passe sans apporter quelques améliorations dans les « statuts ou, du moins, sans apporter un progrès dans les idées, progrès qui se « propage dès lors avec une nouvelle force parmi un demi-million de sociétaires, « pour aboutir, plus tard, à des améliorations nouvelles. C'est aux *Originaux* « de *l'Unité* de *Manchester* que l'on doit les meilleures statistiques sur la « maladie. » (1)

En France, l'organisation de semblables Fédérations serait tout au moins prématurée, mais les unions entre sociétés du même département ou d'un même centre se multiplient tous les ans d'une manière remarquable. Les sociétés paraissent enfin comprendre que, restant isolées, leurs efforts seront stériles, et que, au contraire, groupées par des liens sérieux, elles pourront enfin aborder et résoudre efficacement les graves questions des services pharmaceutiques, médicaux, de l'organisation plus efficace des secours à accorder aux vieillards, aux veuves, aux orphelins, de la création de dispensaires cantonaux pour les sociétés rurales, trop souvent délaissées, de l'association pour les risques agricoles, etc., etc.

Dans une rapide esquisse, nous allons faire connaître les principales Fédérations mutuelles françaises. Vulgariser les services qu'elles ont organisés, est un devoir auquel nous ne pouvons nous soustraire dans cet ouvrage.

(1) Cité par M. Léon Say, dans son rapport : Les Sociétés de secours mutuels à l'Exposition de 1889.

LYON

L'historique du Comité général des Présidents de Sociétés de secours mutuels de Lyon a paru dans la *Revue des Institutions de Prevoyance*, en 1887. Il est dû à la plume autorisée de M. P.-A. Bleton, l'éminent mutualiste lyonnais. En le reproduisant ici *in-extenso*, nous rendons hommage à la valeur de son auteur.

Le Comité général des présidents de sociétés de secours mutuels de Lyon a été fondé le 19 novembre 1871; il compte donc plus de vingt années d'existence.

Cette création avait été précédée de plusieurs essais : ainsi, dans la période qui suivit le décret organique de 1851 et la constitution d'une commission supérieure d'encouragement et de surveillance, on tenta d'organiser un cercle des présidents et vice-présidents. Mais, bien que les promoteurs eussent pris soin de déférer la présidence du cercle à un de leurs collègues, chef de service à la préfecture du Rhône et des mieux notés auprès de l'administration, on fut bientôt avisé, de haut lieu, que les réunions eussent à cesser.

Il n'est pas inutile de rappeler que le pouvoir poursuivait alors la création de sociétés communales et municipales, de préférence à toutes autres, et que, loin de favoriser l'établissement des sociétés professionnelles, il y avait comme un mot d'ordre d'entraver tout groupement corporatif. Si l'autorité ne pouvait empêcher qu'il existât ou qu'il se formât des associations professionnelles, elle voulait au moins les retenir sous la tutelle administrative et paralyser chez elles toute velléité d'émancipation et de vie propre. Quant aux sociétés municipales, elles n'avaient de prospérité à attendre que de l'action du pouvoir.

Toutefois, l'expérience ne justifia pas ses visées. Dans une conversation qui suivit la remise officielle du rapport de la commission supérieure, en 1858, M. Rouher, président — nous tenons le fait d'un témoin de l'entretien — dut avouer au chef de l'Etat que c'était encore dans les sociétés de secours mutuels recrutées entre gens de même corporation, que l'institution accusait le plus de résultats effectifs : « Mes idées, répondit l'Empereur, se sont beaucoup modifiées à cet égard. »

Peu après, comme si les idées de la commission s'étaient aussi modifiées sur divers points, un premier rapport exprimait le vœu qu'il s'établît dans chaque grande ville « une réunion d'hommes mettant leur devoir et leur honneur à travailler au succès des institutions de prévoyance »; et la commission signalait dans un rapport suivant le Grand Conseil de Marseille, qui, à la vérité, est plutôt une institution de prud'homie qu'un comité d'études et de propagande.

Mais les autorités locales se prêtaient peu à des créations de ce genre. D'autre part, ces associations au second degré n'étant pas prévues par le décret de 1851, nul ne devait se soucier d'endosser une lourde responsabilité, en prenant l'initiative de réunions qui, du premier jour, risquaient d'être tenues pour suspectes. Au surplus, la Mutualité française avait été si vite et si bien façonnée par la routine administrative que chaque société vivait dans une indifférence à peu près absolue pour ce qui se passait à côté d'elle.

Cependant, en plusieurs occasions, les Sociétés lyonnaises avaient été appelées à se mettre en rapport entre elles. Diverses causes empêchèrent que ces relations passagères, formées pour un objet spécial, ne prissent un caractère général et permanent.

Et d'abord, signalons que, dès l'année 1855, l'initiative privée se révélait par une démarche qui eut des résultats considérables pour toute la Mutualité. On sait qu'à l'origine, les Sociétés n'avaient d'autre moyen de constituer des pensions à la Caisse des retraites qu'en prenant pour chacun de leurs membres un livret individuel. M. Jourdan, président de la 70e société de secours mutuels, introduisit une demande auprès de M. le directeur général de la Caisse des Dépôts et Consignations pour que sa société fût admise à verser, avec réserve de retour du capital versé, non seulement lors du décès du sociétaire, mais aussi *lorsqu'il cesse de faire partie de la société*.

Sur le refus qu'opposa M. le directeur de la Caisse des Dépôts et Consignations à cette demande, M. Jourdan soumit ses observations à M. le sénateur Waisse, préfet du Rhône, faisant ressortir, tant en son nom qu'au nom d'un grand nombre de ses collègues, le danger qu'il y avait pour les sociétés à se déposséder au profit de sociétaires qui auraient la faculté de se retirer de l'association, sachant que le capital versé à leur nom leur est définitivement acquis.

Ces observations, transmises au ministre de l'intérieur, provoquèrent une réponse, à la date du 26 février 1855, dans laquelle le ministre déclare qu'il a appelé l'attention de la commission supérieure sur la difficulté signalée par les sociétés lyonnaises et « qu'il s'entendra avec son collègue de l'agriculture et du commerce pour modifier la loi ». Un an plus tard, le 26 avril 1856, un décret autorisait la création de fonds de retraite collectifs, au profit des sociétés de secours mutuels.

En 1860, une commission fut instituée par le préfet du Rhône, à l'effet d'étudier le fonctionnement de la Caisse des retraites et d'en propager les applications. Une trentaine seulement de présidents se rendirent à ces réunions, où se sentait trop l'action officielle. Au moins nous en est-il resté une remarquable étude, due à M. Valois, président à la cour de Lyon, chargé de diriger les travaux de la commission.

Une seconde commission, d'origine non moins officielle, et dont l'objet intéressait très indirectement les sociétés de secours mutuels, fut nommée en 1865, avec mission de propager, parmi les adhérents aux sociétés, la caisse récemment fondée sous le patronage du prince impérial.

Vers la même époque, un groupe se forma dans le but d'organiser une maison de retraite pour les vieillards et invalides. Un premier projet de *Caisse centrale des invalides* des sociétés de secours mutuels de Lyon avait été présenté, en 1855, par M. Passant, président de la 120e. Le décret de 1856, en offrant aux sociétés un moyen facile et sûr de constituer des pensions à leurs vieillards, enlevait un peu de son opportunité au projet Passant.

Dans la fondation poursuivie dix ans plus tard, il s'agissait de fournir, tout à la fois aux vieillards, aux incurables et aux convalescents, un logement gratuit, les soins du médecin et les médicaments. A la suite d'une assemblée générale des présidents, convoquée le 24 juin 1866, par M. le sénateur Chevreau, préfet du Rhône, un comité d'organisation fut chargé de poursuivre la concession du château de Longchêne, affecté plus tard par l'Impératrice à la création d'un asile pour les convalescents sortant de l'Hôtel-Dieu et des autres hôpitaux.

Ce n'est point ici le lieu d'examiner combien la création d'asiles pour les vieillards que réclament encore certains mutualistes est contraire au principe même de nos associations. Les anciennes sociétés lyonnaises portaient le nom de *Sociétés de bienfaisance et de secours à domicile*, comme pour indiquer que le but de l'institution est de secourir le sociétaire dans sa famille.

Mais ces considérations ne furent pas sans doute d'un grand poids dans l'insuccès que rencontra le projet ci-dessus. Trente-sept sociétés seulement répondirent à l'appel du comité d'organisation et encore n'y en eut-il que douze donnant une adhésion entière. Devant tant d'abstention et d'indifférence, le comité prononça sa dissolution le 5 avril 1866.

Enfin, dans cette même année 1866, naquit une institution que le comité actuel peut, à juste raison, regarder comme un précurseur. La Société d'économie politique de Lyon venait de se fonder. Quelques hommes pensèrent qu'à côté de cette société, il y avait place pour une autre association, s'attachant plus particulièrement à l'étude des questions qui intéressent les diverses institutions de prévoyance : caisses d'épargne, sociétés de secours mutuels, coopération.

Un des promoteurs, M. Guillard, président de la 110e, et, depuis, appelé à la présidence du Comité général, émit l'avis que l'association en voie de formation devait se restreindre aux questions de mutualité. Si l'on avait adopté le principe, le syndicat mutualiste lyonnais aurait été, dès ce moment, fondé. Mais l'association, désireuse d'élargir le cercle de ses travaux, s'intitula : *Société d'études et d'encouragement de la prévoyance, de la mutualité et de la coopération.*

M. Rougier, qui fut plus tard le successeur de M. Guillard à la présidence du Comité général, dirigea les travaux de cette société nouvelle, pendant les trois années que durèrent les réunions. Parmi les questions intéressant les sociétés de secours mutuels qui furent étudiées, signalons l'organisation d'un service médical, la fondation d'une caisse générale de retraites et l'agrégation des femmes et des enfants.

Vers la fin de 1867, les questions se rattachant aux associations de consommation, et surtout de crédit et de production, prirent le dessus. Avec l'élément coopératif — il faut bien le dire — la politique envahit les séances. Les délégués lyonnais à l'Exposition universelle saisirent, à leur tour, la société d'un rapport où se révélaient, à côté d'aspirations légitimes, des tendances qui ne pouvaient faire l'objet de discussions calmes et utiles.

Pour se défendre contre le dissolvant de la politique, l'institution n'avait pas même ce principe d'énergie et de vitalité que donnent la forme syndicale et la communauté d'intérêts matériels; les membres de la société d'études suspendirent volontairement leurs séances en 1868.

Les travaux de l'association sont consignés dans trois fascicules, ensemble 600 pages, renfermant les comptes rendus de trente-neuf séances et plusieurs rapports d'un sérieux intérêt.

C'est au lendemain de la guerre désastreuse de 1870 que fut repris le projet de grouper les présidents des associations lyonnaises. « N'est-il pas anormal, fut-il dit dans une des réunions préparatoires, que plus de deux cents personnes, placées à la tête d'œuvres analogues, poursuivant un même but, chargées d'intérêts semblables, ne se connaissent même pas entre elles ? »

Le 19 novembre 1871, un projet de statuts, présenté par une commission d'études, fut voté à l'unanimité et l'association définitivement constituée sous le nom de *Comité général des Présidents de Sociétés de secours mutuels de Lyon*. Le titre seul donna lieu à discussion. « Syndicat » et « Chambre syndicale » furent écartés, comme comportant l'idée d'attaches trop étroites et laissant supposer un caractère exécutoire aux décisions prises par la réunion; au contraire, « Chambre consultative » paraissait exclure la création d'œuvres effectives, telles que l'établissement d'un service médical et pharmaceutique. Bref, on adopta, à titre *provisoire*, l'appellation toujours en usage, qui a le défaut d'être un peu longue et dont les deux premiers termes, « Comité » et « général », semblent se contredire l'un l'autre.

Quoi qu'il en soit, l'esprit de l'institution s'accusait nettement dans ce débat préliminaire, et nous le retrouvons parfaitement exprimé dans l'article 2, qui a eu l'honneur d'être deux fois cité, par M. Hippolyte Maze, à la Chambre des députés, et par M. Guyot, au Sénat.

« Cette Association, tout en respectant complètement l'autonomie et la liberté des Sociétés dans leur gestion intérieure, leur mode de recrutement, l'établissement des cotisations et la façon dont chacune d'elles applique la mutualité, a pour but de :

« 1° Relier entre elles les Sociétés de secours mutuels, et créer ainsi un syndicat qui représente l'ensemble des Sociétés et travaille aux intérêts communs ;

« 2° Fournir aux présidents les moyens de se rencontrer, de se consulter, de s'éclairer réciproquement, et de rechercher ensemble tout ce qui pourra favoriser l'extension des sociétés, et leur progrès au double point de vue matériel et moral ;

« 3° Proposer des mesures générales, dont l'adoption, toujours libre et volontaire de la part des sociétés adhérentes, permettrait de diminuer les frais de chacune d'elles, d'obtenir des réductions de tarifs, d'améliorer le service des malades, celui des vieillards, des incurables, des veuves, des orphelins, etc. »

Chaque société adhérente est représentée dans les assemblées par son président et par un ou plusieurs délégués : un délégué pour les sociétés comptant moins de cent membres, deux pour celles qui ont de cent à deux cents membres, et ainsi de suite, sans que le nombre total des délégués puisse dépasser cinq.

L'administration est confiée à un bureau dont le président, non rééligible et nommé directement par l'assemblée, était élu d'abord pour deux ans seulement ; son mandat a été depuis porté à quatre années. Ont été successivement appelés à ces fonctions : MM. Guillard, Rougier, Duquaire, Bleton, Pinet et Dumond, ce dernier encore en exercice.

Une cotisation, dont le taux — variant de 4 fr. à 6 fr — est fixé chaque année en assemblée générale, est payée par les sociétés adhérentes au Comité. Le produit de ces cotisations, uniquement destiné à couvrir les frais d'administration, permet au Comité d'imprimer un Bulletin relatant ses travaux, et a facilité l'envoi de délégués à tous les Congrès qui se sont tenus depuis quelques années. (1).

Une des premières œuvres du Comité général fut la création d'un service médical et pharmaceutique embrassant toute la ville. Parmi les sociétés, il en est qui accordent seulement les soins du médecin, d'autres qui donnent aussi les médicaments ; les unes étendent les secours à la famille du sociétaire, quand d'autres les restreignent au seul sociétaire ; enfin, les médecins peuvent être rétribués ou par abonnement ou à la visite. Il n'y a pas moins de treize manières de pratiquer le service des malades, et, pour respecter les usages

(1) Congrès mutualiste de Paris, 1882 ; Congrès international des Institutions de prévoyance, Paris, 1883 ; 1er Congrès national coopératif, à Paris, 1885 ; 2e Congrès national mutualiste, Marseille, 1886 ; 2e Congrès national coopératif, Lyon, 1886 ; Délégation auprès du Parlement et du Gouvernement, 1887.

suivis dans les diverses sociétés adhérentes, il fallait donc établir treize types de livrets.

Une combinaison prompte et facile fut trouvée ; le service fonctionne à la satisfaction de tous depuis quinze années, et le nombre des sociétés qui participent à cette organisation s'accroît chaque semestre. Car il est à noter que l'adhésion au Comité n'implique pas nécessairement la participation au service médical, pas plus qu'elle n'obligerait à participer à toute autre fondation ayant un caractère général. Ainsi, sur 105 sociétés adhérentes au Comité, il en est 30 qui participent au double service médical et pharmaceutique, 46 au service médical seul, et une dizaine au service pharmaceutique. De plus, 13 sociétés jouissent du tarif de faveur chez les médecins et pharmaciens, moyennant paiement au comptant, sans qu'il y ait compte ouvert à leur nom.

Le principal avantage de ce service général est d'offrir aux malades un choix de médecins qui, selon les quartiers, varie de trois à dix et même douze, et de leur permettre de faire préparer les médicaments prescrits chez n'importe lequel des quatre-vingts pharmaciens adhérents au Syndicat de la pharmacie.

Le Comité porta ensuite ses efforts sur d'autres points intéressant la mutualité : unification et réduction du tarif des fabriques pour les enterrements, établissement de lieux de réunion. Il eut moins de succès dans ses tentatives pour créer des caisses en faveur des vieillards et des orphelins, la législation en vigueur paralysant toute innovation, et l'autorité ayant notamment refusé d'approuver une Caisse générale de retraite, qui dut se dissoudre après avoir fonctionné quatre années.

Ceci nous amène naturellement à parler de la part très active qu'a prise le Comité lyonnais au mouvement qui se poursuit encore pour obtenir une révision du code de la Mutualité. Sept années d'efforts, d'études et de travaux menacent d'aboutir à néant, mais il n'en est pas moins du plus grand intérêt de retracer tout ce qui peut servir à l'historique de la question.

Dès le mois de novembre 1880, le président du Comité général adressait à M. le sénateur Guyot, alors député du Rhône, cinq vœux tendant à modifier le régime légal des Sociétés de secours mutuels : 1º assimilation aux sociétés de secours mutuels des associations uniquement formées pour servir des pensions de retraite ; 2º faculté pour les sociétés simplement autorisées de recevoir des dons et legs et d'opérer des versements collectifs pour la Caisse nationale des retraites ; 3º retrait de la clause restrictive de l'article 6 du décret de 1852, par laquelle il est interdit de promettre des pensions supérieures au décuple de la cotisation annuelle ; 4º augmentation de la subvention affectée aux sociétés approuvées ; 5º reconnaissance des unions ou syndicats formés entre plusieurs sociétés.

Peu après, au mois d'avril 1881, l'honorable M. Maze venait à Lyon, appelé par la Société d'économie politique à prononcer le discours de clôture de la session. Le bureau du Comité n'eut garde de laisser échapper une aussi bonne occasion de se mettre en rapport avec l'homme qui devait être au Parlement un des plus dévoués avocats de la cause mutualiste.

De ce premier entretien entre le député, depuis sénateur de Seine-et-Oise, et les délégués lyonnais, naquit un échange de sentiments, de vues et d'idées qui ne pouvait que profiter aux intérêts de la mutualité, et dont rien, nous l'espérons bien, n'interrompra le courant. Le 18 novembre suivant, MM. Maze, Guyot, Audiffred, Buyat, Paul Casimir-Périer, Reynau et Martin Nadaud saisissaient la Chambre d'une proposition de loi où il n'était pas difficile de reconnaître quelques-unes des idées émises dans l'entrevue du mois d'avril. On sait ce qu'est devenue cette proposition, successivement remaniée, défigurée, puis jetée au panier pour faire place au projet de loi voté par le Sénat, en attendant que la Chambre des députés lui donne une sanction définitive.

Aux vacances de Pâques 1882, le projet primitif Maze et Guyot fut discuté, article par article, avec plusieurs des députés du Rhône. M. Ballue, qui faisait partie de la Commission parlementaire chargée d'étudier les divers projets, voulut bien, devant une assemblée de sept cents délégués des sociétés lyonnaise, exposer l'esprit et le fonctionnement de la nouvelle législation à l'étude. Cette conférence fut suivie d'une autre, faite par M. Maze lui-même, le 22 octobre 1882, et, dans cette réunion, le Comité formula, par la voix de son président, la proposition de convoquer à Lyon un Congrès national des Sociétés de secours mutuels.

Les travaux de ce premier congrès national, tenu les 5, 6, 7, 8 et 9 septembre 1883, sous la présidence d'honneur de M. Maze, sont consignés dans un volume dont la lecture se recommande à tout homme épris des questions de prévoyance mutuelle. Pas une question de principe, d'application ou de législation qui n'ait été abordée dans ces laborieuses et consciencieuses séances. On pourra dire mieux dans les futurs congrès, étudier davantage, apporter plus de documents ; mais le compte rendu du congrès de Lyon restera, pour la Mutualité française, comme une de ces œuvres de jeunesse, pleine de sève et de vie, que ne font jamais oublier les travaux ultérieurs.

Le Comité des présidents de Lyon a donné alors aux délégués venus de divers points de la France le spectacle de citoyens de toute opinion, de toute croyance, réunis sur le terrain commun de la prévoyance et de la fraternité, écartant les questions de personnes et de partis, étudiant ensemble la solution, par l'épargne et l'assistance mutuelle, d'un des problèmes sociaux les plus ardus, et proclamant que, de chacune de leurs assemblées, ils étaient sortis plus unis qu'auparavant et plus pénétrés d'un sentiment d'estime réciproque et de bonne confraternité.

C'est là un des meilleurs fruits qu'a produits l'institution fondée en 1871 : elle a fourni aux présidents lyonnais l'occasion de se connaître et de s'instruire les uns par les autres ; elle a été comme un centre d'enseignement spécial où se sont formés de parfaits administrateurs ; elle a enfin réussi à créer des liens d'étroite amitié entre des hommes de conditions et d'éducation les plus diverses, d'opinions les plus opposées.

Si cet esprit se perpétue, et si, comme nous le pensons, il se retrouve dans les nombreuses unions fondées depuis la création du Comité général des présidents de Lyon, les promoteurs de ces associations au second degré auront bien mérité non seulement de la Mutualité, mais de la Patrie française elle-même. Je crois être leur fidèle interprète, en affirmant que ce serait la plus haute récompense qu'ils eussent ambitionnée.

Le Comité des présidents de Lyon a obtenu, à l'Exposition universelle de 1889, une médaille d'or pour l'envoi d'un remarquable rapport concernant les associations du Rhône.

Pareille récompense a été décernée à titre de collaborateur à M. Bleton, qui fut, pendant de longues années, le dévoué président du Comité.

MARSEILLE

Le département des Bouches-du-Rhône marche à l'avant-garde de la Mutualité, tant au point de vue du nombre de ses associations mutuelles que par l'organisation parfaite de ses divers services.

MM. Mouton, président de la Société : *Les Saints Anges Gardiens*, ex-vice-président du Grand Conseil, a commencé la publication d'un historique fort intéressant sur la Mutualité dans les Bouches-du-Rhône. Nous extrayons de son remarquable travail les détails qui suivent sur l'organisation marseillaise :

Le Grand Conseil des Sociétés de Secours Mutuels du département des Bouches-du-Rhône

---

L'exemple de cette sorte de juridiction fraternelle, volontairement acceptée et respectée par les mutualistes des Bouches-du-Rhône, est digne d'être signalé et médité.

HIPPOLYTE MAZE, Sénateur.

Sa Mission

Le Grand Conseil, que l'on pourrait appeler *la Prud'homie* des Sociétés de secours mutuels, est à la fois un Tribunal arbitral et conciliateur, il a surtout pour mission de juger les différends nés d'une malsaine interprétation du réglement. De plus, il contribue à l'expansion, au bon fonctionnement et au développement de ces associations.

Son Fonctionnement

Son action bienfaisante s'étend sur toutes les Sociétés adhérentes. Cette qualification s'applique aux Sociétés de secours mutuels, qui se sont rangées volontairement sous son égide et sa juridiction.

Ainsi accepté, le Grand Conseil juge sans frais les cas qui lui sont soumis. Sa procédure, bien que des plus entendues, est d'une simplicité patriarcale. Avec elle, pas de perte de temps. Les jugements qu'il rend sont empreints de la plus haute sagesse et de la plus grande impartialité. Aussi s'y soumet-on généralement sans arrière-pensée.

Son Siège

Le Grand Conseil a son siège rue Chevalier-Rose, 10, ses audiences sont publiques et ont généralement lieu le soir. Son bureau se tient en permanence à la disposition des plaignants, auxquels il donne avis et renseignements et auprès desquels il tente même un commencement de conciliation.

Sa Composition

Un président, deux vice-présidents, un secrétaire-général et deux secrétaires composent ce bureau. Ses membres sont choisis parmi les présidents et syndics des sociétés adhérentes. Ils sont nommés aux élections générales, qui ont lieu chaque année le troisième dimanche du mois de février ; ils sont élus pour un an et sont indéfiniment rééligibles.

Ce bureau et une commission de dix-huit membres composent le conseil d'administration du Grand Conseil, qui devient alors la juridiction appelée à statuer sur les différends soumis à son verdict. Les dix-huit membres composant la commission dont nous venons de parler sont dix présidents et huit syndics de sociétés, pris à tour de rôle sur une liste générale dressée par ordre alphabétique. Cette commission est renouvelable chaque année par moitié.

Ces dix-huit administrateurs forment, conjointement avec le bureau, l'administration judiciaire, qui se divise en trois sections, ayant chacune quatre mois d'exercice. La première section comprend trois présidents et trois syndics et siège du 1er mars au 30 juin ; la deuxième comprend trois présidents et trois syndics et siège du 1er juillet au 30 octobre ; la troisième comprend quatre présidents et deux syndics et siège du 1er novembre au dernier février.

Historique du Grand Conseil

Cette institution remonte aux premières années de ce siècle. Le mérite de sa création revient à la *Société de Bienfaisance* de notre ville, qui, dès le principe, s'adjoignit pour s'éclairer de ses conseils, une commission formée exclusivement des présidents des autres sociétés humanitaires. L'expérience ne tarda pas à démontrer le parti heureux que l'on pourrait retirer du fonctionnement de ce conseil, véritable aréopage d'hommes sages, éclairés et voués au bien de l'humanité.

Sous sa féconde inspiration, le nombre des sociétés philanthropiques s'accrut : chaque métier, chaque corporation voulut avoir la sienne.

Du besoin pour ces sociétés de s'inspirer à une source vivifiante et de la nécessité pour leurs membres d'en appeler à une juridiction apte à juger en toute connaissance de cause certains cas douteux, naquit le Grand Conseil des Sociétés de secours mutuels. Mais ce ne fut que le 21 décembre 1821 qu'il fut officiellement reconnu et installé. Il n'en continua pas moins à fonctionner comme un des rouages de la *Société de Bienfaisance* ; ses membres étaient toujours nommés par elle. Cet état de choses dura jusqu'en 1843.

A cette époque, le Grand Conseil se sépara de la *Société de Bienfaisance* pour ne plus s'occuper que des Sociétés de secours mutuels et il élabora un règlement qui obtint la sanction de l'autorité préfectorale.

En 1852, ce règlement reçut quelques modifications ; dorénavant son président, devait être nommé par le Chef de l'Etat.

En 1870, il obtient de nouveau le droit de le nommer lui-même.

Le Grand Conseil a rendu et rend tous les jours d'immenses services à la cause de la Mutualité.

Sa juridiction s'étend aujourd'hui sur 160 sociétés de secours mutuels.

De ses Ressources et de ses Dépenses

Ses recettes consistent en un prélèvement annuel de quatre francs imposé à chaque société adhérente et en une subvention de quatre cents francs que lui accorde le Conseil général du département. Une subvention de huit cents francs lui était jadis allouée par le Conseil municipal, mais par suite de la pénurie des finances de la ville, cette subvention a été supprimée depuis quelques années, et rétablie depuis 1892 sur le pied de quatre cents francs.

Comme nous l'avons dit plus haut, ses jugements sont rendus gratuitement. Aucun de ses membres n'est salarié. Il n'a donc à faire face qu'à quelques minimes frais de bureau et au paiement du loyer du local qu'il occupe.

Parmi les anciens présidents du Grand Conseil, nous sommes heureux de citer : MM. Laugier, le doyen des mutualistes marseillais; Maurel, ancien directeur du Dépôt de Mendicité, et auteur d'un manuel sur les Sociétés de secours mutuels; Wind, Chastoul, Jeansoul et Douvié, autant de noms bien connus dans la Mutualité.

Le Grand Conseil de Marseille est actuellement présidé par M. Bonniot, le président de la *Société des Sauveteurs du Midi*. Ajoutons que cet important Syndicat s'occupe activement, à l'heure actuelle, de la fusion de diverses sociétés marseillaises chez lesquelles le trop petit nombre d'adhérents est une cause de décadence rapide.

Une médaille d'or a été décernée au Grand Conseil des Bouches-du-Rhône pour sa participation à l'Exposition de 1889 (Section d'économie sociale).

Pharmacie spéciale des Sociétés de Secours Mutuels

Cette institution, si utile aux Sociétés de secours mutuels, date du 1er octobre 1865.

Antérieurement à cette époque, le service pharmaceutique des Sociétés était fait au tarif ou à l'abonnement par les pharmaciens de la ville.

Le système adopté était loin d'être parfait et présentait de grands inconvénients se traduisant par un mécontentement général : mécontentement de la part des pharmaciens obligés de fournir à prix réduits des médicaments de premier choix, mécontentement de la part des Sociétés dont les membres se plaignaient de la qualité des matières entrant dans leur composition et surtout du mode de leur préparation.

La fourniture des médicaments avait toujours été, pour les Sociétés de secours mutuels, un problème des plus difficiles à résoudre. Aussi, à diverses époques, de nombreux essais avaient été tentés et préconisés par des hommes dévoués à ces institutions de prévoyance.

En 1852, le Grand Conseil avait élaboré un projet de pharmacie spéciale à l'usage des Sociétés. Ce projet fut abandonné et dormit dans les cartons jusqu'en 1865. Le 7 septembre de cette année 1865, 40 Sociétés adhérentes au Grand Conseil, résolurent d'adopter définitivement le projet élaboré en 1852.

A cet effet, les présidents et syndics des Sociétés adhérentes, se réunirent en comité d'études, élaborèrent et adoptèrent un règlement provisoire. Le local choisi pour l'officine centrale, fut rue Poids-de-la-Farine, 23, où se trouve encore actuellement le siège de la pharmacie spéciale des Sociétés de secours mutuels de la ville de Marseille.

Dirigée par un pharmacien diplômé, desservie par des religieuses expérimentées, surveillée par deux docteurs, la nouvelle institution fut administrée par une commission composée de douze présidents nommés à l'élection, du président du Grand Conseil et de deux médecins préposés à la surveillance du service pharmaceutique.

M. Ferré fut choisi pour pharmacien en chef. Les religieuses trinitaires de Valence (1) furent appelées à desservir le nouvel établissement. M. le docteur Crouzet fut préposé à la surveillance spéciale du laboratoire de chimie.

La pharmacie spéciale des Sociétés de secours mutuels était définitivement fondée.

Notre intention n'étant point de faire ici un historique complet, mais de donner seulement un aperçu de cette institution et des services qu'elle rend, nous ne suivrons pas la pharmacie spéciale dans sa marche progressive.

Nous ne parlerons pas non plus des attaques passionnées auxquelles elle a été en butte. Elle est sortie victorieuse et plus forte que jamais des épreuves que lui ont fait subir des esprits jaloux et rétrogrades.

Elle comprend aujourd'hui 71 Sociétés co-propriétaires. Les membres de ces Sociétés ont droit, moyennant un versement de 4 fr. par an, à tous les produits pharmaceutiques prévus par le Codex. Elle dessert aussi à l'abonnement 26 sociétés adhérentes, au prix de 7 fr. par an et par membre.

De progrès en progrès, elle a élaboré, à la date du 28 janvier 1872, un règlement qui nous paraît inspiré par la plus grande sagesse. Ce règlement vient d'être modifié à nouveau, le 19 avril 1891.

Le Conseil d'administration se compose de quatorze membres : Un président, un vice-président, un secrétaire, un vice-secrétaire, un trésorier, un vice-trésorier et huit conseillers élus pour une période de trois années. Ces administrateurs sont élus au scrutin de liste par l'assemblée générale des présidents des sociétés co-propriétaires de la Pharmacie spéciale.

Les administrateurs sortants sont rééligibles.

Dans sa première réunion, le conseil d'administration nomme dans son sein une commission d'achats et une commission de contrôle, composée chacune de six membres.

La commission d'achats a pour mission, avec le concours du pharmacien, de traiter avec les fournisseurs les produits nécessaires et de les acquérir aux meilleures conditions de prix et de qualité. Les substances employées dans l'officine sont, par ce moyen, toujours de premier de choix.

La commission de contrôle a pour mandat d'assurer la bonne tenue et la parfaite régularité des écritures, par la vérification des livres de comptabilité de la pharmacie, qui sont confiés aux bons soins d'un agent comptable salarié et nommé par le conseil d'administration.

(1) Remplacées en 1872, par les religieuses du Très-Saint Sacrement de Romans.

Ces deux commissions fournissent en fin d'année un rapport sur leurs travaux.

Nous ne saurions mieux terminer cette courte notice qu'en faisant connaître les noms des présidents des sociétés co-propriétaires qui ont été, par la confiance de leurs collègues, appelés à la présidence de cette utile institution du 1er octobre 1865 à ce jour :

MM. Maurel, Président de Saint-Modeste.
Giraud, — de Saint-Bienvenu.
Bonsignour, — de N.
Jean Pierre, — de Saint-Jean-Baptiste, nº 122.
Rambaud, — de Saint-Crépin.
Chastoul, — de Saint-Fortuné, en exercice depuis le mois de janvier 1882.

Association des Sociétés de secours mutuels pour le service médical

La fondation de cette institution, dont le siége se trouve à Marseille, rue Thiars, 6, remonte au 18 novembre 1883.

Elle a pour but :

1º D'établir la plus étroite solidarité entre tous les membres de la grande famille mutuelle ;

2º D'établir un service médical sous la direction du conseil d'administration de l'Association, assimilé à ceux des hôpitaux et des grandes compagnies, afin d'assurer aux sociétés les soins médicaux les plus prompts et les plus éclairés ;

3º De statuer sur les plaintes des sociétés desservies par elle, concernant le service médical ;

4º De recevoir et d'étudier toutes les communications ou propositions, concernant ce service, qui pourront être soumises à son examen.

Elle compte actuellement 43 sociétés adhérentes. Le règlement en vigueur date du 25 octobre 1891 et a modifié celui élaboré le 1er janvier 1885.

Elle est administrée par un conseil d'administration composé d'un président, deux vice-présidents, un secrétaire, un vice-secrétaire ; un trésorier et neuf conseillers.

Ces administrateurs sont élus pour un an par l'assemblée générale du mois de février ; ils sont toujours rééligibles.

Leurs fonctions sont absolument gratuites. Ils sont choisis parmi les présidents des sociétés adhérentes.

L'assemblée générale de l'Association se compose des présidents et d'un délégué de chaque société ou groupe de 20 membres au moins.

Le conseil d'administration s'assemble une fois par mois et toutes les fois que l'urgence en est reconnue par le président.

Dans sa première réunion, le conseil d'administration désigne deux administrateurs par section, lesquels sont chargés de recevoir les plaintes qui pourraient se produire dans leur section et d'y donner suite, s'il y a lieu.

Les propositions présentées, après avoir été développées par leur auteur, sont, le cas échéant, prises en considération et renvoyées à l'examen du conseil, qui en fait l'objet d'un rapport à la plus prochaine assemblée.

Neuf médecins, quatre accoucheuses et un chirurgien-dentiste, sont préposés au service médical de l'Association. C'est le cadre actuel, mais il peut être augmenté en raison des soins à donner et nombre des sociétaires.

Le conseil d'administration se réserve d'adjoindre des médecins ou accoucheuses auxiliaires, destinés à remplacer temporairement les titulaires absents par congé ou maladie. Le traitement des auxiliaires est fixé à la moitié de celui des titulaires.

Le service médical est assuré à chaque société pour une période d'une année.

L'abonnement est de 7 fr. par an et par famille. Sont compris dans la famille du sociétaire, savoir : 1° *pour le sociétaire marié :* son épouse et ses enfants (les garçons jusqu'à l'âge où ils peuvent être admis eux-mêmes dans la société et les filles jusqu'au jour de leur mariage), ainsi que son père et sa mère, ou son grand-père et sa grand'mère, habitant sous le même toit et vivant à sa charge. Toutefois, le père n'aura droit aux soins médicaux que tout autant qu'il sera âgé de plus de 40 ans et qu'il ne fait partie d'aucune société de secours mutuels.

En l'absence du père et de la mère, le beau-père et la belle-mère sont assimilés aux père et mère, lorsqu'il est constaté qu'ils sont véritablement à la charge du sociétaire ;

2° *Pour le sociétaire non marié :* Son père et sa mère, ses frères et sœurs vivant avec lui et à sa charge (les frères jusqu'à l'âge où ils peuvent être admis eux-mêmes dans la société et les sœurs jusqu'au jour de leur mariage), son grand'père et sa grand'mère ;

3° *Pour le sociétaire non marié aîné d'orphelins :* Ses frères et sœurs (mêmes conditions qu'au paragraphe ci-dessus), son grand'père et sa grand'-mère.

Les parents collatéraux d'un sociétaire, à quelque degré qu'ils appartiennent, ni ses enfants en nourrice hors de son domicile, ainsi que les personnes attachées à son service, n'ont droit aux services médicaux.

Pour faire partie des membres adhérents du corps médical de l'association, il faut :

1° Etre médecin ou accoucheuse d'une des Facultés françaises ;

2° En faire la demande au conseil d'administration ;

3° S'engager à ne faire partie d'aucun autre groupe médical desservant des sociétés ou groupe de sociétés ayant un caractère de concurrence contre l'association des sociétés. Les sociétés desservies isolément et qui n'ont aucune attache avec aucun groupe sont assimilées à la clientèle privée. Il en est de même des associations de bienfaisance ou autre n'ayant pas le caractère de secours mutuels ;

4° De signer l'engagement de servir les sociétés adhérentes au service médical de l'Association aux conditions stipulées dans le règlement et pendant un an.

Les honoraires fixes des médecins ne pourront être moindres de 1.000 fr. par an, ni supérieurs à 3.000.

Ceux des sages-femmes ne pourront être inférieurs à 175 fr. par an, ni supérieurs à 500.

Du reste, le règlement de l'Association du service médical, qui ne comprend pas moins de 50 articles, a tout prévu. Son étude est des plus intéressantes, et nous engageons vivement ceux de nos lecteurs qui ne le connaissent pas encore à en demander communication au siège de l'administration.

En terminant l'aperçu que nous venons d'en donner, nous ne saurions trop féliciter de leur initiative les fondateurs d'une institution qui rend de réels services et est appelée à en rendre de plus grands encore.

Parmi les membres fondateurs qui ont aidé par leur zèle et leur dévouement à la prospérité de cette institution, nous devons citer :

MM. Germain, Président de l'Union Phocéenne.

Sabatier, — de la Laborieuse, qui ont présidé l'Association de 1883 à 1893.

Association médicale pour l'Assistance mutuelle

Siège : rue Chevalier-Rose, 10, Marseille.

Une expérience de plus de 20 années a consacré la supériorité de cette institution qui, grâce au dévouement de ses membres, MM. les médecins de la ville de Marseille, permet d'assurer aux Sociétés de secours mutuels un service médical des plus satisfaisants et des mieux appropriés à leurs besoins.

Dans les Sociétés de secours mutuels, où le fonctionnement de l'Association médicale n'a pas été introduit, le sociétaire est tenu d'accepter le docteur désigné par le Conseil de sa société. Ce docteur, qu'il ne connait pas le plus souvent, il est obligé de le prendre, sous peine de se faire soigner à ses frais par un autre qu'il connait ou qui lui est plus sympathique.

Beaucoup de mutualistes avaient fait cette remarque que l'imposition du médecin était une des causes principales qui empêchaient beaucoup de nos concitoyens de faire partie d'une société de secours mutuels.

Dans celles de ces sociétés où l'association médicale pour l'assistance mutuelle est en plein fonctionnement, le sociétaire choisit lui-même son docteur, puisque son choix s'étend sur un groupe de 16 médecins au moins disséminés dans le quartier qu'il habite. Si le médecin qu'il a choisi lui déplait, pour un motif ou pour un autre, il jouit du privilège de pouvoir recourir à un autre sans bourse délier.

On comprend toute l'économie de ce système qui, certainement, n'est pas étranger au développement immense qu'ont pris les sociétés de secours mutuels dans notre cité.

Pour la facilité de son service médical, la ville est divisée en quatre sections, qui comprennent les quartiers de la Bourse, du Chemin de Fer, de la Plaine et de la Préfecture.

L'abonnement annuel du service médical de l'Association est de sept francs par an pour les membres des sociétés de secours mutuels adhérentes.

Cet abonnement, qui est toujours contracté pour une année entière, donne droit :

1° A la gratuité des consultations, pourvu que le médecin consultant soit désigné parmi les membres de l'Assistance mutuelle ;

2° A la gratuité des opérations dites de petite chirurgie.

Le Sociétaire et sa famille vivant sous le même toit et à sa charge ont seuls droit aux secours médicaux de l'Association.

Tous les cas, du reste, ont été prévus dans le règlement de cette philanthropique institution. Ceux de nos lecteurs qui désireraient en prendre connaissance pourront toujours le consulter au siège de l'Association, rue Chevalier-Rose, 10.

(Extrait du remarquable travail de M. MOUTON, paru dans le *Secours Mutuel*, de Marseille, 1893.)

PARIS

La Chambre consultative des Sociétés de prévoyance de la Seine a été fondée en 1882. Son but est nettement défini en l'article 3 de ses statuts :

« Faciliter le développement et le progrès des Sociétés de prévoyance, de secours mutuels et de retraites.

« Elle se propose, en conséquence et notamment, d'étudier toutes les « questions générales et spéciales pouvant intéresser lesdites Sociétés, d'en « rechercher les solutions les meilleures, de les leur indiquer et d'en favoriser « l'application dans leur sein.

« Elle entend maintenir, dans son intégrité, l'autonomie des Sociétés adhé- « rentes, qui sont toujours libres d'adopter, de modifier ou d'écarter ses propo- « sitions.

« Elle s'interdit enfin, comme pouvant la faire dévier de son but purement « philanthropique et humanitaire, toute discussion ou manifestation, tout acte « ayant un caractère politique ou religieux. »

La Chambre consultative possède des membres honoraires qui payent un minimum de cotisation de 12 francs par an. Les Sociétés adhérentes payent une cotisation annuelle de 12 francs pour la représentation par 2 délégués, et de 15 francs par trois délégués.

La Chambre publie un Bulletin, qui est adressé gratuitement à tous les membres de la Société, et qui paraît une fois par mois. (*L'Union mutualiste*, abonnement 3 francs par an.)

Une centaine de Sociétés du département de la Seine sont actuellement groupées autour de la Chambre consultative. Cette très intéressante fédération possède à son actif trois créations remarquables :

1° *L'Union médicale et pharmaceutique des membres des Sociétés de secours mutuels, de prévoyance et de retraites du département de la Seine ;*

2° *La Caisse de réassurance de la Seine ;*

3° *Le Comité permanent des mutualistes français.*

L'Union médicale et pharmaceutique, autorisé en 1888, a pour objet d'assurer aux sociétaires un service médical et pharmaceutique se rapprochant le plus de la perfectibilité. Au point de vue médical, le sytème adopté est celui de l'abonnement. Les sociétaires sont groupés en zones. Dans chaque zone, un certain nombre de docteurs ont pris l'engagement d'assurer le service. Les sociétaires payent un abonnement annuel de 2 francs par tête, homme, femme et enfant. Cette somme est distribuée aux docteurs au prorata des membres inscrits à leur service. L'indemnité est payée par le trésorier de l'*Union médicale*.

L'*Union médicale* possède comme chirurgiens-médecins-conseils :

MM. Brouardel, professeur, doyen de l'École de médecine.
Desprès, professeur agrégé, chirurgien des hôpitaux.
Basy, chirurgien des hôpitaux.
Chantemesse, médecin des hôpitaux.
Chatelier, chirurgien des hôpitaux.
Monod, professeur agrégé, chirurgien des hôpitaux.
Chaput, chirurgien des hôpitaux.
Girard-Marchant, chirurgien des hôpitaux.
Richardière, médecin des hôpitaux.
Valude, oculiste des Quinze-Vingts.
Paul Labarthe, professeur de syphiligraphie et de chirurgie urinaire.

MM. les Directeurs de l'*Union médicale* peuvent faire directement appel au concours pratique de MM. les Médecins-Conseils, lequel concours leur est assuré, à l'exception toutefois de M. le Doyen, qui se réserve exclusivement pour les questions d'hygiène et les demandes de renseignements scientifiques qui pourraient lui être soumises. Aucune démarche ne peut être tentée auprès des médecins-conseils par un sociétaire de l'*Union*, sans l'intervention de son médecin.

En ce qui concerne le service pharmaceutique, les sociétaires adhérents à l'*Union* jouissent d'un rabais de 25 % sur le tarif établi par la Société de prévoyance des pharmaciens de la Seine. Les sociétaires ont, en outre, à verser une cotisation spéciale de dix centimes par an pour les frais généraux.

Nous détachons du dernier compte de la caisse les passages suivants :

« 1° L'effectif des sociétaires de l'*Union médicale* était, au 21 juin 1890, « de 4.110

« Il est aujourd'hui de 4.415

« Soit donc une augmentation de 305 personnes pendant l'exercice écoulé ;

« 2° Le service médical est assuré par 110 docteurs en médecine, non compris « une dizaine de chirurgiens et médecins-conseils distingués des hôpitaux, placés « sous le nom si populaire de M. Brouardel, doyen de la Faculté de médecine ;

« 3° Le service pharmaceutique est fait d'une manière très avantageuse, pour « la caisse des Sociétés adhérentes, par 150 pharmaciens ;

« 4° Il a été payé à ces médecins et pharmaciens, pendant la période écoulée, « une somme totale de 21.324 francs.

« Si nous ajoutons à cette précédente somme celle de 2.687 francs pour frais « de gestion, loyer, gaz, imprimés, etc., nous arrivons à une dépense totale de « 24.011 francs.

« En outre de ces chiffres éloquents, étant donné le nombre de sociétaires, « nous sommes heureux de faire connaître qu'une comptabilité, née d'un long « tâtonnement de bonnes volontés et de concentration d'efforts, appuie ces « chiffres d'une manière irréfutable; chaque somme reçue ou dépensée est « inscrite, selon les règles comptables, et appuyée d'un titre dûment classé et « enregistré de manière à donner toutes les garanties possibles aux Sociétés « adhérentes, comme au bon fonctionnement de l'*Union*.

« Ce progrès est très appréciable, et, certes, il fait honneur au Conseil d'admi- « nistration qui l'a inauguré. »

Caisse de Réassurance

La Caisse de réassurance, qui a pour objet de prolonger au-delà du terme fixé par les statuts de chaque association l'indemnité journalière de maladie, a été fondée en 1886 sur le modèle de la Caisse de réassurance du Syndicat Rémois. En 1892, une modification importante, concernant les secours accordés, a été faite aux statuts primitifs. La caisse de Paris fonctionne aujourd'hui sur les bases de celle de Toulon (voir Toulon). Son dernier compte rendu est très suggestif, et nous en détachons les passages suivants, qui feront suffisamment connaître son fonctionnement.

Effectif

Membres honoraires	13
Membres participants : hommes	2.159
— — dames	610
Ensemble	2.782

Situation des Malades

Au 1er octobre 1892, nous avions 32 malades : 26 hommes et 6 dames; depuis cette date, nous avons eu 10 demandes d'indemnités dont 2 n'ont pas été admises, reste 8, ensemble 40, sur lesquels nous avons à déduire : 4 décédés, 1 fini ses cinq années, 3 repris leurs travaux, 2 placés aux incurables.

Reste à ce jour 30, dont 22 hommes et 8 dames.

Au nombre de ces malades s'en trouvent 2 qui touchent l'indemnité depuis 4 ans et 5 mois.

Les deux demandes non acceptées ont eu pour raison :

La première : Le sociétaire ne payait plus ses cotisations depuis 8 mois.

La deuxième : Le sociétaire au début de sa maladie devait 3 mois, il avait, il est vrai, versé dans le cours de sa maladie, mais nous nous en sommes tenus à l'art. 15 § 2 du règlement, portant qu'un sociétaire malade en retard ne peut se liquider dans le cours de sa maladie ; de plus, ledit sociétaire devait encore lorsque la demande nous a été faite.

Examinons maintenant les résultats acquis par la Société depuis sa fondation, du 1er avril 1886 au 1er avril 1893, soit 7 années.

Il a été soldé à la Société la somme de 41.181 fr. 50, répartie comme suit :

132 hommes	35.547 fr. 80
27 dames	5.633 70
Somme égale	41.181 fr. 50

dont 132 hommes : 65 décédés, 35 repris leurs travaux, 1 fini ses 5 années, 6 de sociétaires démissionnaires, 1 parti à l'étranger, 2 placés aux incurables, 22 continuent.

27 dames : 12 décédées, 6 repris leurs travaux, 8 continuent.

Nous devons être fiers d'un tel résultat, et sommes certains de ne pas être démentis en affirmant qu'aucune institution mutualiste n'a fait acte de virilité aussi grande en soldant 41.181 fr. 50 en 7 années à des malades, moyennant une cotisation aussi minime, soit 0,20 par mois.

De l'examen de cette situation générale, on trouve une augmentation du budget et une diminution de l'effectif. Il est certain que l'indemnité a été diminuée, mais cette diminution n'a pas été aussi forte que le préjugeaient quelques délégués.

Les malades du semestre ont touché une moyenne de 14 fr. 75 par mois, soit pour les 6 mois 88 fr. 40. Cette indemnité, si modeste qu'elle puisse paraître, a une certaine valeur, étant donné la modicité de la cotisation ; de plus, cette somme de près de 15 fr. qui, dans les moments ordinaires de la vie, est bien faible, rend de sérieux services au moment où le malade a le plus besoin d'aide, puisqu'au bout de 6 mois de maladie, on peut juger toutes les ressources épuisées.

La cause de cette diminution d'indemnité n'incombe pas à l'institution, mais aux membres qui s'en sont retirés, sans songer au préjudice grave qu'ils portaient aux malades. Il s'est produit des faits regrettables sur lesquels nous appelons votre attention.

Des sociétés, ayant un malade, n'ont continué leurs versements que jusqu'au jour où leur malade est décédé. D'autres sont restées avec un nombre très restreint d'adhérents, afin de faire profiter à leur malade des avantages de la société ; puis, le malade étant décédé, ce petit nombre s'est retiré. Ce sont là,

Messieurs, des actes peu loyaux, c'est avec peine que nous vous les signalons, mais notre devoir d'administrateur nous y oblige. Si ces sociétés s'étaient retirées en prenant leurs malades à leur charge, nous n'avions rien à dire, mais acceptant l'indemnité telle qu'elle était, elles trouvaient donc utile l'institution, et nous ne nous expliquons pas, lorsque l'on trouve bon de recevoir, de ne pas continuer, afin de faire profiter à d'autres collègues des avantages que l'on a su accepter.

D'autres membres de sociétés se sont retirés en laissant plusieurs malades à la charge de la Caisse de réassurance.

C'est leur droit, mais ils n'ont pas réfléchi aux conséquences de leur décision. En effet, nous trouvons les recettes mensuelles diminuées par le fait de ces défections de la somme de 200 fr.; or, ayant 30 malades, il y a pour chacun d'eux une perte sèche sur leur indemnité de 6 fr. 65 par mois.

Ainsi, pour ne pas payer la modique somme de 05 c. par semaine, des mutualistes portent un préjudice aux intérêts de leurs camarades, de leurs cosociétaires dans ce moment si pénible, celui des maladies longues.

Nous appelons l'attention de MM les délégués sur ce point, et leur demandons de bien démontrer au sein de leurs assemblées générales ce que nous considérons comme un manque de réflexion, le tort qu'ils font à leurs collègues.

La Caisse de réassurance est assurée de son existence : vous lui avez donné la vitalité par votre délibération du mois d'août 1892, dont nous commençons à récolter les fruits; par l'augmentation de notre budget, ce qui nous permettra d'avoir un fonds de réserve et dans un avenir prochain de solder une indemnité plus forte aux ayants droit.

Situation financière au 1er Avril 1893

Recettes	3.060 80
Bénéfice du concert	663 70
Espèces en caisse au 1er octobre 1892	516 50
Total	4.241 05

DÉPENSES

Soldé aux malades	2.238 90
Frais généraux	540 55
Total	2.777 45

Recettes	4.241 05
Dépenses	2.779 45
Espèces en caisse au 1er avril 1893	1.461 60

Comité permanent des Mutualistes

Cette création, la dernière en date de la Chambre consultative de la Seine, est du mois de novembre 1892.

But du Comité

1° Faciliter l'échange des idées et l'union des efforts entre mutualistes de Paris et de Province dans l'intervalle des Congrès ;

2° Préparer les questions à soumettre au Congrès, suivant leur rang d'urgence ;

3° Recueillir, à cet effet, les *desiderata* des groupes, unions ou syndicats de sociétés, tant à Paris que dans les départements. (Vœu de la réunion plénière du 20 décembre 1892.)

Organisation du Comité

Les membres du comité sont au nombre de trente-six à cinquante-quatre, comprenant douze à dix-huit délégués de Paris (dont six pour la Chambre consultative et ses Unions) et vingt-quatre à trente-six délégués des départements, de telle sorte que ces derniers devront toujours former les deux tiers du comité.

Les délégués seront pris parmi les mutualistes appartenant ou ayant appartenu à l'administration de Sociétés mutuelles.

Le comité siègera à Paris ; il se réunira deux ou trois fois par an et élira pour un an son bureau, dont les membres ne seront pas rééligibles à deux sessions consécutives.

Le comité décidera le mode de nomination des délégués qui le composent et qui seront rééligibles (pour la première session seulement, ce choix est fait par la Chambre consultative provisoirement).

Il pourra s'adjoindre (en dehors des sociétés) quatre ou cinq publicistes ou bienfaiteurs de la Mutualité.

Il élira, dans son sein, une sous-commission centrale, laquelle sera chargée de faire les convocations et de suivre la correspondance. Elle aura la même durée que les fonctions des délégués (trois ans).

Le comité ne pourra décider des démarches auprès des pouvoirs publics qu'à la majorité des deux tiers de ses membres en exercice.

Dans le sein du comité, le vote par procuration sera admis, avec limitation des voix sur un mandataire (par exemple, pas plus de cinq voix).

La Chambre consultative offre gratuitement son local pour les séances du comité permanent.

Afin de couvrir les frais de correspondance, poste, imprimés, etc., les groupes ou sociétés devront, pour chaque délégué qui les représentera au comité, une cotisation annuelle de 10 fr., payable dans le premier trimestre. En revanche, le délégué recevra gratuitement son abonnement au journal l'*Union Mutualiste.*

Fonctionnement

La section parisienne du comité permanent fonctionne dès maintenant, en remplissant le rôle attribué par le règlement à la sous commission centrale ; elle est présidée par M. Dufour et a son siège avec la Chambre consultative, 25, rue Chapon.

Première liste des Membres adhérents au Comité Permanent

DÉPARTEMENT DE LA SEINE

MM. Bonneval, ancien secrétaire du Conseil de l'Association des comptables.
Carpentier, président de la Caisse générale de réassurance.
Coumes, conseiller général de Meurthe-et-Moselle, président de la Chambre consultative.
De Bray, président de la Société des Enfants de la Seine.
Dennery, vice-président de la Chambre consultative.
Dernedes, représentant de la Chambre consultative.
C. Deville, publiciste.
Dufour, président de la Société de secours mutuels de la Ville de Pantin, vice-président de la Chambre Consultative.
Dupéron, président de la Montagne-Sainte-Geneviève.
Lemercier, représentant la Chambre Consultative.
Riellant, président des Arts-Réunis.
Savigny, président de l'Union Médicale et Pharmaceutique.

PROVINCE

MM. Baradez, président de Société de Nancy.
Ch. Bonniot, président du Grand-Conseil des Bouches-du-Rhône.
Brincard, député, vice-président du conseil général de Seine-et-Oise, président de la Société de Villiers-le-Bel.
Duhamel, président honoraire du Comité général des Sociétés de Lyon.
Duquaire, président honoraire du Comité général des Sociétés de Lyon.

Eugène Joly, président de l'Union du commerce et de l'Industrie de Saint-Etienne, secrétaire général de l'Union des Sociétés de la Loire.

Jusseaume, président de la Société des Instituteurs d'Indre-et-Loire.

J. Lance, président du Pacte de famille de Grenoble.

Alfred Latour, président de la Société la Prévoyance Carolopolitaine de Charleville.

Le Cadre-Guéperoux, président des Raffineurs de Nantes.

Letertre, président de l'Union de Pocé (Indre-et-Loire).

Vermont, président de l'Emulation chrétienne de Rouen.

Jeanne, secrétaire de la société de Bayeux (Calvados).

M. Aynard, député du Rhône, a accepté la Présidence d'honneur du Comité.

En dehors de ces trois importantes créations, la Chambre Consultative de la Seine possède à son ordre du jour, à l'heure actuelle, l'étude des questions suivantes : Orphelinat mutualiste, Syndicat d'assurance en cas de décès, Caisse de reconstitution des capitaux versés pour les retraites, Caisse de réciprocité de secours pour les vieillards et les infirmes.

La Chambre consultative de la Seine a eu pour présidents, depuis sa fondation, MM. Bonjean, Favre et Coumes, ce dernier en fonctions depuis 1891. Ajoutons, pour terminer, que le jury de la Section d'Economie sociale, à l'Exposition de 1889, a décerné à ce très intéressant syndicat une médaille d'or pour sa très intéressante collection de documents exposés.

ANGERS

La ville d'Angers mérite d'attirer tout spécialement l'attention des mutualistes. Quoique la création du Syndicat consultatif de Maine-et-Loire soit relativement récente, depuis longtemps les mutualistes de cette ville pratiquaient l'association au deuxième degré.

En 1866, l'autorité préfectorale approuvait la Caisse de l'orphelinat des Sociétés de secours mutuels d'Angers. Cette caisse est instituée par une association de Sociétés de secours mutuels en faveur d'orphelins des sociétaires décédés, qui font partie de cette association (art. 1).

L'association a pour but de fournir une nouvelle famille aux chers enfants que la Providence prive prématurément de leurs parents ; de venir en aide à leurs besoins matériels ; de leur donner une instruction selon leurs facultés intellectuelles et de leur apprendre une profession (art. 2).

L'association de la caisse de l'orphelinat est formée par les Sociétés de secours mutuels, qui ont pris, ou qui prendront l'engagement de verser, à cette caisse, une cotisation mensuelle de 15 centimes pour les hommes et de 7 centimes 1/2 pour les femmes (art. 3).

Les orphelins de père et de mère seront adoptés par l'association et élevés à ses frais, autant que les ressources de la caisse le permettront (art. 5).

Le décès du père donnera droit aux orphelins à une indemnité des deux tiers et celui de la mère de un tiers, si l'un et l'autre font partie de l'association.

L'indemnité cesse si le père ou la mère des enfants viennent à se remarier, ainsi que s'ils vivent dans l'inconduite et le dérèglement. On ne subventionne pas les orphelins hors de France (art. 6).

Un grand Conseil est formé de quatre délégués, pris dans les Sociétés qui font partie de l'association, sans *définition de sexe*. Nul ne peut représenter une Société s'il n'est, lui-même, membre de cette Société (art. 12).

Les membres de l'administration, composée d'un président, un vice-président, un secrétaire, un vice-secrétaire, un trésorier et cinq membres, seront élus par le Grand Conseil (art. 13).

D'après le dernier compte rendu de la Caisse de l'orphelinat, nous voyons que la moyenne des secours annuels, alloués à un orphelin, est de 96 francs. Les recettes se sont élevées, en 1891, à 10.419 fr. 52, qui se décomposent de la manière suivante :

Cotisations de membres honoraires, subvention de la ville (1 487 fr. 50), loterie (3.321 fr. 15) et dons. — Total ensemble....................	5.283 30
Cotisations des Sociétés..	5.136 22
RECETTES........................	10.419 52

Les dépenses totales se sont élevées, pendant ce même exercice, à 7.935 fr. 85.

L'avoir général était de 9.536 fr. 48.

Depuis la fondation de l'œuvre, les recettes se sont élevées à la somme de 98.762 fr, 68 et les dépenses à 89.225 fr. 60.

Les décès des membres des diverses Sociétés ont fourni 231 orphelins ; 125 sont sortis des soins de la Caisse et 106 sont encore à sa charge.

Dispensaire et Bibliothèque

FONDÉS EN 1878

Cette institution, unique encore en France, a pour but de mettre gratuitement à la disposition des membres des Sociétés de secours mutuels de la ville d'Angers, cela en cas de maladie, les bandes, la charpie, lits complets ordinaires ou mécaniques, canapés, fauteuils, chaises longues, appareils de chirurgie de toutes sortes, sur ordonnances de médecins. Le dispensaire possède également une bibliothèque avec volumes nombreux et choisis, mis gratuitement à la disposition des membres des Sociétés. En résumé, tout ce qui peut être utile dans une maladie longue, et ce dont manque souvent le travailleur, est donné ou prêté gratuitement, et pour cela deux obligations seulement : Faire partie d'une Société de secours mutuels et payer une cotisation de 1 fr. par an.

On ne saurait trop vulgariser une œuvre de cette importance. L'organisation d'un dispensaire, sur le modèle de celui d'Angers, s'impose dans tous les centres industriels, où les accidents sont toujours fort nombreux. Une entente, entre les Sociétés rurales d'un même canton, permettrait également la création d'un pareil service, qui rendrait de réels services aux habitants de la campagne obligés, souvent, de faire quatre ou cinq lieues à seule fin de se procurer un simple appareil de bandage.

Ajoutons que la ville d'Angers met gratuitement un local municipal à la disposition du dispensaire et qu'elle subventionne annuellement cette importante création.

APERÇU

Des objets qui sont actuellement à la disposition des Sociétaires qui font partie du Dispensaire d'Angers.

Lingerie. — Draps, chemises d'hommes, chemises de femmes, chemises de garçons, chemises de fillettes, bonnets de coton pour hommes, bonnets de nuit pour femmes, manteaux de nuit, taies d'oreillers, serviettes, essuie-mains, torchons, bandes ; bandelettes de toile, de flanelle ; compresses et linges à pansements ; camisoles de force, ouate, charpie, éponges, tabliers, etc.

Lits et Literie. — Lits divers en fer, garnis et non garnis ; matelas de laine, de guinche, de balle d'avoine ; traversins, oreillers de plume, et de balle d'avoine, couvertures, etc.

Sièges et Fauteuils de formes diverses : Voltaire, ganache, etc., garnis en cuir, moleskine ou crétonne ; pliants, chaises percées, etc.

Voitures pour malades, enfants, convalescents.

Baignoires. — Baignoires pour bains simples, pour bains de barége; baignoires pour enfants, pour bains de siége, pour bains de bras et de jambes ; bassins pour bains de pied ; appareils pour chauffer les baignoires, etc.

Appareils divers pour bains de vapeur, soit pour le lit, soit pour la chambre.

Appareils vaporisateurs et pulvérisateurs ; réchauds à essence et plats émaillés (employés pour désinfecter dans le pansement des plaies, pour les opérations et dans les maladies contagieuses), etc.

Appareils électriques divers.

Appareils pour fractures. — Attelles et gouttières en toile métallique, en fer blanc, en bois ; cerceaux en fil de fer, en bois ; carton pâte ; coussins en balle d'avoine ; béquilles de toutes dimensions, etc.

OBJETS DIVERS

Irrigateurs en métal, en caoutchouc ; clysopompe ; clysos avec poire à médicaments ; seringues diverses ; poires, balles et injecteurs en caoutchouc ; urinal bidet, en étain, pour pansement des maladies de femmes, suite de couches et autres ; draps et coussins à air, en caoutchouc, etc.

Bandages divers ; pessaires toutes variétés ; bas, chaussettes, cuissarts, genouillères pour varices ; ceintures ventrières, etc.

Sustenteurs pour jus de viande, presses pour jus de viande, paravents, veilleuses variées, tasses pour malades, urinoirs d'hommes et de femmes en métal ou faïence, bouillotes, bassinoires, aiguilles à morphine, lunettes teintées, coquetiers pour maladies d'yeux, etc.

Union générale

Sous le titre de : *Union générale*, une Caisse de réassurance fonctionne à Angers depuis 1883.

Suivant l'article premier des statuts, l'Association a pour but de secourir les sociétaires malades qui ont subi dans leur société six mois de maladie sans interruption. Suivant l'article 6, les sociétés adhérentes seront tenues de s'imposer une cotisation extraordinaire de 0 fr. 20 par membre et par mois payable par trimestre et d'avance. Suivant l'article 7, tout sociétaire malade depuis six mois sans interruption recevra une somme journalière de 1 fr. 50 pendant les six premiers mois ; ensuite, cette somme sera de 1 fr. Le dimanche ne sera pas payé.

La ville d'Angers accorde sur son budget municipal une subvention de 2.000 fr. à cette œuvre philanthropique. La caisse a reçu, depuis le 6 janvier 1883 jusqu'au 1er février 1892, une somme totale de 69.672 fr. 97.

Les versements aux malades se sont élevés, pendant la même période, à 62.580 fr. 95. L'avoir général était, à cette date, de 7.092 fr. 02.

Le syndicat consultatif des Sociétés de secours mutuels d'Angers vient de créer un service pharmaceutique qui donne d'excellents résultats. Au moyen d'une entente avec un pharmacien de la ville, les sociétés versant un abonnement annuel de 2 fr. par an et par membre participant ont droit à 50 0/0 de rabais sur un tarif élaboré au préalable. La famille du sociétaire jouit des mêmes avantages, et, de plus, une partie des bénéfices de l'officine (frais généraux, intérêts du capital prélevés) reviennent au syndicat. C'est la participation aux bénéfices étendue à une partie de la clientèle.

En terminant cette nomenclature des œuvres que l'entente mutuelle a su créer à Angers, nous ne saurions trop engager les syndicats en formation et toutes les personnes qui s'intéressent au progrès de l'idée mutualiste et à qui leurs ressources permettent de faire un voyage d'agrément, de visiter cette ville et de se mettre en rapport avec M. Fournier, le sympathique et dévoué président actuel du syndicat, lequel, avec une amabilité charmante, sera leur cicérone.

REIMS

Le Syndicat des Sociétés mutuelles de la ville de Reims a été fondé en 1881. Il compte actuellement 47 sociétés syndiquées, c'est-à-dire la totalité des associations rémoises ; le fait est à signaler. Reims, d'ailleurs, est un centre mutualiste des plus importants, tant au point de vue de la valeur de ses représentants qu'à celui des œuvres créées.

La première œuvre du Syndicat est l'organisation de la Caisse de Réassurance rémoise une des premières fondées en France.

Moyennant le versement d'une cotisation de 0 fr. 10 par mois, les membres adhérents ont droit à une indemnité de 7 fr. par semaine pendant un an, et à une indemnité de 3 fr. 50 pendant le cours de la deuxième année de leur maladie. C'est grâce aux résultats acquis à Reims que quelques autres centres mutualistes se sont décidés à tenter cette création.

Le Syndicat rémois a, d'ailleurs, à son actif deux autres créations importantes.

D'abord, le Cercle des mutualistes de la ville de Reims, fondé le 30 mars 1890, et qui compte plus de 200 membres. Suivant l'article 3 de ses statuts, le Cercle a pour but : « De permettre à tous les mutualistes de discuter toutes les « questions ayant trait à la philanthropie et à l'œuvre commune, de se tenir « au courant de ce qui a rapport au progrès, à la science, à l'économie « sociale, de ce qui doit élever le niveau intellectuel et moral et à améliorer la « condition de tous. Il a aussi pour but de réunir les mutualistes dans des « idées de bonne confraternité et de s'entr'aider dans les différentes phases « de la vie. »

Moyennant une cotisation de 1 fr. 20 par an, les mutualistes rémois trouvent, dans un local confortable, tous les journaux qui les intéressent, tous les livres dont la fréquentation élèvera leur niveau intellectuel, tous les délassements sains après une journée de labeur.

Une seconde œuvre qui fait honneur au Syndicat de Reims est la *Prévoyante rémoise, société mutuelle des dames et demoiselles*, fondée sous ses auspices en 1891.

Ne quittons point ce centre mutualiste sans signaler une œuvre fort originale dont la portée morale est considérable et qui dépeint bien l'esprit pratique des philanthropes rémois.

La *Caisse d'exonération pour la retraite*, fondée comme annexe à la *Société des retraites de Reims*, a pour but, moyennant le versement de 13 fr. 80 par an, sur la tête d'un enfant, d'exonérer le titulaire, à l'âge de 20 ans, *de tout versement de cotisations* jusqu'à l'âge de 60 ans; à cet âge, il rentre en possession de son capital ou reçoit une pension de 1 fr. par jour.

Le versement de la cotisation de 13 fr. 80 par an, sur la tête d'un enfant lui constitue un capital dont la rente suffit à payer la cotisation de la Caisse mutuelle des retraites de Reims, combinaison très simple et d'un grand intérêt; et, si l'enfant, arrivé à l'âge de 20 ans, continue à verser les cotisations de 0 fr. 40 par semaine, il peut jouir, à 60 ans, de la pension double. (Extrait d'un rapport présenté au deuxième Congrès national par MM. Lelièvre et Flaman.)

Le jury de l'Exposition de 1889 a décerné à la Caisse de réassurance du Syndicat rémois une médaille d'or en récompense de sa participation à l'exposition d'économie sociale.

SAINT-ÉTIENNE

L'Union des Sociétés de secours et de Prévoyance mutuelle de la Loire a été fondée à Saint-Étienne en 1886, à la suite du deuxième Congrès national de la Mutualité.

Nous relevons dans ses statuts les préliminaires suivants et l'article 2 qui définit son but :

PRÉLIMINAIRES

Considérant qu'il importe de donner aux Sociétés de secours et de prévoyance mutuelle tout le développement qu'elles sont susceptibles d'atteindre et de leur faire produire tout le bien qu'on est en droit d'en attendre ;

Considérant que le meilleur moyen pour y arriver, est l'étude en commun des questions générales et spéciales qui intéressent les Sociétés ;

Qu'il est utile également de savoir ce qui se fait au dehors et de profiter de l'expérience acquise de ceux qui sont à la tête des Sociétés (1) ;

Les Sociétés adhérentes soussignées déclarent fonder une *Union des Sociétés mutuelles de la Loire*, avec les statuts suivants ;

Art. 2. — *L'Union* a pour but, tout en respectant l'autonomie de chaque Société adhérente :

1° D'aider au développement des Sociétés mutuelles en fournissant aux membres de ces sociétés, le moyen de se rencontrer, de s'éclairer réciproquement et de rechercher d'un commun et fraternel accord tout ce qui pourra favoriser l'extension et le progrès de ces associations au double point de vue mutuel et moral ;

2° De représenter vis-à-vis de l'Autorité les Sociétés dont elle émane, de prendre la défense de leurs droits et de se faire leurs interprètes en ce qui concerne leurs besoins et leurs vœux ;

3° De proposer toutes les mesures générales dont l'adoption, toujours libre et volontaire de la part des Sociétés adhérentes, tendra à diminuer les frais de chacune d'elle, à obtenir des réductions de tarifs, à améliorer les divers services médicaux et pharmaceutiques, des incurables, des vieillards, des veuves et des orphelins, à créer des bibliothèques spéciales, à organiser un bureau de placement commun à toutes les sociétés adhérentes et, au besoin, à fonder une feuille périodique spéciale ;

(1) Relevé sur lés Statuts du Syndicat de la ville de Reims.

4° De juger sans frais toutes les difficultés qui pourraient s'élever dans le sein des sociétés adhérentes, sur l'application de leurs statuts et règlements, ainsi que toutes les contestations qui peuvent surgir entre les sociétaires et l'administration ou entre les administrateurs eux-mêmes.

La cotisation annuelle est de 0 fr. 10 par membre participant pour les sociétés de Saint-Etienne et de 0 fr. 05 pour les membres des sociétés dont le siège social n'est pas au chef-lieu du département.

L'assemblée générale du syndicat est formée par les présidents et vice-présidents des sociétés adhérentes lesquelles délèguent en plus : 2 délégués pour la première centaine de participants et 1 délégué par centaine ou fraction de centaine suivante.

L'*Union de la Loire* compte actuellement 45 sociétés syndiquées. Son action s'étend sur tout le département. Le Syndicat possède à son actif la réorganisation du service pharmaceutique pour la ville de Saint-Etienne.

D'après une convention passée avec un pharmacien de la localité, les membres participants ont droit à la fourniture des médicaments pour eux et leur famille habitant sous le même toit, au prix strictement coûtant, cela moyennant une cotisation annuelle, payable d'avance, et fixée à 2 fr. 50.

Les sociétés qui assurent elles-mêmes la fourniture des médicaments ont le choix entre cet abonnement de 2 fr. 50, qui donne droit aux médicaments pour la famille entière, et un abonnement de 1 fr. 80, qui donne droit aux médicaments pour le sociétaire seul.

Une commission de contrôle, nommée par le Syndicat, a plein pouvoir pour la vérification des produits qui doivent toujours être pharmaceutiquement purs et de première qualité.

L'*Union de la Loire* a créé un caisse dite : des veuves et orphelins de la Mutualité forézienne.

Les sociétés adhérentes à cette caisse versent une cotisation annuelle de 0 fr. 50 par membre participant. En retour, au décès d'un sociétaire marié, il est assuré à la veuve ou à ses orphelins une somme fixe de 20 fr.; de plus, après enquête, et sur la demande du président de la Société, il est délivré des secours extraordinaires qui varient suivant la position et les besoins des intéressés et les ressources de la Caisse.

Fondée en 1887, la Caisse des veuves avait distribué, au 1er janvier 1893, une somme de 2.930 fr. à 135 veuves ou orphelins, savoir : 1.960 fr. en secours ordinaires à 98 veuves ou orphelins et près de 1.000 fr. de secours extraordinaires à 35 veuves ou orphelins. Son avoir disponible à la même date était de 3.000 fr.

C'est au bénéfice de cette œuvre que M. Maze a fait en 1888, à Saint-Etienne, sous le patronage du Syndicat, une remarquable conférence.

Le Syndicat de la Loire s'est surtout occupé, jusqu'à présent, de propagande mutualiste. Sous ses auspices, de nombreuses conférences se sont succédé sur tous les points du département, et, partout où elles ont eu lieu, on a pu constater une augmentation sensible du nombre des mutualistes.

A signaler également une innovation fort heureuse dont l'*Union* vient de prendre l'initiative. A partir de 1892, par les soins du secrétaire général, il doit être dressé un état statistique renfermant l'ensemble des opérations accomplies, pendant l'année écoulée, par les sociétés syndiquées. Dans quelques années, le Syndicat de la Loire pourra fournir des données précieuses au point de vue de l'établissement de tables de mortalité et de morbidité, car l'ensemble de ses renseignements portent sur près de 8.000 membres.

Le Syndicat de la Loire s'occupe, à l'heure actuelle, de la création de sociétés mutuelles scolaires qui seront fondées sur le modèle des sociétés fonctionnant à Paris.

Ajoutons qu'il a reçu mandat des congressistes bordelais d'organiser le cinquième Congrès national, qui doit tenir ses assises en 1895 à Saint-Etienne.

L'*Union des Sociétés de la Loire* a été présidée, tour à tour, par MM. Dupont, président de l'*Association protestante de secours mutuels;* Régnier, président de la *Société des Sauveteurs médaillés*. Son président actuel, en fonctions depuis 1888, est M. Avignon, président de l'importante *Association des ouvriers métallurgistes de l'arrondissement de Saint-Etienne*.

TOULON

Les mutualistes toulonnais ont fondé, en 1887, une caisse de réassurance qui est très prospère. D'après les statuts de la caisse, les membres participants versent un droit d'entrée de 50 centimes et une cotisation mensuelle de 10 centimes. Les secours sont accordés lorsque le malade a touché, pendant quatre mois consécutifs, à la caisse de la Société, l'indemnité qu'elle lui accorde pour maladie. Les malades sont classés en deux catégories : Les malades ordinaires, qui touchent l'indemnité pendant une période maximum de trois ans, et les incurables qui touchent une indemnité jusqu'au jour de leur décès. L'indemnité accordée est variable; elle est fixée chaque année, pour chacune des deux catégories établies, sans pouvoir dépasser le maximum de 3 francs par jour.

Les malades ordinaires reçoivent une indemnité égale au résultat de la division des journées totales des malades, compris dans cette catégorie, par le montant des 3/4 des 4/5 des cotisations encaissées.

Les incurables reçoivent, d'après les mêmes calculs effectués sur le nombre de journées de leur catégorie, le 1/4 des 4/5 des cotisations.

Le 1/5 des cotisations est appliqué à la réserve sociale. La mise en pratique de ce barème a permis d'allouer, comme indemnité journalière, depuis le 1er juillet 1888, savoir :

	1re catégorie	2e catégorie
Deuxième semestre 1888................	» 50	» 20
En 1889..................................	» 75	» 25
En 1890-1891-1892.......................	1 25	» 30

Depuis sa fondation, la Caisse de réassurance de Toulon a secouru 22 malades auxquels elle a payé 7.354 journées de maladie, de 66 centimes en moyenne, soit 4.884 fr. 60. Ses recettes totales se sont élevées, depuis cette époque, à 12.450 fr. 91 et ses dépenses à 6.503 fr. 60. L'actif social était, au 31 décembre 1892, de 2.947 fr. 31. Ajoutons que 40 Sociétés sont adhérentes à la Caisse, à l'heure actuelle (1).

Le comité mutualiste départemental du Var a été fondé en 1889, au mois de décembre. Il a pour but, suivant l'article 7 de ses statuts, de :

Fournir aux Présidents des Associations de prévoyance et de secours mutuels les moyens de se rencontrer, de se consulter, de s'éclairer réciproquement sur ce qui peut favoriser l'extension matérielle et morale de ces institutions ;

Faciliter, entre les Sociétés qui désireraient le mettre en pratique, l'application du principe de la mise en subsistance, dans des Sociétés similaires, en faveur des sociétaires obligés de quitter leur localité ;

Etudier et provoquer des mesures générales dont l'adoption permettrait de diminuer les frais de chacunes d'elles et d'obtenir des réductions de tarifs de quelque nature qu'ils soient ;

Provoquer la création ou l'extension des associations destinées aux grands services de la mutualité, telles que : Caisses de réassurance; Associations médicales et pharmaceutiques cantonales; Dispensaires; Sociétés mutuelles d'assurances agricoles pour le remboursement de la valeur du bétail en cas de perte ou de maladie quelconque, et d'indemnités en cas de perte de récoltes par suite de circonstances indépendantes de la volonté de l'assuré (telles que grêle, inondations, incendies, etc.) ; Caisses de retraite pour la vieillesse; Caisses de secours en faveur des veuves et orphelins ; Associations de consommation, etc. ;

Procurer aux autorités administratives compétentes tous les renseignements susceptibles de les éclairer et de les guider dans l'application des lois qui régissent la mutualité ; poursuivre auprès d'elles et de la Commission supérieure des institutions de prévoyance toutes les améliorations pouvant profiter à l'ensemble des Sociétés mutuelles ;

Faire connaître par des publications périodiques le compte rendu des opéra-

(1) Extrait du rapport de M. Herente, secrétaire général (année 1893).

tions des Sociétés du département et de la région avec lesquelles le Comité serait en relation ;

Concourir à l'organisation du Comité général de Paris, dont la création a été décidée par le Congrès national mutualiste de 1889 ;

Faire représenter, le cas échéant, le Comité départemental aux Congrès régionaux et nationaux de la mutualité.

Le Comité entend maintenir, dans son intégralité, l'autonomie des Sociétés adhérentes, qui sont toujours libres d'adopter ou d'écarter ses propositions.

Les Sociétés adhérentes versent une cotisation annuelle de 3 francs, plus 1 franc par délégué désigné. Le nombre des délégués est de :

2	pour les Sociétés	comptant de	1 à 100	membres.
3	—	—	100 à 200	—
4	—	—	200 à 300	—
5	—	—	300 et au-dessus.	

Le Comité départemental du Var a réorganisé, depuis sa fondation, le service pharmaceutique pour la ville de Toulon. Sous ses auspices, en effet, une *Union pharmaceutique* a été fondée en décembre 1891. Le système adopté a été celui de l'abonnement, par adjudication, de la fourniture des médicaments pour les membres des Sociétés adhérents à l'*Union pharmaceutique* et pour leur famille.

Nous détachons des statuts de l'*Union pharmaceutique* les articles suivants, qui en font connaître suffisamment le fonctionnement :

Article premier. — Il est constitué à Toulon, sous le nom d'*Union pharmaceutique des Sociétés de secours mutuels et de prévoyance*, une association qui a pour but de concéder à ses adhérents, ainsi qu'à leurs familles, en cas de maladie, les remèdes et médicaments nécessaires aux meilleures conditions de prix et qualité.

Art. 2. — L'association est formée :

1° Par les Sociétés de secours mutuels et de prévoyance qui adhèrent aux présents statuts pour l'ensemble de leurs sociétaires ;

2° Par les groupes de mutualistes appartenant à des Sociétés non adhérentes à l'*Union pharmaceutique*.

Il ne sera reconnu qu'un seul groupe d'adhérents par Société.

Art. 3. — Les membres des Sociétés de secours et de prévoyance, désignées à l'art. 2, pourront abonner à l'*Union pharmaceutique* les membres de leur famille, à la condition que les personnes pour qui ces avantages seront réclamés vivent avec eux et habitent sous le même toit.

Cette faveur ne pourra être étendue aux enfants âgés de moins de 2 ans.

Art. 4. — Les sociétés et les groupes s'engagent à verser à l'*Union pharmaceutique* un abonnement annuel de 3 francs par membre participant.

Cet abonnement ou cotisation est payé par trimestre et d'avance.

Le versement de la cotisation des membres décédés ou radiés cessera d'être effectué à dater du trimestre qui suivra l'avis du décès ou de la radiation.

Art. 5. — L'abonnement à verser pour les membres de la famille est fixé par an et par individu à raison de :

Quatre francs pour les personnes âgées de plus de 18 ans ;

Deux francs pour les enfants âgés de 2 ans au moins et pour les adultes au-dessous de 18 ans.

Le taux de ces abonnements pourra être augmenté, par décision de l'assemblée générale, dans le cas où il serait démontré, par suite de l'expérience, qu'il est insuffisant pour assurer le service médical des familles.

L'abonnement de famille est payé par trimestre et d'avance dans les mêmes conditions que celui des membres des Sociétés.

Les membres de la famille abonnée qui viendraient à faire partie d'une Société de secours mutuels et de prévoyance, cesseront de payer l'abonnement de famille au moment de leur admission dans ladite Société.

Art. 6. — Les sociétés et les groupes de sociétés s'engagent pour leurs membres à faire partie de la présente association pendant toute la durée de la convention à intervenir avec les pharmaciens qui consentiront à assurer le service de l'*Union pharmaceutique.*

Les mutualistes réclamant pour leurs familles le bénéfice des avantages de l'*Union pharmaceutique* s'engagent à la même obligation pour les personnes qu'ils font inscrire à l'association.

En cas de radiation ou d'exclusion des membres associés, les sommes versées pour leur compte à l'*Union pharmaceutique* lui demeureront acquises et ne seront point remboursées.

Art. 7. — L'*Union pharmaceutique* s'engage à payer pour le compte de ses adhérents, reconnus régulièrement malades par leurs Sociétés respectives, tous les frais pharmaceutiques, à l'exception toutefois de ceux mentionnés à l'art. 8 des présents statuts.

Elle s'engage également à payer, dans les mêmes conditions que ci-dessus, les frais pharmaceutiques des membres de la famille abonnés à l'*Union*, lorsque leur maladie aura été reconnue par un médecin et que le malade gardera la chambre ou sera en état de convalescence régulièrement reconnue.

Art. 8. — Les spécialités et les remèdes de luxe ainsi que tous les appareils de chirurgie et d'orthopédie ne seront pas accordés par l'*Union pharmaceutique.*

Les seules spécialités qui ne trouvent pas leurs équivalents en pharmacie pourront être ordonnées ; ces spécialités feront l'objet d'un tableau qui sera porté à la connaissance des intéressés.

L'association ne prendra à sa charge que les médicaments délivrés sur ordonnance du médecin.

ART. 9. — Le paiement des médicaments ne sera effectué par l'association qu'autant que la cotisation aura été encaissée par l'*Union pharmaceutique* dans les quinze premiers jours du trimestre pour lequel elle est due.

Les membres pour lesquels aucune cotisation n'aura été versée avant le 16 du premier mois de chaque trimestre seront rayés des contrôles de l'association. Ils ne pourront être réadmis qu'en payant les cotisations échues depuis leur radiation.

Ils n'auront droit aux avantages sociaux qu'un mois après s'être entièrement libérés envers la caisse de l'*Union pharmaceutique*.

ART. 10.— Tout membre adhérent ou abonné qui commettrait l'indélicatesse de se faire délivrer sur son nom une ordonnance qui devrait servir ou qui aura servi à tout autre emploi que pour son usage personnel, sera signalé à sa Société, ou à son groupe respectif, qui prendra à son égard telles mesures disciplinaires qu'il jugera nécessaires.

Dans tous les cas, l'exclusion de la famille de l'adhérent ou de l'abonné pourra être prononcée par le bureau à la suite d'une enquête sur les faits reprochés.

Le Comité départemental du Var poursuit actuellement l'organisation d'un nouveau service médical. Ajoutons que depuis sa fondation, ce syndicat mutualiste est présidé par M. Hérente, un dévoué mutualiste, qui a eu l'honneur de représenter la mutualité toulonnaise aux Congrès nationaux de 1886, 1889 et 1892.

La Caisse de réassurance de Toulon a obtenu une médaille d'argent aux expositions de Toulon et de Tours, en 1892 (section d'économie sociale).

GRENOBLE

Grenoble offre ceci de particulier que la majeure partie des Sociétés de secours mutuels y vivent sous le régime de l'autorisation. Le *Grand Conseil* de Grenoble renferme environ 40 Sociétés syndiquées. C'est dans cette ville qu'a été créée la première pharmacie coopérative. Les débuts de la pharmacie ont été difficiles, car elle a eu à soutenir un procès célèbre intenté par le Syndicat des pharmaciens de l'Isère. Le Conseil d'Etat, qui a statué en dernier ressort, a donné gain de cause aux Mutualistes grenoblois et a établi une jurisprudence en la question. De par l'arrêt rendu, il reste absolument établi que les Sociétés de secours mutuels possèdent le droit de se syndiquer et de monter une officine à l'usage exclusif de leurs membres participants.

BESANÇON

L'*Union bizontine* se compose de trente et quelques Sociétés syndiquées. La création de ce Syndicat est due en grande partie au dévouement d'un mutualiste de grande valeur, M. Grand, mort récemment. Sous les auspices de l'Union de Besançon, une Caisse de réassurance a été fondée dans cette ville. Nos lecteurs trouveront, au tableau qui figure à la fin de ce chapitre, le détail de ses opérations depuis sa création.

BORDEAUX

Le Syndicat girondin, que dirige avec beaucoup de dévouement et de talent M. le docteur Gyoux, est de création récente. C'est sous les auspices du Syndicat que s'est tenu le quatrième Congrès de la Mutualité française. Le Syndicat girondin a pour organe : L'*Echo girondin*, journal mensuel. Il s'occupe actuellement de la réorganisation du service pharmaceutique et de la création d'un Dispensaire sur le modèle d'Angers. Bordeaux possède une Caisse de réassurance fondée en 1890.

NANTES

C'est à Nantes qu'a été fondée la première Caisse de réassurance française, en 1881. Le Syndicat nantais renferme la majeure partie des Sociétés de secours mutuels de la Ville. Sous ses auspices, le service médical et pharmaceutique a été réorganisé. Nantes possède un Dispensaire sur le modèle de celui d'Angers, mais auquel un cabinet de consultation a été adjoint.

TOURS

Tours possède une caisse de réassurance fondée en 1887. Le syndicat d'Indre-et-Loire a pour président M. Dreux ; sous ses auspices, une propagande intelligente a été organisée, en ces dernières années, en faveur des Institutions de Prévoyance, dans tout le département. Les questions du service médical et pharmaceutique, de l'amélioration du sort des veuves et orphelins, font l'objet d'études sérieuses au sein du syndicat d'Indre-et-Loire, et bientôt des améliorations notables seront apportées à ces divers services, grâce aux principes de solidarité qui forment la base de toute union mutualiste.

A signaler, pour terminer, les syndicats du Havre, de Châlons-sur-Marne, de Vienne, de Limoges, de Nîmes, et ceux de création plus récente encore des départements de Seine-et-Marne, fondés à Melun, sous les auspices de MM. Henlot et Duhamel, et des Ardennes, fondés en avril 1893 à Charleville-Mézières par MM. Latour et Nautré.

Ligue nationale

Pour terminer cette intéressante mais fort écourtée nomenclature, il nous reste à parler de la *Ligue Nationale de la Mutualité*, fondée par M. Maze en 1890.

Le but de la Ligue est nettement défini dans l'article 1er de ses statuts, ainsi conçu :

« La Ligue a pour but de propager et d'appliquer en France, dans les villes « et dans les campagnes, les idées de Prévoyance et de Mutualité.

« Elle cherche à grouper tous les Français et toutes les Françaises, qui veu- « lent travailler par ces moyens à la paix sociale ; elle cherche spécialement « à établir entre les promoteurs, directeurs, présidents et administrateurs des « œuvres de Prévoyance, des relations fréquentes et à leur fournir des moyens « d'action.

« Elle s'efforce d'éclairer le public sur les institutions et associations déjà « existantes, elle provoque ou seconde les créations d'institutions et associa- « tions nouvelles.

« Elle s'interdit toutes discussions politiques et religieuses. »

La Ligue se compose de membres *fondateurs* versant une cotisation de 200 fr. une fois donnée ; de membres *titulaires* versant une cotisation annuelle minima de 10 fr. ; de membres *adhérents* versant une cotisation annuelle minima de 5 fr. Les deux premières catégories d'associés ont voix *délibérative*, la troisième voix *consultative* seulement.

La Ligue est administrée par un Conseil central, composée de trente-six membres, élu en Assemblée générale pour six ans.

Le Conseil central se répartit en trois Comités :

1o Le Comité de propagande ; 2o Le Comité technique ; 3o Le Comité des comptes.

La Ligue est divisée en cinq sections d'études, savoir :

1° Caisses d'épargne; 2° Sociétés de Secours mutuels et de retraites; 3° Syndicats professionnels et associations coopératives; 4° Participations aux bénéfices et institutions patronales; 5° Assurances.

M. Carnot, président de la République, figure au nombre des donateurs, ainsi que Mme Carnot.

Le grand caractère de son fondateur avait contribué à grouper, dès la première heure autour de la Ligue, un nombre considérable d'hommes distingués, économistes de talent, politiciens éminents, mais les adhésions des Sociétés mutuelles sont relativement peu nombreuses encore aujourd'hui. (200 environ pour la France entière). Il en résulte que la Mutualité au sein de la Ligue est complètement submergée par l'économie politique; conclusion : beaucoup de beaux discours, beaucoup de congratulations, mais point d'actes virils.

Les statuts de la Ligue contiennent, d'ailleurs, une énormité, en ce sens qu'ils n'accordent voix délibérative qu'à une minorité d'intéressés. Ils sont sur ce point entièrement anti-démocratiques. Le fait de ne pouvoir élire le président et les administrateurs de la Ligue contribue, plus que ne le pensent les directeurs actuels, au recrutement restreint que nous avons signalé.

Le Comité directeur s'est aliéné, d'ailleurs, une fraction importante de la Mutualité française en soutenant, par l'organe de ses délégués, au Congrès national de Bordeaux, la non-fixité du taux d'intérêt. Au point de vue pécuniaire, la Ligue Nationale de la Mutualité dispose de ressources importantes.

Son dernier compte-rendu financier accuse un avoir disponible de 23.731 francs 36 cent. Parmi les recettes du dernier exercice, à relever, un don de 10.000 fr., fait par M. Chauchard, le philanthrope parisien bien connu.

La Ligue a pour organe officiel un bulletin mensuel lequel a remplacé l'importante *Revue des Institutions de Prévoyance*, publiée sous la direction de M. Maze jusqu'à sa mort.

La Ligue Nationale de la Mutualité, issue d'une pensée généreuse, pourrait rendre de grands services à la cause de la Mutualité, mais, pour cela, il faudrait surtout qu'elle fasse appel à toutes les bonnes volontés, et surtout aux humbles, aux modestes pionniers mutualistes, trop mis à l'écart, et par les statuts, et par la composition de ses conseils. Au point de vue des Sociétés mutuelles nous ne croyons pas qu'avec son organisation actuelle elle puisse jamais rendre les services de la *Fédération nationale belge*, par exemple.

Ajoutons, à titre de renseignements complémentaires, que son fondateur, M. Hippolyte Maze, a présidé la Ligue jusqu'au jour où la mort l'a enlevé à l'estime des mutualistes français. M. Burdeau, député du Rhône et ancien ministre de la marine, l'a remplacé pendant quelques mois au fauteuil présidentiel. Depuis le 1er janvier 1893, la Présidence a été dévolue à M. Lourties, sénateur des Landes.

Le poste de secrétaire général est occupé, depuis la fondation, par M. Arboux, président de l'Association protestante de Prévoyance de Paris, qui fut secrétaire général du troisième Congrès national en 1889.

Les Caisses de réassurance

De la lecture des travaux entrepris et des œuvres créées par les Syndicats mutualistes, on peut conclure que la question de prolonger les secours pécuniaires aux malades est celle qui occupe, à l'heure actuelle, le plus les esprits prévoyants.

La très heureuse désignation de Caisse de réassurance, appliquée à l'institution nouvelle, arrête l'attention; aussi, nous allons, dans un rapide examen, étudier son développement en France. Rappelons que les congressistes bordelais ont formulé le vœu de voir le cinquième Congrès national s'occuper sérieusement de cette question si importante au point de vue de l'avenir de la Mutualité.

M. Hérente, président du Comité départemental du Var, et secrétaire de la Caisse de réassurance de Toulon, a publié, comme annexe à son remarquable rapport de 1892, une étude très approfondie des Caisses actuellement fondées. Son travail a simplifié notre tâche, et nous y puisons à pleines mains des documents statistiques très importants.

Les villes qui possèdent une Caisse de réassurance sont en France au nombre de 10, savoir : par ordre de date de fondation : Nantes, 1881 ; Angers, 1883 ; Reims, 1884 ; Paris, 1886; Tours, 1887; Toulon, 1887; Marseille, 1887; Besançon, 1888; Bordeaux, 1890; Lyon, 1890. A l'étranger, Verviers (Belgique) a fondé une Caisse de réassurance en 1889 et Genève en 1890.

Caractères Généraux

Parmi les dix Caisses de réassurance fonctionnant en France, il n'y a que celles de Paris et de Toulon qui soient placées sous le régime de l'approbation, conformément au décret du 26 mars 1852.

Toutes les autres ne sont qu'autorisées.

Toulon s'est placé, dès son origine, sous le régime de l'approbation. Paris, constitué primitivement en Société autorisée, a obtenu l'approbation en 1892.

Conditions d'Aptitude

La condition essentielle inscrite dans tous les statuts porte que le membre adhérent doit être valide au moment de son inscription, ou bien que la maladie qui lui ouvrira des droits aux avantages sociaux devra être postérieure à son adhésion.

Nantes, Paris et Bordeaux exigent même un certificat de santé produit par le postulant.

Les Caisses de réassurance n'accordent le droit aux indemnités qu'après une année de stage dans l'Association. Angers seul n'exige que six mois.

Faculté d'Inscription

La Caisse de Toulon n'autorise qu'une seule inscription au titre de chacune des Sociétés auxquelles peut appartenir le membre adhérent; celle de Besançon donne au membre le droit de recevoir pour une même Société autant de fois l'indemnité qu'il paye de fois sa cotisation.

Toutes les autres Caisses n'accordent ou semblent n'accorder qu'une seule indemnité au membre versant sa cotisation dans plusieurs Sociétés.

Conditions d'Age

Reims, Paris et Genève sont les seules Caisses prescrivant certaines conditions pour la réception de leurs membres sous le rapport de l'âge.

Toutes les autres n'exigent aucune condition à ce sujet.

Reims n'admet que jusqu'à l'âge de 40 ans; Tours jusqu'à 45 ans.

Paris, entre 16 et 46 ans.

Genève ne reçoit ses membres qu'à partir de l'âge de 16 ans.

Droit d'Entrée

Nantes et Toulon ont établi un droit d'admission fixé à 0 fr. 50 par membre. Cependant, Nantes exonère de ce droit les Sociétés de fondation nouvelle.

Paris demande un droit d'admission de 1 fr. aux adhérents âgés de 16 à 30 ans; de 1 fr. 50 pour ceux dont l'âge varie entre 30 et 40 ans, et de 2 fr. de 40 à 46 ans.

Bordeaux fixe son droit d'entrée chaque année.

Les autres Caisses n'ont aucun droit d'entrée.

Cotisations

Angers et Paris demandent à leurs membres participants une cotisation mensuelle de 0 fr. 20.

A Tours, à Marseille et à Besançon, elle est fixée à 0 fr. 15 ; celle de Tours pourrait, suivant les nécesssités, s'élever à 0 fr. 25.

Bordeaux impose une cotisation de 0 fr. 10 aux adhérents âgés de moins de 40 ans ; de 0 fr. 20 à ceux de 40 à 60 ans, et de 0 fr. 30 à ceux qui entrent après 60 ans.

Toutes les autres Caisses ont une cotisation uniforme de 0 fr. 10 par mois.

Toulon perçoit une cotisation supplémentaire annuelle de 0 fr. 10 par membre participant, spécialement affectée aux frais généraux.

Membres Honoraires

La plupart des Caisses de réassurance se sont assuré le concours efficace qu'apportent les conseils et les cotisations des membres honoraires.

Leurs cotisations sont ainsi fixées :

A Angers, minimum 10 fr., et affranchissement de cotisation moyennant un versement de 100 fr.

A Nantes, les membres honoraires versent 2 fr., 5 fr., 10 fr ou 30 fr. Ils ne sont pas admis dans les délibérations de l'Association.

Paris et Lyon leur demandent une cotisation facultative dont le minimum est de 5 fr. pour Paris et de 6 fr. pour Lyon.

Paris possède, en outre, une catégorie d'honoraires fondateurs versant une cotisation unique de 50 . .

A Toulon, les membres honoraires versent 2 fr. 50 par an ; à Bordeaux, 2 fr. Reims, Marseille et Genève ne leur demandent qu'une cotisation facultative qui n'est limitée par aucun minimum.

Droit aux Secours. — Division des Affections

La condition primordiale ouvrant le droit aux avantages pour lesquels sont constituées les Caisses de réassurance, réside dans l'obligation imposée à chaque associé d'avoir été traité, dans sa Société d'origine, pendant six mois consécutifs pour la même maladie.

Par exception, Toulon, à titre d'essai, a réduit ce temps à quatre mois, depuis le 1er juillet 1891 ; les résultats obtenus jusqu'à ce jour sont satisfaisants.

Nantes et Genève excluent des secours les membres atteints de maladies incurables, ainsi que les infirmes.

Toulon et Marseille accordent des secours réduits aux infirmes et incurables.

Toutes les autres Caisses ne font aucune distinction entre les maladies ordinaires, les maladies incurables et les infirmités.

Maladies non reconnues

Certaines Caisses ont cru devoir prohiber des secours, certaines affections.

C'est ainsi que :

Angers ne reconnaît pas les maladies occasionnées par l'alcoolisme, l'inconduite ou l'intempérance.

Nantes ne reconnaît pas et par suite n'accorde pas de traitement pour :

L'affaiblissement sénile;

L'aliénation mentale,

Et en général pour toutes les maladies revêtant un caractère d'incurabilité ou un état d'invalidité empêchant le sociétaire de gagner sa subsistance.

Reims proscrit des secours : l'aliénation mentale.

Bordeaux refuse l'indemnité pour les maladies qui ont la débauche et l'inconduite pour origine, ainsi que celles qui découlent du fait du duel.

Limitation des Secours

Nantes et Angers accordent indéfiniment les secours aux malades ordinaires.

Reims les leur accorde pendant deux ans; Paris pendant cinq ans.

Toulon traite pendant trois ans les malades ordinaires et les classe ensuite dans la catégorie des infirmes et incurables. Les infirmes et les incurables sont classés, dès leur transmission à la Réassurance, dans la seconde catégorie, où les secours sont alloués jusqu'au décès.

Marseille possède deux catégories de malades : les malades ordinaires et les incurables.

Les uns et les autres sont traités indéfiniment dans leurs catégories respectives.

Besançon limite à quinze mois les secours à ses membres malades.

Bordeaux n'impose aucune limite; les secours sont subordonnés à l'état de la caisse.

Lyon les prescrit après deux ans; Verviers après cinq ans.

Enfin, Genève les accorde indéfiniment.

Taux des Indemnités journalières

Nantes alloue à ses malades 1 fr. 50 par jour pendant six mois.

Angers, 1 fr. 50 pendant six mois et 1 fr. ensuite indéfiniment.

Reims, 1 fr. la première année du traitement et 0 fr. 50 la deuxième année.

Paris a adopté l'indemnité variable innovée à Toulon. Cette indemnité est proportionnelle au 4/5 des cotisations mensuelles encaissées, sans pouvoir dépasser le maximum de 1 fr. Le 1/5 des cotisations, comme à Toulon, est affecté au fonds de réserve.

A Tours, l'indemnité est ainsi fixée :

1 fr. pendant deux ans ; 0 fr. 75 les deux années suivantes, et 0 fr. 50 pendant les cinquième et sixième années de la maladie.

A Toulon, elle est fixée chaque année pour chacune des deux catégories établies, sans pouvoir dépasser le maximum de 3 fr.

Les malades ordinaires (1re catégorie) reçoivent une indemnité égale au résultat de la division des journées totales des malades de cette catégorie par le montant des 3/4 des 4/5 des cotisations encaissées.

Les incurables (2me catégorie), reçoivent d'après les mêmes calculs effectués sur le nombre de journées de leur catégorie, le 1/4 des 4/5 des cotisations.

Le 1/5 des cotisations est, comme il a été dit plus haut, appliqué à la réserve.

Marseille donne 1 fr. par jour aux malades ordinaires et 50 fr. par an aux incurables.

Besançon accorde 1 fr. par jour.

A Bordeaux, l'indemnité est variable; elle est fixée chaque semestre suivant les ressources de la caisse ; elle ne peut être inférieure à 0 fr. 50.

Lyon et Verviers donnent 1 fr. par jour.

A Genève, l'indemnité peut osciller entre 0 fr. 50 et 1 fr. : elle est entière pendant la première année de traitement. Elle est réduite à la moitié après une année. L'indemnité de 1892 était fixée à 0 fr. 70.

Subventions et Dons

Les seules caisses de réassurances qui reçoivent des subventions régulières de quelque importance, soit du département ou de la commune, sont en France :

Nantes, 4,000 fr.; Angers, 2,000 fr. de subvention ; Reims, 2,000 fr. de la commune et 500 fr. de la Société des établissements économiques, et Tours, dont la subvention nous est inconnue.

A l'étranger, Verviers, en Belgique, reçoit des subsides importants de plusieurs communes.

Enfin Genève, sans recevoir de subvention de la Municipalité, a été assez heureuse pour intéresser à son œuvre diverses Sociétés et certains philanthropes, qui l'ont aidée pour l'organisation de fêtes, dont le produit jusqu'ici s'est élevé à 3,108 fr.

Il serait à désirer que les Assemblées communales et départementales des localités ou régions où siègent les Caisses de réassurance imitassent l'exemple qui leur est donné par Nantes, Angers et Reims; mais il conviendrait aussi que les caisses subventionnées se mettent en mesure de faire face à leurs obligations, au moyen de leurs ressources propres, c'est-à-dire celles ayant pour origine l'appoint de la prévoyance. Cette mesure de prudence les affranchirait incontestablement d'une dissolution inopinée dans le cas toujours à craindre où les subventions sur lesquelles elles comptent, pour combler leur déficit, viendraient à leur être supprimées.

Ces subventions, en définitive, ne devraient servir qu'à l'amélioration du service des secours par un accroissement de bien-être.

(*Suit le tableau.*)

OPÉRATIONS DES CAISSES DE RÉASSURANCE

OPÉRATIONS DE L'ANNÉE 1892	NANTES	ANGERS	REIMS	PARIS	FRANCE TOURS	TOULON *	MARSEILLE	BESANÇON	BORDEAUX	LYON	ÉTRANGER VERVIERS (Belgique)	GENÈVE (Suisse)
Date de fondation	1er Mai 1881	6 Janvier 1883	1er Octob. 1884	1er Avril 1886	1er Janvier 1887	1er Octob. 1887	1er Juillet 1887	1er Avril 1888	1er Juillet 1890	1er Novem. 1890	1er Janvier 1889	1er Juillet 1890
Sociétés adhérentes	37	28	25	95	9	35	15	»	Ne fonctionne que depuis juillet 1892: n'a pas encore de résultat.	17	14	33
Membres participants — hommes	2.338	»	2.208	2.340	445	910	1.109	»		1.182	1.850	2.400
Membres participants — femmes	129	»	260	612	»	932	80	»		»	»	»
Membres honoraires	45	63	50	13	»	22	»	»		1	»	»
Nombre de malades ordinaires — hommes	29	»	43	48	6	4	3	»		7	8	31
Nombre de malades ordinaires — femmes	3	»	1	9	»	6	»	»		»	»	»
Nombre d'infirmes et d'incurables — hommes	»	»	»	»	»	5	2	»		»	»	»
Nombre d'infirmes et d'incurables — femmes	»	»	»	»	»	»	»	»		»	»	»
Journées payées aux — malades ordinaires	5.616	»	7.877	11.395	1.674	1.335	578	»		951	5.301	3.908
Journées payées aux — infirmes et incurables	»	»	»	»	»	1.208	»	»		»	»	»
Taux de l'indemnité moyenne payée en 1892 aux — malades ordinaires	1 12	1 50	80	0 63	0 75	1 25	1 »	»		1 »	1 »	0 91
Taux de l'indemnité moyenne payée en 1892 aux — infirmes et incurables	»	»	»	»	»	0 30	»	»		»	»	»
Produit des cotisations — membres participants	3.422 50	6.293 40	2.931 70	7.243 »	801 »	2.265 40	2.124 »	»		1.385 30	1.580 60	2.880 »
Produit des cotisations — membres honoraires	187 »	686 55	980 »	70 »	»	47 50	»	»		6 »	»	»
Montant des indemnités payées aux — malades ordinaires	6.328 »	10.675 25	6.365 50	7.206 85	1 262 75	1.668 75	578 »	»		951 »	5.301 »	3.594 »
Montant des indemnités payées aux — infirmes et incurables	»	»	»	»	»	362 40	100 »	»		»	»	»
Subventions, dons et intérêts	4.000	3.440 95	2.785 70	»	»	204 »	66 71	»		»	861 72	2.225 55
OPÉRATIONS EFFECTUÉES DEPUIS LA FONDATION												
Nombre de malades	461	»	120	153	34	22	45	»	»	»	31	40
Nombre de journées de maladie	68 067	»	46.813	45.127	10.045	7.354	3.468	»	»	»	8.273	5.990
Montant des indemnités payées	83.063	60.750 75	44.954 50	40.046	10.039 75	4.884 60	3.792 »	»	»	»	8.273 »	5.093 60
Indemnité journalière moyenne	1 22	1 50	0 96	0 86	0 99	0 66	1 09	»	»	»	1 »	0 85
Recettes	109.181 40	69.672 97	51.302 15	40.703 10	10.431 »	12.450 91	6.554 35	»	»	»	10.606 04	10.266 85
Dépenses	93.113 »	62.580 06	46.052 25	40.046 »	10.039 75	6.503 60	4.159 17	»	»	»	8.311 45	6.442 20
Actif au 31 décembre 1892	16.068 40	7 092 02	5.249 90	657 10	391 25	5.947 31	2.395 48	»	»	1.485 55	2.354 59	3.824 65

CHAPITRE VI

Les Congrès nationaux

C'est à la Mutualité lyonnaise qu'appartient l'honneur d'avoir réuni pour la première fois la Mutualité française en des assises nationales. Le 22 octobre 1882, à la suite d'une conférence faite par M. Maze, sous les auspices du Comité général des Présidents de Lyon, le président de ce comité, M. Bleton, émit l'idée de réunir à Lyon dans le courant de l'année 1883 tous les mutualistes français. La motion reçut un accueil favorable, et, le 8 avril 1883, les délégués de 78 sociétés donnèrent mandat à une commission spéciale de préparer l'organisation du premier Congrès national.

La commission établit le programme suivant, qui fut soumis à l'étude et aux délibérations du Congrès :

1re Commission. — *Sommaire* : But et constitution des sociétés ?

2e Commission. — *Sommaire :* Admission des membres ? admission des honoraires ? des femmes ? des enfants ? sociétaires qui changent de résidence ?

3e Commission. — *Sommaire :* Administration générale des sociétés ?

4e Commission. — *Sommaire* : Service médical et pharmaceutique ? vérification et contrôle ? indemnité pécuniaire ?

5e Commission. — *Sommaire :* Pensions de retraite ? liquidation des pensions ? caisses spéciales pour la retraite ?

6e Commission. — *Sommaire :* Union des sociétés et Congrès ? rapport des sociétés avec l'État ?

7e Commission. — *Sommaire :* Vœux et communications ? association mixte de consommation et de retraite ? assurances diverses ? asile de convalescence ? placement ? enseignement professionnel ? banque populaire, etc., etc. ?

Les travaux du Congrès se ressentirent un peu de la multiplicité des questions à lui soumises, car, comme on le voit, aucune de celles intéressant les associations mutuelles ne fut oubliée par les organisateurs.

Le 1er Congrès national se tint à Lyon, du 5 au 9 septembre 1883. Près de 300 délégués, représentant 732 sociétés et plus de 200.000 sociétaires, répondirent à l'appel.

Le bureau du Congrès fut composé de la manière suivante :

Président d'honneur.... MM. Maze, député de Seine-et-Oise ;
Président effectif....... Bleton, de Lyon ;

Vice-Présidents	COPOIX, de Paris; WIND, de Marseille; COURTOIS, de Lyon; Mlle TALLANDIER, de Tarare;
Secrétaire général	CLÉMENT, de Lyon;
Secrétaires des séances..	KEMLER, de Lyon; OBRIOT, de Montceau-les-Mines; FONTAINE, de Lyon; SOUPIQUET, de Commentry;
Trésorier...............	PINET, de Lyon;
Trésorier adjoint.......	SOUVRAS, de Lyon;
Questeurs...............	SANAOZE, de Lyon; GENIN, de Lyon; MANSART, de Commentry.

Les travaux du Congrès ont fait l'objet d'un rapport volumineux, imprimé par les soins du Comité général des Présidents de Lyon (1). Le résumé remarquable fait à la séance de clôture par M. Bleton, président, mérite une mention particulière, car il fait connaître l'importance de la tâche accomplie par les congressistes en cinq jours de réunion. Voici comment M. Bleton s'exprimait à la séance de clôture :

« Mesdames, Messieurs et chers Collègues,

« Nous touchons au terme de ces laborieuses assises, laborieuses quoique « bien courtes, et dont les résultats se manifesteront à bref délai. Car, en « toutes choses, a dit un économiste, il y a ce qu'on voit et ce qu'on ne voit « pas.

« Or, dans notre Congrès, ce que ne voient pas ceux qui ont simplement « suivi nos séances générales est de beaucoup le plus intéressant. Il y a les « documents sans nombre, envoyés par les sociétés adhérentes aux promoteurs « du Congrès, les pré-rapports rédigés par les rapporteurs provisoires des sept « commissions, et dont plusieurs vous ont si vivement intéressés, il y a les « longues et consciencieuses séances des commissions, dans lesquelles tous « ces documents et tous ces rapports ont été discutés et étudiés.

« Pour ma part, j'avoue que c'était un touchant spectacle, que celui de ces « salles bien remplies, où se faisait entendre le bourdonnement continu de la « vie et du travail, à peine interrompu par quelques applaudissements de bon « aloi ou par les protestations que soulevait parfois une proposition trop « hardie.

« Tous ces documents, le compte rendu de tous ces travaux seront soigneu- « sement recueillis et publiés, et c'est à la lecture de ce travail d'ensemble que « les esprits les plus prévenus seront forcés de reconnaître l'efficacité des « Congrès.

(1) *Congrès national de Lyon*, librairie H. Georges, 65, rue République (Lyon).

« Plusieurs de nos amis ont critiqué l'œuvre du Congrès de Lyon, dont la « convocation a peut être été une tentative un peu osée, et qui doit être consi- « dérée comme un essai de Congrès. Les uns ont trouvé notre programme trop « étendu ; les autres nous ont reproché de prendre des conclusions trop « absolues ; d'autres, enfin, nous disent qu'un programme de Congrès doit « proposer seulement des solutions générales, pouvant s'appliquer à toutes les « sociétés.

« Nous ne repoussons pas les critiques adressées à notre œuvre, qui relève « de la libre appréciation de chacun. Nous sommes même heureux de ces cri- « tiques, qui prouvent la vitalité de notre entreprise, puisqu'on discute seule- « ment ce qui est et ce qui a une valeur. Mais à cette objection que notre « programme est trop étendu, nous répondons que cette universalité était « inévitable pour le programme du premier Congrès national. Les questions « que nous aurions écartées se seraient introduites d'elles-mêmes dans la « discussion, et vous avez vu, d'ailleurs, les commissions enter de nouvelles « propositions sur celles déjà si nombreuses au programme. Plus heureux que « nous, les promoteurs des Congrès futurs pourront spécialiser leurs travaux ; « nous aurons fait la préface, ils créront les chapitres du livre.

« Quant aux reproches de prendre des conclusions contraires à la liberté de « chaque société, il sera facile de nous en justifier. Permettez-moi une image « familière qui autorise le ton de nos entretiens et qui fera peut-être saisir « dans quel esprit nous avons procédé. Demandez à des commerçants réunis « quel est le meilleur agent de transport pour les marchandises, d'un point à un « autre, il est à gager que tous répondront : c'est le chemin de fer. Mais, objec- « terez-vous, il est des pays où il n'en existe pas, où il est même impossible « d'en établir avant longtemps, si, toutefois, on le peut jamais ; il est d'autres « contrées où les transports par bateaux ou par fourgons sont plus économi- « ques. Qu'à cela ne tienne ! Conservons les bateaux et les fourgons, même « concurremment avec les chemins de fer, mais il n'en reste pas moins avéré « que le chemin de fer est le mode de transport par excellence.

« Et bien ! Messieurs, le sens de nos conclusions est le même. Quand la ma- « jorité du Congrès, entre plusieurs manières de procéder, en recommande une « plus particulièrement, elle ne blâme pas les autres, et surtout elle ne prétend « pas imposer celle-ci, plutôt que celle-là. Toutes peuvent être bonnes, mais « il en est une qui est jugée ou plus efficace, ou plus raisonnée, ou d'une « application plus sûre.

« Enfin, à ceux qui voudraient restreindre les études du Congrès aux mesures « d'application générale, nous disons, qu'il vaudrait mieux renoncer tout de « suite aux Congrès.

« Pour ma part, je ne sache pas une seule proposition qui puisse trouver « son application dans toutes les sociétés. La diversité est une des conditions

« vitales de la Mutualité. Au surplus, rien ne seraient plus fâcheux que de « vouloir trop attendre d'un Congrès. Aux institutions, comme aux hommes, « il ne faut demander que ce qu'elles peuvent donner. Les Congrès réunissent « d'abord les membres d'une même famille, qui se connaissent à peine de nom « et qui, dans ce seul fait de pouvoir enfin se rencontrer, puisent un délasse« ment à leurs labeurs communs et une force pour marcher en avant.

« Nous traversons, Messieurs, des temps critiques, où les esprits sont « douloureusement divisés, où l'union et l'apaisement sont d'autant plus « difficiles à obtenir que, dans les différends qui nous séparent, il en est « comme de certaines brouilles de famille, où il y a souvent des torts des « deux côtés. Rien de plus difficile à rapprocher que deux hommes qui ont « des torts réciproques.

« Mais, par bonheur, il se trouve encore certains terrains neutres, où tous « peuvent se rencontrer, où l'esprit et le cœur se reposent; un de ces terrains « est celui de la Mutualité; les honnêtes gens de tout âge, de toute condition, « de toute opinion peuvent y venir, qu'ils aient sur leur drapeau l'une ou « l'autre de ces devises : charité, philanthropie ou solidarité. Ces formules, « pour qui les lit d'un œil impartial, sont les diverses traductions d'une « même maxime, sur laquelle repose notre édifice social : « Aimez-vous les « uns les autres; on usera envers vous de la même mesure dont vous vous « serez servi envers les autres. »

« Mais ce premier résultat, qui, à lui seul, justifierait des réunions comme « celle-ci, n'est pas tout. Nos Congrès, après nous avoir appris à nous « connaître, et par conséquent, à nous aimer — car, si les hommes se « haïssent quelquefois, c'est faute de se connaître — nos Congrès, dis-je, « nous fournissent encore l'occasion d'étudier ce qui se fait suivant les « contrées, les milieux, les professions, ils font que tous profitent de l'expé« rience acquise de quelques-uns, ils donnent plus d'autorité aux voix qui « s'élèvent pour signaler aux législateurs et aux pouvoirs publics les amélio« rations réclamées par le développement croissant de la Mutualité.

« Si, pendant quelque temps encore, nous sommes condamnés à travailler, « dans nos réunions, sur des bases un peu vagues, cela tient à l'enfance « relative où se trouvent encore nos institutions. La science mutualiste com« mence seulement à poindre Nous savons tous que les hommes ont parlé « d'abord; la grammaire n'est venu que plus tard. Nos sociétés, elles, aussi, « ont commencé par la pratique; c'est seulement depuis peu qu'on a pu « formuler quelques règles sur la matière, mais tout est encore imparfai« tement défini, ne craignons pas de nous l'avouer.

« Ainsi que l'a dit l'honorable M. Léon Say, on n'a point encore traité la « prévoyance mutuelle par la méthode scientifique, et, suivant la parole de « l'éminent professeur M. Luzzati, il reste à enfanter une science économique

« nouvelle, dont nous n'entrevoyons qu'imparfaitement les principes, et qui « procédera à la fois du cœur et des mathématiques. C'est à la création de « cette science que nous devons nous consacrer tout entiers! »

M. Bleton donnait en même temps connaissance des résolutions adoptées par les diverses Commissions.

PREMIÈRE COMMISSION

« Sur la spécialisation des associations, ou au moins des recettes, le Congrès « ne s'est pas prononcé, par un scrupule mal fondé, à mon avis. La spéciali- « sation existe déjà ; beaucoup de nos sociétés ont des fonds spéciaux, et, « qu'on le veuille ou non, c'est dans la spécialisation qu'est l'avenir de la « Mutualité. Je crois pouvoir affirmer que, dans cinquante ans, nos neveux « qualifieront de barbares nos procédés actuels de gestion financière.

« L'étude des différents régimes sur lesquels peut se constituer une asso- « ciation était une des grosses questions. On l'a discutée dans la séance « dernière, et, seule, elle eût pu réclamer une séance toute entière. L'assemblée, « par son vote, a approuvé les dispositions de la loi adoptée en première « lecture par la Chambre des députés, loi qui est certainement appelée à une « perfection progressive et qui, malgré que l'auteur principal s'en défende, « s'appellera toujours « la loi Maze ».

DEUXIÈME COMMISSION

« Plusieurs délégués avaient espéré qu'une étude sur le nombre maximum « des membres appellerait une étude sur le minimum. La question est évidem- « ment fort délicate, ce qui explique qu'elle n'a pas été soulevée. Mais qui de « nous n'a pas été appelé à constater combien il est fâcheux qu'il existe des « associations comme à Lyon, par exemple, comptant de vingt à quarante « sociétaires? La plupart de ces associations n'ont aucun caractère profes- « sionnel : une fusion entre elles serait relativement facile, et donnerait des « résultats qu'elles n'obtiendront jamais, ainsi fractionnées.

« Le Congrès s'est prononcé, à l'unanimité et sans discussion, sur l'utilité, « la nécessité même de l'institution des membres honoraires. J'imiterai l'as- « semblée et ne m'arrêterai pas à cette question.

« Les avis sur les limites d'âge ont été moins unanimes. Toutefois, « la majorité a maintenu les âges généralement adoptés jusque là pour « l'admission des membres : seize ans au moins, quarante ans au plus. Si je « précise ainsi, c'est parce que l'autre jour, en assemblée, quelqu'un a demandé « si l'âge de quarante ans était un maximum ou un minimum.

« Personnellement, je regrette qu'on ait omis de signaler une institution
« qui fonctionne dans beaucoup de Sociétés, à Paris notamment, et qui
« consiste à créer des sections dites « d'Anciens ». On y reçoit les candidats
« qui ont passé l'âge réglementaire d'admission, et qui sont, sous les autres
« points de vue, exclus des bienfaits de la mutualité; on leur adjoint les
« pensionnaires qui ne sont plus participants; et cette section a un fonds
« spécial, de façon à ce que la situation financière de la Société ne puisse
« jamais être compromise par la présence de ces membres âgés. Si j'en
« parle ici, c'est afin que ceux de nos collègues qui voudraient étudier cette
« combinaison sachent qu'elle a donné des résultats pratiques.

« Des différentes manières de compenser les différences d'âge au moment de
« l'admission d'un membre, l'Assemblée n'en recommande qu'une : le paie-
« ment d'un droit d'entrée proportionnel. Pourtant, des économistes distingués
« préconisent la cotisation à taux variable, suivant les âges. Mais l'adoption
« de ce système tendrait à détruire le caractère de famille qu'affectent nos
« Associations, et les assimilerait aux Compagnies d'assurances.

« Pour les femmes, le Congrès a voté leur admission pure et simple aux
« mêmes charges et droits que les hommes. L'admission des enfants a été
« également votée, moyennant une cotisation proportionnelle ; quelques
« Sociétés font des enfants une section à part.

« Il est un point que, malheureusement, la grande quantité de matières à
« étudier n'a pas permis d'aborder : la création de Caisses en faveur des enfants
« qui deviennent orphelins. C'est là une importante question sur laquelle ne
« manquera pas de revenir le prochain Congrès, en nous indiquant une solu-
« tion efficace.

« Le changement de résidence des sociétaires est une des pierres d'achop-
« pement de la Mutualité. Pour parer à cette difficulté, on a signalé un moyen
« qui n'est certes pas une nouvelle découverte, mais qui doit être recommandé,
« en attendant mieux : c'est — empruntant une locution de l'administration
« militaire — de mettre le sociétaire qui change de résidence en subsistance
« auprès d'une autre Société.

« Cette mesure ne sera d'une exécution facile que le jour où nous aurons
« des Syndicats formés dans tous les centres, et encore restera-t-il en dehors
« beaucoup de Sociétés isolées, toutes les Sociétés rurales. Une solution com-
« plète de la difficulté ne sera obtenue que par la spécialisation des recettes,
« partie pour secours de malades, partie pour retraites.

TROISIÈME COMMISSION

« Renouvellement annuel du mandat des administrateurs, établissement de
« commissions de contrôle sur les services financiers, création de lieux de réunions

« spéciaux, mais communs à plusieurs Sociétés, réduction des amendes, telles « ont été les principales décisions de la troisième commission. Cette commission « avait aussi à rechercher si des cas d'exclusion pourraient être parfaitement « déterminés, mais il n'a, malheureusement, pas été proposé de solution satis- « faisante. Si la loi accordait aux unions de Sociétés le caractère de « prud'homie » « que le Congrès réclame pour elles, et dont nous parlerons plus loin, les « contestations à propos de radiation seraient d'une solution plus facile et « jugées avec plus de compétence que par les tribunaux ordinaires.

QUATRIÈME COMMISSION

« Avec le programme de cette commission, nous abordons les graves pro- « blèmes du service des malades.

« Sur le mode de rétribution des médecins, par abonnement et par visite, le « Congrès s'est partagé.

« La limitation des secours médicaux et pharmaceutiques est un point fort « délicat. En principe, il semble qu'il ne devrait y avoir aucune limitation, « mais nombre de Sociétés ne pourraient supporter le paiement d'opérations « chirurgicales coûteuses, ni prendre l'engagement de fournir les eaux minérales « et les médicament spéciaux.

« Mêmes difficultés en ce qui regarde la durée de l'indemnité pécuniaire. « Lorsqu'une maladie se prolonge au delà de six mois, c'est au moment où les « secours deviennent le plus nécessaires qu'ils sont suspendus, parce que les « statuts ont dû prévoir, hélas! les besoins de la caisse sociale et empêcher « l'absorption des ressources de tous au profit de quelques cas exceptionnels. « Mais il faut, soit au moyen de cotisations spéciales, soit par une réserve « sur l'avoir social, lorsqu'il est suffisamment constitué, pourvoir aux besoins « du malade jusqu'aux extrêmes limites.

« Dans certaines villes, à Lyon, notamment, les administrations hospitalières « exigent des membres des Sociétés de secours mutuels le paiement des jour- « nées d'hôpital. Le Congrès a été unanime à blâmer cette pratique, laquelle « constitue un abus évident. Les administrateurs des hospices ne se sont, j'en « suis sûr, jamais rendu compte de ce qu'il y a d'excessif et d'inique dans cet « usage où ils sont, d'exiger le paiement de la journée des malades connus pour « appartenir à une société de secours mutuels.

« Je ne puis terminer, en ce qui concerne le service des malades, sans exprimer « le regret que le manque de temps n'ait pas permis de décrire en assemblée « une remarquable création, celle du dispensaire d'Angers, que j'ai eu l'avan- « tage de visiter. Moyennant une cotisation annuelle de 0 fr. 50, tout membre « de société a le droit, lorsqu'il est malade, d'user d'un matériel que le dispen-

« saire met à sa disposition : linge, literie, sièges, appareils, bibliothèque. Le « tout est réuni dans une salle prêtée par la municipalité, et, chaque soir, de « huit heures à neuf heures, un commissaire se tient à la disposition des « emprunteurs.

CINQUIÈME COMMISSION

« Divers systèmes sont suivis pour la constitution des pensions de retraites « dans les Sociétés de secours mutuels.

« Le Congrès s'est prononcé pour les pensions accordées à un âge déterminé « d'avance par les statuts, et d'après un barême proportionnel au nombre « d'années passées par le sociétaire dans l'association.

« En outre, vous avez été unanimes à décider que les pensionnaires devaient, « en continuant à payer la cotisation réglementaire, continuer à participer « aux secours de maladie, et avoir droit, après chaque période de cinq ou dix « années, à un supplément de pension.

« Les associations spécialement formées pour la retraite sont de création « récente ; il semble que les règles suivies dans les sociétés ordinaires ne leur « sont pas toujours applicables ; mais leurs calculs sont encore imparfaits, et « l'expérience n'a pas encore permis d'établir pour elles des bases certaines « d'opération.

« Ainsi, beaucoup de ceux qui s'occupent de ces associations spéciales pensent « qu'une partie des recettes annuelles peut être appliquée à grossir les pen- « sions liquidées, et qu'une partie du capital versé par le sociétaire peut être « remboursé à sa veuve ; mais ils sont impuissants à en déterminer le « *quantum*.

« C'est cette absence de documents qui a fait repousser au Congrès toute dé- « claration pouvant être interprétée comme une reconnaissance de l'affectation « des recettes au service des pensions, et de la possibilité du remboursement.

« Dans ces mêmes associations, les opérations permettent de déterminer les « droits des sociétaires d'une façon plus mathématique, il semble, au premier « abord, que l'âge auquel la pension est réclamée peut être laissé à l'appré- « ciation de chacun. Toutefois, jugeant que la participation à une association « de prévoyance mutuelle ne saurait être assimilée à une simple opération « financière, et que l'invalidité présumée doit accompagner toute demande de « pension, le Congrès estime qu'on ne doit accorder de pension aux sociétaires « s'ils n'ont atteint cinquante ans d'âge et accompli vingt années de présence « dans l'association.

SIXIÈME COMMISSION

« En ce qui concerne les Unions et Syndicats, il importe de signaler un « vœu qui a été émis, et dont les conséquences peuvent être considérables, « tendant à ce que le caractère de « prud'homie » soit reconnu aux Unions « qui se constitueraient sous certaines formes déterminées par le législateur ; « dans ce cas, les sentences rendues par ces juridictions mutuelles seraient « sans appel.

« Les Unions ou Syndicats doivent-ils se multiplier, ou faut-il, au contraire, « en limiter le nombre ? C'est le principe de la liberté absolue qui a prévalu. « Espérons que les besoins et les intérêts seuls gouvernent les fondateurs ; « qu'ils se gardent de multiplier, outre mesure, ces associations au second « degré, et de provoquer ainsi un émiettement des forces mutualistes, comme « on le constate fâcheusement dans les associations au premier degré.

« En face des résultats obtenus dans ce premier Congrès national des Sociétés « de prévoyance mutuelle, en face surtout des résultats beaucoup plus impor- « tants que nous n'avons pu qu'entrevoir, la convocation d'un Congrès pério- « dique ne pouvait qu'être votée en principe. Nous nous sommes donc ajournés « à trois années, et il a été décidé que les prochaines assises du Congrès « national se tiendraient à Marseille en 1886.

« Pour qu'une semblable institution donne tous ses fruits, il importe qu'un « groupe, qu'une commission reste constituée en permanence pendant le temps « qui s'écoule entre les deux réunions, avec mandat de publier le compte « rendu du dernier Congrès tenu, de recevoir les communications de toutes les « Sociétés françaises, et de transmettre ce fond de documents aux organisa- « teurs du futur Congrès.

« Quant à la statistique du nombre des malades, de la nature et de la durée « des maladies, suivant les âges et les professions, et du nombre des sexagé- « naires, cette motion a changé de caractère en route et a donné lieu à des « résolutions dans un sens tout contraire à celui que visaient les rédacteurs du « programme. Le législateur nous promet des tables de maladie et de morta- « lité dressées spécialement pour nos sociétés. Or, sachant combien les enquêtes « administratives sont, par la raison même de leur caractère officiel, lentes « à produire les résultats attendus, on avait pensé que nos associations « devraient, parallèlement à l'administration, dresser une statistique ; on « verrait laquelle des deux enquêtes aboutirait le mieux et plus vite.

« Le Congrès a sans doute jugé que les présidents consultés mettraient peu « d'empressement à fournir les renseignements nécessaires, si ces renseigne- « ments leur étaient réclamés par leurs collègues, et c'est la raison qui l'a engagé « à demander que la statistique fût confiée au Préfet, pour chaque département.

« Enfin, arrivant aux subventions, le Congrès en a proclamé l'utilité et la
« légitimité, tant que nos associations ne seront pas sorties de la période difficile
« des créations et n'auront pas formé les réserves nécessaires à leur complet
« fonctionnement.

« L'accord, qui s'est fait sans difficulté sur le principe, a été moins unanime
« sur la répartition.

« Toutefois il demeure acquis que le Congrès ne croit pas que des subven-
« tions puissent être accordées aux Sociétés autres que celles approuvées ou qui
« se conformeront aux prescriptions de la loi présentée. Quant au mode de
« répartition, il est à désirer qu'une base fixe et certaine soit adoptée, afin que
« chaque Société reçoive en raison de ses ressources, de ses efforts et de ses
« charges, sans qu'aucune porte soit ouverte à la faveur ou à l'arbitraire.

SEPTIÈME COMMISSION

« Avec la septième Commission, nous arrivons à un ensemble de questions
« complexes, qui toutes confinent à la prévoyance mutuelle, mais qui, par leur
« importance même et leur diversité, échappent à un résumé. Assurances
« contre l'incendie, associations mixtes de consommation ou de production et
« de retraites, création d'asiles de convalescence et de retraites, placement
« gratuit des membres, enseignement professionnel, cours d'hygiène, banques
« populaires, etc. ; il n'est peut-être pas de question d'économie sociale qui
« n'ait été abordée dans les vingt articles du programme que s'était tracé la
« septième Commission. Plusieurs de ces questions seront certainement
« reprises et étudiées avec fruit par le prochain Congrès de Marseille, auquel
« nous adressons d'avance nos meilleurs vœux et promettons notre fraternel
« concours. »

Monsieur Maze, président d'honneur du premier Congrès national, qui assistait à la séance de clôture, y prononça un discours fort applaudi, et dont voici quelques extraits, qui seront le complément de ce grand événement : la première réunion de la Mutualité française :

« Mesdames, Messieurs,

« Le Bureau du Congrès a pensé que ces assises de la Mutualité ne pou-
« vaient s'achever sans que votre président d'honneur ajoutât quelques mots
« à tant d'excellentes paroles qui ont été prononcées à Lyon, depuis quelques
« jours, et à celles que vous venez d'applaudir si justement aujourd'hui.

« Je réponds à cet appel avec plaisir, parce que je sais à qui je parle,
« parce que j'ai devant moi, en ce moment, je ne crains pas de le proclamer,

« l'élite des hommes qui, à Lyon, dans le département du Rhône et presque « dans toute la France, consacrent leur intelligence et leur dévouement à la « noble cause de la Mutualité.

....

....

« Votre président, M. Bleton, a été modeste tout à l'heure quand il a parlé « d'un essai de Congrès ; pour ma part, je n'accepte pas cette expression. Non, « ce n'est pas un essai de Congrès qui a eu lieu à Lyon, c'est, en tous points, « un Congrès national digne de ce nom ; il faut bien le marquer ici, parce que « plusieurs n'étaient pas sans appréhensions sincères, et d'autres sans appré- « hensions intéressées, — vous me comprenez, — sur le succès de votre œuvre.

« Pendant vos séances publiques ou privées, il n'a pas été, quoiqu'on en « dise, prononcé, dans ces assises de la Mutualité, une seule phrase, une seule « parole que nous puissions regretter. Qu'avons-nous vu, Messieurs ? Des « hommes sincères, modestes, dévoués, ayant la connaissance et l'expérience « de la matière, qui se sont réunis fraternellement et qui ont discuté avec la « plus entière liberté.

« Voilà ce qu'est la marque de ce Congrès, et il me plaît, à la fois comme « représentant du pays et comme président d'honneur de cette assemblée, il « me plaît de signaler ce caractère essentiel du premier Congrès national « qu'ait tenu la Mutualité.

« Oui, Messieurs, vous vous êtes montrés dignes d'exercer dans toute son « étendue le droit de réunion, et je vous en félicite aussi au point de vue « spécial. Si certaines assemblées ont compromis devant l'opinion le droit de « réunion, vous, vous l'avez servi et honoré de vos œuvres ; oui, vous avez « justifié la liberté pleine, entière, absolue, que la loi nouvelle va vous donner. « Des adversaires loyaux, je le crois, nous reprochaient de vous donner cette « liberté ; vous leur avez récemment fait une première et péremptoire réponse. « Sans doute, nous savions bien ce que nous faisions en inscrivant dans la « loi cette liberté. Quand on donne la liberté du bon, on donne aussi celle du « mal ; mais nous croyons que quarante ans n'ont point passé en vain sur nos « têtes ; nous estimons que l'heure était venue, Messieurs, de vous traiter non « plus en enfants, comme le faisait le régime dictatorial de 1852, mais en « en hommes, en citoyens dignes de ce nom.

....

....

« Il faut le dire : La Mutualité est encore à ses débuts, ses calculs n'ont pas « un caractère assez scientifique, la statistique de la mortalité est insuffisante « et celle de la maladie n'existe pas ; bien d'autres lacunes sont à déplorer, il « faut les combler. La science est aujourd'hui nécessaire partout, ne point « l'appeler ce serait méconnaître les plus sacrés des devoirs, manquer à la

« probité la plus vulgaire, aux lois les plus élémentaires de l'honneur et de la « bonne foi. Quand vous abordez ces questions, songez-y bien, vous touchez « aux intérêts vitaux de la nation ; il s'agit là du sang de notre sang, de la « chair de notre chair ! Comment laisser place au hasard ?

« Cette épargne arrachée à la fatigue, à la sueur de l'ouvrier, ce prélèvement « sur un salaire souvent maigre, ces petites sommes ravies au bien-être « présent du pauvre et de sa famille, c'est quelque chose de sacré qu'il n'est « pas permis de compromettre ! Donc, jamais de promesses inconsidérées, « jamais d'engagements qu'on ne soit certain de tenir, que la science et l'expé- « rience n'autorisent ! Méfiez-vous des spéculateurs et des exploiteurs ; « n'acceptez, n'appelez la petite épargne que quand vous êtes trois fois certains « de la faire fructifier : ainsi, vous servirez vraiment la cause de la Mutualité.

« La science, Messieurs, vous donnera la prudence; c'est surtout pour cela « que vous devez l'invoquer. Mais est-ce que l'initiative et la science seront « suffisantes ? Non pas, il faut quelque chose de plus, et cet autre élément de « succès c'est le dévouement, le dévouement de toutes les heures, de tous « les instants ; c'est le sentiment dont le nom est inscrit en lettres d'or sur « votre drapeau : C'est la Fraternité !

« Oui, quand la science a tracé son plan, il faut mettre tout son cœur dans « l'exécution. Pour de telles œuvres, la science même d'un Klepler ou d'un « Liebnitz risquerait de rester stérile, si elle n'était en quelque sorte terminée, « fécondée par la fraternité.

....

....

« Que signifient ces déclamations contre ceux qu'on appelle des bourgeois, et « cette guerre qu'on prétend déclarer à « l'infâme capital » ? Est-ce que nous « allons, par hasard, nous reconstituer en castes, comme sous l'ancien régime ? « Est-ce que l'on voudrait refaire ce que la Révolution française a eu l'honneur « de détruire ? Nous ne connaissons ni bourgeois, ni ouvriers, dans notre « société démocratique et républicaine ; nous ne connaissons que des Français, « des frères aînés et des frères cadets qui doivent s'entr'aider sans cesse. Mais « que dire de la « guerre à l'infâme capital » ? Comment ! c'est dans cette « société du dix-neuvième siècle, si industrieuse, qu'on s'élève contre l'agent « indispensable et primordial des affaires ? Mais que font donc tous les travail- « leurs en ce monde ? A quoi aspire donc cette foule immense de négociants, « d'employés, de salariés ? Est-ce que tous, quelle que soit notre situation, « nous ne rêvons pas, plus ou moins, l'indépendance par la possession du « capital ? Et comment le salaire s'affranchit-il définitivement, si ce n'est en « amassant un petit patrimoine et en le portant à ces associations ouvrières « que nous voulons favoriser entre toutes, que nous allons admettre aux « adjudications du Gouvernement ?

« Certes, ce n'est pas dans nos Sociétés mutuelles que de telles chimères « trouveront des adeptes. Non! non! C'est avec votre aide, Messieurs, que « nous combattrons le bon combat, que nous éclairerons l'ouvrier sur ses « véritables intérêts et sur ceux du pays; c'est grâce à votre concours que « nous assurerons la reconciliation du capital et du travail, l'union de tous les « honnêtes gens, de tous les bons citoyens. Cette union, nous la souhaitons « pour nos plus chers intérêts moraux et matériels, nous la réclamons comme « une suprême satisfaction pour nos amis et la prospérité des affaires; il nous « la faut aussi pour notre situation en Europe; je m'explique:

« Quand on s'appelle la France, quand on marche depuis des siècles à « l'avant-garde de l'humanité et de la civilisation, quand on a mérité d'être « appelé par Shakspeare le « soldat de Dieu », quand on a fait la Révolution « de 1789, quand, après des revers lamentables, après Rosbach et après Sedan, « l'on a pu relever sa fortune et son drapeau et se retrouver aux premiers « rangs dans le monde, il ne se peut pas qu'on ne soit quelque part — tantôt « ci, tantôt là — un objet d'envie et de jalousie, il faut songer sans cesse à une « telle situation; elle commande de sacrifier beaucoup à l'intérêt national, ne « l'oublions jamais.

« Messieurs, quand vous aurez subi quelques-uns de ces froissements inévi- « tables dans la vie, quand vous aurez été blessé, attristé par vos concitoyens, « songez à ce pays, blessé lui aussi, attristé lui aussi; sachez immoler vos « rancunes personnelles aux nécessités publiques; nous passons, comme dit le « poète, sans laisser même une ombre sur le mur, tandis qu'il faut que la « France vive et demeure forte, puissante, respectée. Puissions-nous tous avoir « sans cesse vivant à la pensée ta chère image, ô sainte Patrie! »

DEUXIÈME CONGRÈS NATIONAL

Le deuxième Congrès national, organisé par la Mutualité marseillaise, se réunit à Marseille du 24 au 29 mai 1886. Le programme comportait l'étude des questions suivantes:

1° Législation mutuelle? Réglementation?

2° Législation de la Caisse nationale des retraites? Pensions viagères?

3° Question de secours? Administration intérieure? Service médical et pharmaceutique?

4° Questions d'assurances populaires et d'épargne? Vœux et communications?

Le deuxième Congrès réunit 165 délégués, représentant environ 800 associations. Le bureau élu fut le suivant :

Président	MM. Nicolas, de Marseille ;
Vice-Présidents..........	Bleton, de Lyon ; Vermont, de Rouen ; Carton, de Paris ; Douvré, de Marseille ;
Secrétaire général.......	Berna, de Marseille ;
Secrétaires des séances..	Froment, de Paris ; Espitalier, de Marseille ; Obriot, de Montceau-les-Mines ; Clément, de Lyon ; Hérente, de Toulon ; Joly, de Saint-Etienne ;
Trésorier................	Tessier, de Marseille ;
Trésorier-Adjoint........	Marical, du Havre ;
Questeurs	Apy, Rosatie, Pagès, de Marseille ; Courtois, Sanaose, de Lyon ; Latil, de Toulon.

Le compte rendu des travaux du Congrès fut publié en volume par la Commission exécutive (1). Deux documents importants y figurent in-extenso : le rapport du Secrétaire général et un rapport présenté par la *Réunion des Amis de la Mutualité de Marseille*, dont le président était, à l'époque, le sympathique docteur Milloud.

Le Congrès de Marseille tint ses assises au moment où les Chambres discutaient précisément les deux importantes lois sur la Caisse nationale des retraites et sur les Sociétés de secours mutuels, aussi les congressistes portèrent-ils tous leurs efforts sur les deux points du programme à l'étude, qui se rapportaient à la législation des deux lois en discussion aux Parlements.

En ce qui concerne la loi sur les associations de secours mutuels, voici quelles furent les principales résolutions adoptées par le Congrès, en assemblée générale :

« 1° Les Sociétés, en effectuant le dépôt de leurs statuts, devront justifier « d'une peréquation entre les cotisations exigées des sociétaires et les pro- « messes de secours ou de pensions qui leur sont faites ;

« 2° Reconnaissance par l'Etat, dans la loi organique sur les Sociétés de « secours mutuels, des unions et syndicats formés entre les Sociétés légale- « ment constituées ;

« 3° Les dons et legs faits aux Sociétés mutuelles sont exonérés des droits « de timbre et d'enregistrement ;

(1) Deuxième Congrès national. Compte rendu des travaux. Grande Imprimerie de Marseille, rue Sainte-Anne, 28 et 30.

« 4° Institution, en dehors des unions et syndicats librement formés, de comités « consultatifs siégeant au chef-lieu de chaque département. Toute Société « légalement constituée, représentée par son Président ou par un délégué « nommé à cet effet, concourrait à l'élection des membres de ce comité, lesquels « correspondraient, comme les chambres de commerce, avec le ministre compé- « tent. Un comité consultatif devra être constitué dans chaque département « comptant 30 sociétés de secours mutuels. Ces comités éliraient eux-mêmes « leurs bureaux.

Pour la loi sur la Caisse Nationale des retraites, qui allait bientôt être promulguée, voici les résolutions qui furent adoptées à la presqu'unanimité des congressistes marseillais :

« 1° En principe, le Congrès proclame la nécessité absolue de la fixité « d'intérêts, soit pour les fonds déposés dans les caisses de l'Etat, soit pour la « capitalisation des pensions créées par les sociétés de retraite. Dans la pratique, « il demande le maintien du taux invariable de 4 1/2 p. 0/0 pour les fonds « déposés dans la caisse de l'Etat, et le rétablissement du taux de capitalisation « à 5 p. 0/0, tel qu'il existait jusqu'en 1883, pour les pensions alimentaires de « 360 francs et au-dessous, et le minimum de 4 1/2 p. 0/0 pour les autres « pensions ;

« 2° Il convient de réclamer le rétablissement de la dotation de 10 millions « votée d'abord par la Chambre des Députés ;

« 3° A côté de la Caisse nationale des retraites, ouverte aux versements « individuels, il sera établi une caisse spécialement affectée aux versements « collectifs des Sociétés de prévoyance, avec maintien de l'intérêt aux sociétés de « 4 1/2 p. 0/0 ;

« 4° Le Congrès demande à ce que l'Etat fasse une distinction entre les « sociétés de retraite pures et les sociétés de secours mutuels à l'avantage des « dernières par la raison qu'elles font une plus large part à la Prévoyance ;

« 5° Le Congrès affirme sa pleine confiance dans la caisse des retraites de « l'Etat, et engage les sociétés de secours mutuels et de retraite à continuer « d'y verser leurs fonds ;

« 6° Convaincus que les fondateurs d'une caisse exclusivement de retraites « doivent avoir une part équitable dans le *quantum* à l'époque de la liquida- « tion des premières prévisions, et qu'il ne serait pas juste de laisser aux « seules générations futures le bénéfice du capital accumulé avec le temps. Le « Congrès pense qu'il serait légitime de prélever une part du capital produit « par chaque recette annuelle pour augmenter d'autant les premières pensions, « mais cette part devra être déterminée suivant des règles fixes, toutes mathé- « matiques qui seront ultérieurement fixées. »

Ces diverses résolutions furent présentées en temps utile aux Parlements par la commission exécutive du Congrès de Marseille. Les mutualistes savent tous que nos législateurs ne tinrent aucun compte de ces *desiderata*, marqués cependant au coin d'une grande sagesse et d'une indéniable modération.

TROISIÈME CONGRÈS NATIONAL

Le troisième Congrès national se réunit à Paris le 4 juin 1889. Quatre cents délégués, représentant environ 500.000 mutualistes, prirent part à ses travaux.

Les questions à l'étude étaient les suivantes :

« 1° Quelles sont les garanties fondamentales que doivent présenter à leurs « adhérents toutes les sociétés de secours mutuels et les unions entre sociétés ?

« 2° Est-il désirable de laisser subsister la division des sociétés de secours « mutuels en sociétés libres, sociétés autorisées et sociétés approuvées ?

« 3° Le système de livret individuel est-il le meilleur en matière de retraite « et y a-t-il lieu de l'appliquer dans les sociétés de secours mutuels ?

Le bureau du Congrès fut constitué de la manière suivante :

Président .... MM. Maze, Sénateur de Seine-et-Oise ;
Vice-Présidents .... Bleton, de Lyon ; Carton, de Paris ; Bonniot, de Marseille ; Prosper, de Lafitte ;
Secrétaire général ...... Arboux, de Paris ;
Secrétaires des séances.. Davrillé des Essards, de Paris ; Carlet, de Paris ; Joly, de Saint-Étienne ; Dreux, de Tours ; Hérente, de Toulon ; Lalliermonet, de Philippeville ;
Questeurs .... Gyoux, de Bordeaux ; Dufour, de Pantin ; Houpillard, de Reims ;
Trésoriers .... Marquot et Froment, de Paris ;

Quoique le nombre des délégués inscrits fut plus considérable que dans les congrès précédents, les séances des commissions furent relativement peu suivies au troisième Congrès, et le caravansérail du Champ-de-Mars attira davantage les délégués que les travaux qui se poursuivaient à la Sorbonne. C'était inévitable ! D'autre part, on aurait pu croire que nos législateurs seraient venus en grand nombre suivre l'étude des questions à l'ordre du jour, les discussions auxquelles elles donnèrent lieu étant pleines d'enseignement pour eux ; il n'en fut rien, et malgré le voisinage du Luxembourg et du Palais Bourbon, c'est à peine si une demi-douzaine de sénateurs ou députés figurèrent au nombre des auditeurs, pendant les cinq jours de discussion.

A la première assemblée générale des congressistes, il fut décidé qu'une délégation se rendrait à la Chambre pour prier la commission chargée de présenter la nouvelle loi sur les sociétés de secours mutuels de retarder la discussion du rapport jusqu'après la tenue du Congrès national.

Voici les résolutions qui furent ensuite adoptées par le Congrès en réunion plénière :

« En ce qui concerne la première question à l'ordre du jour, le Congrès « estime que toute société de secours mutuels devrait :

« 1° Ecarter toute discussion politique et religieuse ;

« 2° Etablir et maintenir autant que possible la péréquation des dépenses et « des recettes, en distinguant et en spécialisant les divers buts que vise la « société, les différentes espèces de dépenses et les différentes espèces de « recettes sans jamais confondre les cotisations des membres participants avec « les ressources aléatoires telles que cotisations de membres honoraires, sub- « ventions diverses, dons et legs, et en exigeant de tout participant pour « chaque catégorie de secours, une cotisation équivalente aux dépenses que la « société sera tenue de faire pour remplir les obligations qu'elle contracte « avec lui ;

« 3° Demander aux membres participants des cotisations proportionnelles ;

« 4° Instituer une commission spéciale de contrôle chargée de vérifier la « comptabilité, d'en rendre compte à l'assemblée générale, et d'informer immé- « diatement le bureau en cas d'illégalités constatées ;

« 5° Dresser des inventaires périodiques, au moins annuels, pour s'assurer que « la péréquation n'est pas troublée par les écarts inévitables qui se produisent « d'une année à l'autre entre la somme des risques prévus et la somme des « risques qui se réalisent ;

« 6° Placer les fonds soit en valeurs émises ou garanties par l'Etat, soit en « obligations départementales ou communales ;

« 7° Pour tout nouveau membre participant, exiger un certificat de médecin « ou une déclaration écrite constatant qu'il n'a aucune maladie chronique ou « infirmité cachée ;

« 8° Imposer au candidat un stage ou noviciat.

« Sur la deuxième question, le Congrès estime que l'unité est le but vers « lequel doivent tendre les sociétés de secours mutuels.

« En attendant :

« 1° Il y a lieu de maintenir le principe de la dualité des sociétés approuvées « et autorisées. ;

« 2° Il serait juste d'accorder aux Sociétés autorisées la personnalité civile ;

« 3° Il serait juste de leur permettre de recevoir des dons et legs ;

« 4° Il serait juste de leur laisser le droit de constituer comme elles « l'entendront les pensions de retraite de leurs vieillards.

« Sur la troisième question, le Congrès estime qu'il est nécessaire pour les « sociétés de secours mutuels, et utile pour les sociétés de retraites de conserver « le fonds commun.

« Le Congrès n'admet pas l'obligation du livret individuel, tout en conseil- « lant aux sociétés d'en faciliter l'emploi aux personnes qui le désirent. »

Les vœux déposés pendant le cours des travaux du Congrès furent innombrables ; nous en relevons un seulement, adopté par l'assemblée plénière, et qui est le complément direct des résolutions adoptées aux deux premiers Congrès nationaux :

« Le Congrès adopte le vœu présenté par la troisième commission ainsi « formulé : Que la prochaine loi sur les sociétés de secours mutuels conserve « aux sociétés le taux fixe de 4 1/2 p. 0/0 d'intérêt pour leurs dépôts, soit à la « Caisse des Dépôts et Consignations, soit à la Caisse nationale des retraites ;

« Que le taux de capitalisation de 5 p. 0/0 soit rétabli pour les pensions « créées par l'intermédiaire de la Caisse nationale des retraites par les Sociétés « de secours mutuels, pour les vieux travailleurs prévoyants, mais seulement « lorsque les pensions auront un caractère alimentaire, c'est-à-dire ne « dépassant pas 360 francs par an.

QUATRIÈME CONGRÈS NATIONAL

Le quatrième Congrès national a tenu ses assises à Bordeaux du 19 au 25 septembre 1892. Préparé par le syndicat girondin, ayant à sa tête le docteur GYOUX, les questions à l'ordre du jour furent d'abord les suivantes :

1° Etude du service médical ;

2° Etude du service pharmaceutique ;

A ces deux questions furent adjointes les trois suivantes :

3° Du taux d'intérêt ;

4° De l'assistance judiciaire ;

5° De la mise en subsistance ;

249 délégués, représentant 281 sociétés ou syndicats, suivirent les travaux du quatrième Congrès, dont le bureau fut constitué de la manière suivante :

Présidents d'honneur.... MM. BURDEAU, Ministre de la Marine; CADUC, Sénateur de la Gironde ; le Docteur LOURTIE, Sénateur des Landes ; ARBOUX, Secrétaire de la Ligue Nationale ; le Préfet de la Gironde ; le Président du Conseil général de la Gironde ; le Maire de Bordeaux ;

Président effectif........ le Docteur GYOUX ;

Vice-Présidents.......... BONNIOT, de Marseille; DUMOND, de Lyon ; VERMONT, de Rouen ; LANGE, de Grenoble ;

Rapporteur général...... DAVRILLÉ DES ESSARTS, de Paris ;

Secrétaire général....... SANDRÉ, de Bordeaux ;

Trésorier............... FAUCHÉ, de Bordeaux ;

Trésorier-Adjoint........ BONNET, de Bordeaux ;

Secrétaires.............. ALLARD, de Rouen ; DREUX, de Tours ; DUHAMEL, de Chailly-en-Bière ; FLORET, de Bordeaux ; HERENTE, de Toulon ; MONTMETERME, de St-Etienne; PELLÁULH, de Lyon ; TAILLANDIER, de Bordeaux ;

Questeurs............... AYMAR, DUTAP, JULIEN et SABES, de Bordeaux ;

Commissaires........... BESSIÈRES, de Toulouse ; COURTOIS, de Lyon ; DURAND, de Saint-Etienne ; POIRIER, de Marseille ; BRUNEAU, DUCOURTIEUX, Dr DUPEUX, PALENGAT et SARRAT, de Bordeaux.

Les résolutions adoptées furent les suivantes :

PREMIÈRE SECTION

Service médical proprement dit

1° Le service médical des Sociétés de secours mutuels doit être organisé de façon à respecter, autant que possible, la liberté de leurs membres et à sauvegarder leurs intérêts financiers ;

2° Le sociétaire doit avoir le droit de choisir son médecin parmi ceux qui habitent la même localité que lui, ou, si le nombre de ces praticiens est trop considérable, sur une liste de médecins acceptant le règlement de la Société;

3° Lorsqu'une ville possède plusieurs Sociétés, celles-ci sont invitées à se syndiquer pour mieux assurer leur service médical;

4° Les mêmes droits doivent appartenir aux médecins, soit pour débattre leurs intérêts communs, soit pour accepter ou refuser tel ou tel sociétaire, telle ou telle Société;

5° Le système à forfait étant contraire à la dignité du médecin, les Sociétés doivent éviter, autant que possible, d'y avoir recours; ce système ne doit être employé que comme ressource extrême dans certains cas particuliers;

6° Le système à la visite peut se concilier avec ces principes dans les localités peu importantes; mais dans les grandes villes, cet abonnement est désastreux pour les caisses des Sociétés, à moins que celles-ci ne soient suffisamment riches;

7° Dans le cas contraire, l'abonnement annuel, semestriel, par tête de sociétaire, sauvegarde à la fois et les intérêts de la caisse, et la liberté des sociétaires, et la dignité du médecin;

8° Le Congrès considère que le meilleur système est celui qui consiste à accorder les secours médicaux à tous les membres de la famille du sociétaire, et il émet le vœu que ce système reçoive de jour en jour une application plus étendue;

9° Le Congrès croit utile de donner des soins à toute la famille, au moyen d'une cotisation spéciale, à fixer suivant les localités.

Annexes du Service médical

1° Il faut engager les Sociétés à organiser un service de nuit, en suivant le système établi dans certaines d'entre elles, qui payent 5 francs la visite de nuit;

2° Partout où la chose est possible, il faut établir un service de gardes-malades, pris dans les deux sexes, si cela se peut. Dans les grandes villes, il pourrait se former des sociétés de gardes-malades, que les Sociétés de secours mutuels utiliseraient et qui pourraient également avoir une clientèle privée;

3° Le Congrès, considérant que la question médicale échappe par sa nature à une réglementation absolue, estime qu'il appartient à chaque société de traiter avec les médecins, au mieux de l'intérêt respectif des parties, en ce qui concerne les visites en consultation;

4° Le Congrès émet le vœu que toutes les sociétés soient mixtes, et, faute de mieux, que de nombreuses sociétés se fondent pour les dames. De ces deux désirs naît la nécessité d'un service d'accouchement dans les sociétés;

5° Les médecins spécialistes ne sont pas indispensables au bon fonctionnement des Sociétés de secours mutuels. C'est au médecin ordinaire à déterminer les cas où le concours d'un spécialiste lui est nécessaire, à limiter ces cas, et à fournir aux malades toutes les lumières de la science, tout en coopérant à la sauvegarde des intérêts de la société ;

6° Il serait bon de voir : (*a*) les sociétés posséder un service d'analyses chimiques et micrographiques ; (*b*) ces analyses, faites d'après un tarif réduit, et seulement sur ordonnance visée par le président de la société, seraient confiées à des spécialités, médecins ou pharmaciens ; (*c*) le paiement de ces analyses serait effectué, soit par la société seule, soit de compte à demi, par la société et le malade, suivant la situation de la caisse ;

7° Il faut laisser les sociétés et les commissions administratives des hôpitaux discuter leurs intérêts et faciliter l'entente en conseillant aux premières de montrer le moins d'exigences possibles, et aux secondes de faire, en faveur des sociétés, tous les sacrifices compatibles avec leur situation financière. Il y a des endroits où le sociétaire malade pourra être admis gratuitement, d'autres où une remise pourra être accordée, d'autres, enfin, où la journée entière sera forcément exigée si l'administration hospitalière se trouve dans une moins bonne situation pécuniaire que la société ;

8° Il faut, au moins dans les grandes villes, un dispensaire dans lequel on trouve tous les objets nécessaires aux pansements, des bandages et ceintures, des instruments de chirurgie, et dans lequel on puisse distribuer du linge de corps, des draps, serviettes, etc., voire même tous les articles de literie, et où aient lieu des consultations, l'examen des candidats, les vaccinations et revaccinations, certaines opérations chirurgicales, etc.;

9° Il faut soumettre tout nouveau membre participant à la visite d'un des médecins de la société et exiger de lui une déclaration écrite qu'il n'est atteint d'aucune affection ou infirmité chronique, au moment de son entrée dans la société ;

10° Le sociétaire, à son entrée, sera engagé à se faire vacciner ou revacciner ;

11° Les sociétés ont à se préoccuper des opérations chirurgicales, et à savoir dans quelles mesures elles peuvent en supporter les frais ;

12° Il est de l'intérêt de la Mutualité que toutes les allocations de l'Etat et tous les capitaux des sociétés soient affectés aux fonds de retraite, de façon à élever de préférence le taux des pensions et à atteindre ce but éminemment pratique et moralisateur : « Le vieillard vivant dans sa famille. »

13° Le Congrès désire qu'on fasse imprimer sur le livret destiné au sociétaire des principes d'hygiène, des notions thérapeutiques, et qu'on engage les sociétés à organiser des conférences dans lesquelles ces sujets seraient traités par des médecins ou des spécialistes ;

14° Qu'on encourage chez les sociétaires l'usage des bains de propreté, et qu'au besoin les unions des sociétés fondent des établissements balnéaires, ou tout au moins subventionnent certaines maisons de bains, afin de pouvoir distribuer à leurs adhérents des cachets à prix réduits.

DEUXIÈME SECTION

Service pharmaceutique

1° Le Congrès, reconnaissant que les pharmacies spéciales, ainsi que les sociétés coopératives pharmaceutiques créées par les sociétés de secours mutuels pour leur service exclusif, sont de nature à leur rendre les plus grands services et à leur procurer les avantages les plus précieux, décide qu'il y a lieu de proposer au Congrès d'émettre le vœu que des réunions de sociétés se créent dans toutes les villes où les associations de prévoyance sont en nombre suffisant pour mettre en pratique ce principe, en instituant des pharmacies de ce genre.

Tout en souhaitant de voir s'installer, dans la mesure du possible, des pharmacies coopératives et des réunions pharmaceutiques, il y a lieu d'engager les Sociétés de secours mutuels à se mettre en garde contre une solution trop hâtive de la question.

2° Le Congrès invite les sociétés à pratiquer le système du tarif, excepté dans les villes où se trouvent établies des sociétés et unions coopératives ;

3° Dans les localités où il n'existe qu'un pharmacien, les sociétés sont invitées à faire la propagande nécessaire pour augmenter le nombre de leurs adhérents, de manière à obtenir les conditions les plus avantageuses de leur fournisseur ;

4° Le Congrès émet le vœu qu'il y a lieu d'associer le plus grand nombre de pharmaciens désireux d'assurer la fourniture des médicaments aux Sociétés de secours mutuels ;

5° Qu'il y a lieu, d'une manière générale, considérant que les frais pharmaceutiques sont une lourde charge pour les Sociétés de secours mutuels, d'inviter les médecins à ménager, dans leurs prescriptions, les budgets de ces sociétés, ainsi, que de choisir, à mérite égal, le médicament le moins coûteux, de proscrire les spécialités et les médicaments de luxe, à moins qu'il n'existe pas dans le *Codex* d'équivalent ; enfin, d'apporter dans le dosage et la quantité des médicaments délivrés la plus grande circonspection ;

6° Le Congrès émet le vœu qu'il y a lieu de faire les efforts les plus énergiques pour introduire toute la famille dans les Sociétés de secours mutuels ;

7° Que les tarifs servant de base aux règlements des mémoires pharmaceutiques soient l'objet d'une revision annuelle, afin qu'ils soient constamment en harmonie avec les abaissements de prix résultant des progrès de la science.

TROISIÈME SECTION

Taux de l'intérêt

1° Le Congrès demande que l'on accorde aux Sociétés de secours mutuels le droit d'association et la faculté de disposer, à leur gré, de leurs capitaux sous un contrôle de bonne gestion à déterminer ;

2° Le Congrès sollicite du Parlement une allocation qui sera employée au service des pensions de retraite des Sociétés de secours mutuels, pour combler le déficit causé par les diminutions successives du taux d'intérêt ;

3° Que le fonds commun ne subisse pas diminution par suite du retour des fonds rendus libres par le décès des pensionnés et que la rente puisse être transférée, sans majoration de fonds, au nom des nouveaux retraités.

QUATRIÈME SECTION

Assistance judiciaire

1° Le Congrès demande que le législateur veuille bien accorder le bénéfice de l'assistance judiciaire pour ester en justice, tant en demandant qu'en défendant, aux Sociétés de secours mutuels, conformément au texte de loi déjà adopté par le Sénat, 14 juin 1892 (article 13) ;

2° Les Sociétés de secours mutuels demanderesses devant les tribunaux pourront être admises à l'assistance judiciaire ; elles jouiront de plein droit de l'exonération des frais de justice dans les instances pour lesquelles elles rempliront le rôle de demanderesses ;

3° Le Congrès émet le vœu qu'une juridiction arbitrale soit instituée pour juger les différends pouvant survenir entre sociétés et sociétaires.

Mise en subsistance

1° Le Congrès décide qu'il y a lieu d'organiser dans les Sociétés de secours mutuels la mise en subsistance ;

2° Que la publicité la plus étendue soit donnée à ce vœu, et que toutes les sociétés de France et d'Algérie soient sollicitées de lui accorder leur concours;

3° Que, jusqu'au jour où la mise en subsistance sera acceptée d'une manière générale, il soit établi une liste de toutes les sociétés qui ont adhéré à son organisation.

Le cinquième Congrès national de la Mutualité française doit, d'après un vote du Congrès de Bordeaux, se tenir à Saint Etienne, en 1895.

CHAPITRE VII

Les Sociétés de secours mutuels en Angleterre Leur Législation, leur Développement

A peine sortie de terre en France, la Mutualité est en pleine floraison en Angleterre, grâce à un régime de liberté, sagement tempéré, en vigueur depuis deux siècles bientôt.

Les premières Sociétés anglaises furent créées par des protestants, auxquels la révocation de l'Edit de Nantes avait fait chercher une nouvelle patrie au-delà de la Manche. En 1703, une première association se fonde dans la paroisse de Bethnalt Grien, à Londres, et prend le titre de : *Société Normande*, qu'elle porte encore aujourd'hui. En 1764, dans la même paroisse paraît la Société de : *Haute et Basse Normandie*, et, en 1765, la Société des : *Picards et Vallons*. Ces diverses associations se composèrent, au début, uniquement de Français, qui trouvaient dans leur sein une consolation à l'exil. Mais l'esprit pratique des Anglais comprit de bonne heure tous les avantages de l'Association mutuelle, et les Sociétés de secours mutuels ne tardèrent point à prendre un essor considérable.

Les Sociétés de secours mutuels anglaises possèdent depuis longtemps des tables de mortalité et de morbidité qui leur permettent de déterminer exactement le chiffre des cotisations périodiques nécessaires à la garantie des risques ou des avantages qu'elles offrent.

Dès 1783, le docteur Price faisait paraître la table dite de *Northampton*, table dont les calculs étaient basés sur la mort de 4,682 personnes pendant la période de 1735 à 1780 dans la paroisse de *Tous les Saints*, à Northampton.

En 1815, parut la table de Carlisle, construite d'après les renseignements fournis par la ville de Carlisle.

En 1835, la table de M. Ansell ; enfin, en 1840, celle de M. Neison, de beaucoup plus importante, puisqu'elle détermine la loi générale de la mortalité pour toute l'Angleterre et le pays de Galles, et la loi de la mortalité parmi les Sociétés de secours mutuels du pays de Galles et d'Ecosse. Cette table fit ressortir pour la première fois un fait considérable : c'est que la durée moyenne de la vie est plus longue dans les associations mutuelles que parmi la population prise en générale. D'autre part, on est porté à croire que la vie est plus longue pour les riches que pour les pauvres, tandis que, scientifiquement, la vie est plus longue dans les classes qui possèdent le nécessaire et n'ont point de superflu.

Quoique fondées dans un pays où la liberté d'association est garantie par la Contitution même, les Sociétés de secours mutuels anglaises *(friendly societies)* sont régies, de par la nature même de leurs opérations, par différents *bills* ou *acts*, dont le dernier est *l'act* du 11 août 1875, modifié, complété ou interprété par *des acts* ultérieurs des 24 juillet 1876, 23 mai 1879, 10 août 1882, 25 août 1883 et 16 juillet 1885.

Pour bénéficier des avantages accordés par cette législation, les Sociétés doivent être enregistrées *(registered)*. Si cette formalité n'est pas remplie, les *friendly societies* n'en existent pas moins légalement, mais elles sont alors soumises à la loi générale des associations *(companies a its)* sans pouvoir prétendre à certaines faveurs, qui seront énumérées plus bas.

Le but des *friendly societies* est limité aux objets suivants où à l'un d'eux :

Secours aux membres...
- pour cause de maladie ou de toute autre infirmité corporelle ou mentale ;
- pour vieillesse ;
- à l'occasion du veuvage ;
- à l'occasion d'un voyage à la recherche d'un emploi ;
- à l'occasion d'infortunes ;
- à l'occasion de naufrages ;
- à l'occasion de perte ou dégradation des bateaux ou filets.

Secours........
- aux mariés..........
- aux femmes.........
- aux enfants..........
- au père..............
- à la mère............
- aux frères et sœurs...
- aux neveux et nièces.

des membres
- pour cause de maladie ou autre infirmité corporelle ou mentale ;
- pour vieillesse ;
- pour veuvage ;

- aux pupilles ....
- aux orphelins........

pendant leur minorité.

Payement d'une somme......	à la naissance d'un enfant du sociétaire ;		
	à la mort du sociétaire ;		
	pour frais funéraires.	du mari ;	
		de la femme.	d'un sociétaire ;
		d'un enfant.	
		de la veuve d'un sociétaire décédé ;	
	pendant la période de deuil des juifs ;		
Assurance contre l'incendie.	des outils et instruments de travail...	des sociétaires.......	la somme assurée ne peut excéder 375 francs.
Dot............	des sociétaires ou de toute autre personne désignée par un sociétaire...		à tout âge.

Dans l'usage, fait remarquer l'auteur de l'annuaire officiel des *friendly societies*, d'où sont extraits ces renseignements, les Sociétés se fondent surtout dans le but :

1° De secourir les membres dans la maladie par l'allocation soit d'indemnités pécuniaires, soit de frais médicaux et médicaments ;

2° De payer une somme en cas de décès, généralement pour les frais funéraires.

Une Société, fondée dans l'un des buts désignés dans le tableau ci-dessus, a droit à être enregistrée. (Il faut qu'elle ait plus de 7 membres.)

Toute Société qui s'en écarterait ne pourrait être considérée comme *friendly society*, ni être enregistrée comme telle. Cependant, la Trésorerie peut autoriser une Société à se fonder en vue d'un autre objet. Cette autorisation, qui reste à la discrétion des lords de la Trésorerie, a pour effet d'assimiler la Société aux *friendly* et de la placer sous le régime de *l'act* de 1875. Elle porte alors le nom de « *specially autorised society* ».

En fait, cette autorisation a été accordée à des Sociétés ayant pour objet l'assurance contre le chômage, contre les procès téméraires, etc., la diffusion des beaux-arts, des sciences, de la littérature, de la musique, etc...

L'enregistrement est placé dans les attributions du *regestry office* composé, comme suit :

Pour l'Angleterre, d'un office comprenant le *chief registrar* et un assistant, un chef de bureau et des employés.

Pour l'Ecosse, d'un *assistant registrar*.

Pour l'Irlande, d'un *assistant registrar*.

Ces fonctionnaires doivent justifier de certaines conditions d'aptitude. Ils sont subordonnés à la Trésorerie.

Ils ont la franchise postale.

Dans la pratique, les demandes d'enregistrement, dressées dans une forme déterminée par les lois et règlements, sont adressées avec les statuts, pour l'Angleterre, à l'office central. Si ces documents sont corrects en la forme, ils sont examinés par l'*assistant*, qui y introduit les rectifications nécessaires ou, si de trop nombreuses corrections sont indispensables, les renvoie à la Société pour qu'elle y procède elle-même.

Ensuite, les pièces qui paraissent régulières sont soumises au *chief registrar*, qui peut encore les reviser.

Finalement, ils sont revêtus du sceau du *central office* ou dans certains cas de la signature même du *chief registrar*.

L'enregistrement est gratuit, sauf pour les Sociétés spécialement autorisées, qui payent pour l'enregistrement 1 guinée (26 fr. 25 c.) ou 25 fr., suivant le cas.

De même pour les offices spéciaux à l'Ecosse et à l'Irlande. Quand l'office accorde l'enregistrement, c'est-à-dire quand toutes les prescriptions de la loi sont remplies, mention de l'enregistrement est faite sur chaque exemplaire des statuts renvoyés à la Société.

Cette mention fait foi de l'enregistrement, mais elle ne prouve pas que les statuts sont légaux, encore moins qu'ils sont établis sur des bases sûres. Le *registrar* n'est pas un juge, il est seulement un homme de loi expérimenté, et la mention d'enregistrement qu'il appose exprime que, dans son opinion, la Société a accompli toutes les formalités requises pour l'enregistrement. S'il se trompe, c'est aux cours de justice à reconnaître en quoi. Le *registrar* n'a pas à s'occuper de la question de savoir si les conditions d'organisation de la Société sont sages et prudentes ou vicieuses.

Si le *registrar* refuse l'enregistrement, l'*act* de 1875 accorde le pourvoi : Du *chiefs registrar* pour l'Angleterre à la Cour du Banc de la Reine, maintenant division du Banc de la Reine de la Haute Cour de Justice d'Angleterre ;

De l'*assistant registrar* pour l'Ecosse à la Cour de session ;

De l'*assistant registrar* à la Haute Cour de Justice de Dublin, division du Banc de la Reine.

Les rédacteurs de l'Annuaire font remarquer que la procédure de ces appels n'est pas réglée par la loi ou ses règlements ; ils ajoutent que c'est probablement par la simple raison que jusqu'à présent aucun pourvoi n'a été formé.

L'*act* de 1875 a réglé le retrait ou la suspension de l'enregistrement ; ils sont prononcés par les mêmes autorités qui sont chargés de l'enregistrement.

Le retrait peut être sollicité volontairement par les Sociétés ou prononcé par voie d'autorité.

La suspension ne peut être volontaire.

La demande de radiation doit être motivée par une raison grave comme une dissolution ou l'impossibilité de fonctionner ; elle ne peut être admise quand on reconnaît qu'elle a pour but de soustraire la Société à l'exécution de ses engagements.

La radiation forcée est prononcée :

Quand l'enregistrement a lieu par fraude ou par erreur ;

Quand la Société a un objet illégal ;

Quand la Société a volontairement, malgré un avis du *registrar*, violé les prescriptions de l'*act ;*

Quand la Société a cessé d'exister.

La suspension peut frapper les Sociétés pour le même motif. Elle est prononcée par le *registrar* pour trois mois, elle peut être renouvelée avec l'approbation de la Trésorerie ou enfin avec cette même approbation être transformée en retrait d'enregistrement.

La radiation et la suspension sont publiées dans le *Journal Officiel* de chacune des trois îles.

Les mêmes moyens d'appel que ci-dessus sont ouverts contre toute décision portant retrait d'enregistrement.

Il en est de même de la suspension, mais seulement quand elle est renouvelée après la première période de trois mois.

Chaque Société doit faire enregistrer de la même manière que ses statuts primitifs : les modifications ultérieures, tout changement de siège social, la nomination de nouveaux commissaires, diverses autres mesures graves *(par exemple, changement de nom, profession, transformation, etc.)*, spécialement prévues par la loi, la dissolution.

Elle envoie au *registrar :*

Tous les ans, un rapport annuel indiquant les recettes et les dépenses, les fonds et biens de la Société et le nombre de ses membres;

Tous les cinq ans, un inventaire de son passif et de son actif avec l'estimation des risques et des provisions qui y sont affectées;

Le tout dressé par un auditeur de compte ou un actuaire choisi en pratique parmi ceux accrédités par la Trésorerie ou le *registrar*.

Les *friendly societies* jouissent des avantages légaux dont l'énumération suit :

1° Etre propriétaire de tous biens immobiliers ou mobiliers sous le nom des administrateurs ou fidéi-commissaires *(trustees)* nommés par la Société (la *propriété passe de plein droit aux administrateurs successifs par le seul fait de leur nomination)*, et faire sous le nom de *trustees* tous les actes relatifs à ces droits;

2° Une Société non enregistrée ne peut poursuivre les fraudes commises par ses membres qu'en cas de vol ou de détournement, une Société enregistrée peut obtenir la condamnation sommaire de toute personne qui obtiendrait la possession de bien quelconque des biens sociaux par imposture ou fausse déclaration;

Qui, ayant légalement la possession des biens sociaux, les détient à tort ou les détourne ;

Qui applique volontairement quelque partie que ce soit des biens sociaux à un but non prévu par les statuts ou non autorisé par l'*act* ;

La peine est une amende de 500 francs au maximum, plus les frais et, à défaut de payement, l'emprisonnement avec ou sans travail forcé pour trois mois au plus ;

3° Si un administrateur de la Société meurt, fait faillite ou devient insolvable, ou si une saisie est pratiquée contre lui alors qu'il détient les fonds ou biens de la Société par suite de ses fonctions, les fidéi-commissaires ont qualité pour revendiquer les fonds ou biens par préférence aux autres créanciers ;

4° Quand le fidéi-commissaire quitte le Royaume-Uni, qu'il tombe en faillite, qu'il est frappé d'aliénation mentale, qu'il meurt, qu'il est révoqué, ou quand on ne sait s'il est vivant ou mort, la Société enregistrée, au lieu d'être obligée de s'adresser à la Haute Cour de Justice et d'employer les procédures ordinaires, peut obtenir que son actif soit bien fixé au nom du nouveau fidéi-commissaire en vertu d'une décision du *chief-registrar*, dont le coût est de 25 francs ;

5° Les documents émanant des Sociétés anglaises sont, pour la plupart, exemptes de la taxe postale ;

6° La Société peut admettre des membres au-dessous de 21 ans (mais au-dessus de 16), et elle peut réclamer l'exécution de leurs engagements, qui seraient en droit commun dénué de tout effet ;

7° Les actes de naissance ou de décès relatifs au service de la Société sont délivrés au prix réduit de 1 fr. 25 pour le premier exemplaire et 0, 60 c. pour les autres ;

8° Une Société enregistrée à la facilité de placer ses fonds au compte des commissaires de la Dette nationale avec un intérêt privilégié successivement abaissé de 0,125 0/0 par jour ou 4,56 0/0 par an à 0,083 0/0 par jour ou 3 0/0 par an. (*La loi prévoit comme autres modes de placement, les placements aux Caisses d'épargne, en fonds publics, en terres, en immeubles bâtis et généralement tous placements garantis par des sûretés réelles ; mais dans les conditions de droit commun* ;)

9° Les sociétés enregistrées ont certains privilèges dans la tenue des terres, dans les prêts hypothécaires ;

10° Les administrateurs sont tenus de rendre compte des fonds ou biens sociaux en leur possession, et de les rendre à toute réquisition, à peine d'y être contraints par les cours de Comté ;

11° Les litiges peuvent être jugés dans les formes prévues par les statuts ; si la décision n'est pas rendue dans les quarante jours, ils sont soumis aux cours de Comté, ou, si les deux parties y consentent, et si les statuts ne s'y opposent pas, au *chief registrar* ;

12° Les membres des sociétés enregistrées ont le privilège de pouvoir assurer à leur profit le paiement d'une somme à la mort de leur femme et enfants, sans avoi à justifier qu'ils ont un intérêt pécuniaire attaché à la vie de la personne décédée. (*Pareille assurance serait nulle, aux termes d'un act du Parlement, si elle était contractée près d'une société non enregistrée* ;)

13° Les membres des sociétés enregistrées constituées en vue d'une assurance, en cas de décès peuvent disposer de la somme assurée (2.500 fr. au plus), payable à leur mort par la société, au moyen d'une simple déclaration par écrit, dans les formes testamentaires ; cette déclaration émane valablement d'une personne de 16 ans, alors qu'elle ne pourrait tester avant 21 ans ;

14° Quand il n'y a ni testament ni déclaration, les *fidéi-commissaires* peuvent attribuer la somme assurée à la personne qui leur semble devoir en bénéficier. En droit commun, il faudrait *des lettres de la Chancellerie*, et le bénéficiaire serait tenu des dettes du décédé ;

15° Les sommes assurées au profit d'un membre de naissance illégitime doivent lui être payées comme s'il était légitime. (En *droit commun*, elles *feraient retour à la Couronne*) ;

16° Les sociétés peuvent réclamer les services des auditeurs, des comptes et des actuaires publics, à un taux d'honoraires fixé par la loi ou les règlements de la Trésorerie ;

17° Les statuts ou autres documents importants peuvent être placés dans les archives des offices publics, et des copies authentiques peuvent être délivrées qui font foi en justice ;

18° Les sociétés enregistrées qui assurent un capital n'excédant pas 5.000 fr. ou une rente viagère inférieure à 750 fr. ne sont pas soumises aux taxes sur le revenu.

D'après une des dernières statistique, les sociétés enregistrées sont au nombre de 13.000 en Angleterre, 500 en Écosse, 1.400 en Irlande, soit pour le Royaume-Uni, pris dans son ensemble : 15.000 sociétés approuvés légalement. L'avoir de ces sociétés était de 600 millions de francs, et le nombre des membres participants les composant de 5 millions.

L'union entre sociétés est largement pratiquée en Angleterre et a produit des résultats à juste titre qualifié de : *Victorieux*.

Deux sociétés anglaises, notamment, laissent loin derrière elles toute concurrence. Les *originaux de l'unité de Manchester* compte plus de 600.000 membres. *L'ancien ordre des Forestiers* tout autant.

Et dire que l'on discute sérieusement, en France, si l'on devra permettre aux sociétés mutuelles de se composer de plus de 1.000 membres !

Si à ces chiffres on ajoute ceux fournis par les associations libres, si on met en ligne de compte les *Trades-Unions*, qui possèdent en partie une Caisse de prévoyance, on peut affirmer que plus de 10 millions de personnes jouissent en Angleterre des bienfaits de la Mutualité.

CHAPITRE VIII

La Mutualité en Belgique et en Italie

Les sociétés de secours mutuels sont régies en Belgique par une loi du 3 avril 1851, complétée par un arrêté du 2 décembre 1874, loi et arrêté ayant pour but de déterminer la *reconnaissance* légale des associations. L'article 1 de la loi de 1851 permet aux sociétés de se constituer dans le but d'assurer des secours temporaires, soit à leurs membres en cas de maladie, de blessures ou d'infirmités, soit aux veuves ou aux familles des associés décédés, soit de pourvoir aux frais funéraires, de faciliter l'accumulation des épargnes pour l'achat de denrées ou autres nécessités temporaires ;

En aucun cas, les sociétés ne peuvent garantir des pensions viagères.

L'article 2 stipule que les sociétés qui voudront être *reconnues* devront adresser leurs statuts à l'administration communale, qui les remettra, dans un délai de un mois, au Conseil provincial.

D'après l'article 3, les sociétés reconnues jouissent des avantages suivants :

1° Faculté d'ester en justice ;

2° Exemption des droits de timbres et d'enregistrement, actes de notoriété et autres ;

3° Faculté de recevoir des donations et legs d'objets mobiliers.

L'article 8 stipule que le bourgmestre ou son délégué pourra assister aux séances des sociétés reconnues.

L'article 9 oblige les sociétés à adresser annuellement à l'administration communale le compte rendu de leurs recettes et dépenses.

L'arrêté du 2 décembre 1874 complète les lacunes de la loi :

D'après l'article 1, les statuts des sociétés de secours mutuels qui demandent à être reconnues, conformément à la loi du 3 avril 1851, mentionneront :

1° Les objets en vue desquels l'association est formée dans les limites indiquées par l'article 1 de cette loi ;

2° Les conditions et le mode d'admission des membres honoraires et effectifs et le taux de leur cotisation ;

3° Le mode d'élection et de composition de la commission d'initiative ;

4° Le taux des indemnités et autres avantages accordés aux sociétaires en cas de maladie ou infirmité ;

6° Le mode de règlement des comptes ;

7° Le genre de placement des fonds disponibles.

L'article 2 stipule qu'il ne sera reçu aucune contribution, ni fait aucun emploi de fonds pour des objets non prévus par les statuts.

D'après les articles 3, 4 et 5, la dissolution ne peut être prononcée que par une assemblée générale, aux 3/4 des voix et approuvée par le gouvernement.

Enfin, l'article 6 réserve la révocation de la reconnaissance pour le cas de non observation des articles qui précèdent, ou si la société tendait à susciter des coalitions ou des désordres.

Malgré les avantages de la loi, les mutualistes belges préfèrent le droit commun, si nous en jugeons par les statistiques. En effet, tandis que les sociétés reconnues sont après quarante ans au nombre de 500 à peine, c'est par milliers que l'on compte les sociétés de secours mutuels libres de toute attache gouvernementale. Le bénéfice de la Mutualité s'est étendu au domaine agricole et la personnification civile à été accordée à des sociétés qui paient à leurs membres des indemnités en cas de pertes ou d'accidents survenus dans le bétail.

Les fonds des sociétés mutuelles peuvent en Belgique être déposés dans tous les bureaux de poste, et les sociétés ont la faculté de retirer au fur et à mesure de leurs besoins. Ces fonds portent intérêt et les bureaux de poste se chargent également du placement, au cours du jour, des fonds de réserve en rentes sur l'Etat. Les fonctions des administrateurs se trouvent ainsi modifiées et simplifiées par le concours de l'Etat.

La plupart des sociétés belges sont fédérées dans chaque province, et ces fédérations, à leur tour, forment la Fédération Nationale.

Cette union des sociétés a produit des résultats pratiques, comme partout où elle sera appliquée avec sagesse. Nous ne citerons qu'un seul exemple, mais il est typique. On sait, en France, combien le service pharmaceutique est onéreux pour les sociétés.

En Belgique, la caisse sociale de nombre de sociétés ne pouvant plus supporter ces frais, force avait été de supprimer des statuts ce service pourtant si important et qui touche de si près la bourse des travailleurs. C'est dans ces circonstances que la Fédération de Bruxelles créa, en 1882, les pharmacies populaires sur des bases coopératives. 37 sociétés syndiquées ouvrirent d'abord 2 officines. Aujourd'hui, les 72 sociétés unies possèdent six pharmacies et un dépôt central. D'après un rapport publié à la suite du concours Mutualiste de Bruxelles, en 1888, par M. Henri Schœnfeld, voici les résultats obtenus par quelques sociétés ;

La Société des typographes s'était engagée pour une somme de 700 fr., et avait versé effectivement 350 fr. En 1883, elle touchait 14 fr. d'intérêt et 216 fr. 30 de dividende; en 1884, 312 fr.; en 1885, 594 fr.; en 1886, 740 fr.; en 1888, 986 fr., plus 216 fr. de dividende de réserve de 1882.

La Société des bronziers, pour un versement unique de 250 fr., a reçu en dix années une somme de 2.870 fr.

La Société des bijoutiers, 2.147 fr. 74 pour 250 fr. versé.

La Caisse de prévoyance des ouvriers de la ville, pour 525 fr. versé en 1886, a reçu l'année suivante 1.971 fr.

Les Jeunes Abeilles, actionnaires pour 325 fr., ont reçu, en 1887, une somme de 1.188 fr. 22.

La Fraternelle Belge a touché, en 1888, un dividende de 1.768 fr. 87 et autant de réserve pour une dépense sociale en médicaments, de 1.317 fr.

La Fédération nationale des sociétés mutuelles à pour organe officiel : le *Mutualiste*, qui se publie à Bruxelles depuis 4 ou 5 ans. Un autre journal mutualiste : le *Coopérateur Belge*, de Namur, existe d'ailleurs depuis 20 ans.

Pour donner une idée du principe de liberté dont jouissent les sociétés belges, il suffira de savoir que, lors du Congrès des sociétés mutuelles, tenu à Namur en 1891, M. Renard, un dévoué mutualiste, a demandé la réglementation des heures de travail. Son discours, vivement applaudi, a provoqué un vœu unanime des congressistes en faveur de la réglementation préconisée par l'orateur.

Ajoutons que la Belgique va être dotée, dans un temps prochain, d'une nouvelle loi sur les associations mutuelles, loi déposée actuellement au Parlement belge.

ITALIE

En Italie, les associations mutuelles furent soumises au droit commun jusqu'en 1886. A cette époque, une législation spéciale les concernant fut promulguée. La loi italienne est très curieuse à étudier, en ce sens que les législateurs se sont inspirés de toutes les données connues jusqu'aujourd'hui.

Loi du 15 avril 1886, sur la reconnaissance des Sociétés de Secours Mutuels

« Article Premier. — Peuvent acquérir la personnalité civile, dans les « formes prescrites par la loi, les sociétés ouvrières de secours mutuels qui se

« proposent les résultats suivants ou l'un d'eux : assurer à leurs sociétaires
« des subsides en cas de maladie, de chômage forcé ou de vieillesse ; venir en
« aide à la famille du sociétaire défunt.

« Art. 2. — Les sociétés de secours mutuels pourront, en outre, concourir
« à l'éducation des associés et de leur famille ; leur fournir les moyens d'ac-
« quérir les instruments de leurs métiers ou de pratiquer les diverses combi-
« naisons que comportent les institutions de prévoyance ; mais, dans chacun
« des cas, on devra *spécifier la dépense qui en résultera et le moyen d'y*
« *faire face, afin de balancer l'une par l'autre.* A part les frais d'administra-
« tion, le capital social ne peut être amoindri à d'autres fins que celles indi-
« quées dans cet article et dans celui qui le précède (1 et 2).

« Art. 3. — La constitution de la société ou l'approbation de ses statuts
« doivent être établies par actes notariés (sauf les exceptions prévues par les
« articles 11 et 12 de la présente loi et de l'article 136 du Code de commerce,
« qui statuent exceptionnellement sur les sociétés existantes) ;

« Les statuts devront déterminer expressément : le siège de la société ; le but
« qu'elle se propose ; les conditions d'admission et d'exclusion des associés ;
« leurs obligations et leurs droits ;

« *Les règles et les précautions nécessaires à la conservation du patri-*
« *moine social* ; celles concernant la discipline des assemblées ;

« Les conditions nécessaires à leur validité : celles des élections et des déli-
« bérations ;

« L'obligation de rédiger le procès-verbal des assemblées générales, de la
« commission exécutive et du comité de contrôle et de surveillance ;

« La formation des assemblées exécutives et du comité de surveillance, avec
« l'indication de leurs attributions respectives ;

« La constitution de la représentation sociale en justice et au dehors ;

« Les conditions particulières dans lesquelles on pourra prononcer la disso-
« lution de la société, sa prorogation et les modifications aux statuts en tant
« qu'elles ne seront pas contraires aux articles précédents.

« Art. 4. — La demande d'enregistrement de la société sera faite au greffe
« du tribunal civil avec la copie authentique de l'acte constitutif notarié des
« statuts. Le tribunal, après avoir vérifié l'accomplissement des conditions
« exigées par la présente loi, ordonnera la transcription et l'affichage des
« statuts, suivant la forme exigée par l'article 31 du Code de commerce :

« Les formalités accomplies, la Société aura la personnalité civile et consti-
« tuera un être collectif distinct de la personne des associés ;

« Les modifications de l'acte constitutif ou des statuts seront soumises aux
« mêmes formalités.

« Art. 5 – Les administrateurs de la Société doivent être au nombre des

« associés effectifs. Ils en sont les mandataires temporaires et irrévocables, et « dispensés de donner caution. Ils sont personnellement et solidairement « responsables : de l'accomplissement des devoirs inhérents à leur mandat ; « de la sincérité des faits exposés dans le compte rendu social ; de l'observa- « tion complète des statuts sociaux.....

« Outre la responsabilité civile, les administrateurs ou liquidateurs de la « Société qui auront énoncé des faits mensongers, relatifs à la Société ou « auront dissimulé des faits qui intéressent la condition du compte rendu ou « les changements intervenus dans les assemblées générales, seront punis « d'une amende de 100 francs, sous réserves des peines édictées par le Code « pénal.

....

« Art. 7. — Si une Société contrevient à l'article 2 de la présente loi (cotisa- « tion proportionnelle aux risques et affectation spéciale pour chacun d'eux), « le tribunal l'invitera à s'y conformer, sur la demande d'un associé ou du « ministère public, dans la quinzaine, faute de cela elle sera rayée du nombre « des Sociétés autorisées.

« Art. 8. — Les dons ou legs qu'une Société autorisée aura reçus à perpétuité « pour un emploi déterminé seront distincts du patrimoine social et employés « conformément aux vœux du donateur.

« Art. 9. — Les Sociétés enregistrées auront le privilège :

« 1° D'être exemptes de la taxe de l'enregistrement et du timbre ;

« 2° De la taxe des assurances et de la richesse mobilière ;

« 3° De l'impôt des œuvres de bienfaisance, des droits de timbre et d'enregis- « trement, de l'impôt de succession et de transmission entre vifs.

« Art. 10. — La Société devra transmettre son bilan et ses statuts au minis- « tère, ainsi que les statistiques qui lui seront demandées.

« Art. 11. — Les Sociétés existantes devront modifier leurs statuts confor- « mément à l'article 3 de la présente loi pour obtenir la personnalité civile.

« Art. 12. — Les Sociétés déjà existantes et non reconnues comme personnes « morales, mais dont les statuts sont conformes aux articles 1, 2, 3, admises « sur leur demande, en produisant une copie authentique de leurs statuts.

La loi italienne, comme on le voit, a été inspirée surtout par la législation anglaise, elle peut servir de statuts modèles aux organisateurs de mutualités. Ce qu'il y a de plus remarquable, ce sont les articles 1 et 2, qui spécifient les objets qui peuvent faire partie de l'assurance mutuelle et qui obligent les Sociétés à la *spécification des dépenses et à la péréquation des risques et des cotisations.*

En dehors des Sociétés enregistrées, les mutualités italiennes n'ont pas d'état civil ; elles se constituent librement, sans intervention de l'autorité, sous les auspices de l'art. 32 du statut national, qui consacre le droit de réunion. Le gouvernement ne s'est réservé aucune ingérence dans la vie des Sociétés qui veulent se grouper, suivant le droit commun, ainsi qu'il leur plaît. Il ne leur donne rien et ne leur demande rien que le respect des lois du pays. Elle peuvent donc s'administrer et s'organiser librement. La faculté de disposer de leurs fonds et de les employer est absolue. En renonçant à l'enregistrement, elles ne renoncent qu'aux avantages indiqués à l'article 9 (1).

Ajoutons que la Mutualité italienne a une tendance marquée à adopter la cotisation proportionnelle à l'âge.

Ce n'est qu'à peu de voix de majorité que la Chambre italienne a rejeté ce principe pour la nouvelle loi. Le rapporteur de la loi, ainsi que la Commission toute entière, en étaient partisans.

« Au concours de Milan (1885), disait le rapporteur, sur 250 Sociétés qui « présentaient leurs statuts, presque toutes avaient adopté la cotisation propor- « tionnelle à l'âge, et nous estimons qu'aucune Société ne peut vivre longtemps « si elle n'adopte cette règle essentielle. »

Nous ne pouvons mieux terminer cette esquisse de la législation italienne qu'en faisant connaître une circulaire remarquable que le Ministre italien adressait le 18 avril 1886 aux Sociétés de secours mutuels, en leur notifiant la promulgation de la nouvelle loi.

Extrait de la circulaire ministérielle du 18 avril 1886

« La loi sur les Sociétés de secours mutuels qui vient d'être promulguée est « la plus libérale qui existe. En lui donnant leur approbation, le Gouvernement « et le Parlement se sont inspirés des vœux maintes fois exprimés par les « associations ouvrières et ont voulu manifester ainsi la confiance que leur « inspirent les bons sentiments des classes laborieuses qui ont donné la preuve « qu'elles savent faire usage de la liberté pour leur progrès moral et écono- « mique. Voilà pourquoi le Gouvernement ne s'est réservé aucune ingérence « dans la vie des Sociétés. La loi détermine seulement la nature de leurs « opérations, les limites de leurs statuts, et fixe les règles de leur existence « dont l'autorité judiciaire assure les conditions intrinsèques en la rappelant « à l'observation de la loi, afin qu'elle obtienne les résultats en vue desquels « l'État leur a accordé ses faveurs. Il est nécessaire, non seulement à cause du « respect que chacun doit à la loi, mais aussi dans l'intérêt, bien entendu, des

(1) La Société de secours mutuels. Législation comparée qui les régissent, par A. Villard.

« Sociétés de secours mutuels, qu'elles ne sortent pas des limites qui leur ont « été assignées et qui sont suffisamment étendues pour embrasser les formes

« ordinaires les plus légitimes et les plus utiles aux Sociétés de prévoyance. « La loi ne subordonne l'octroi de la personnalité civile à la preuve préalable « de règlements déterminés, ainsi que l'exigent toutes les législations étran- « gères, — *qu'afin de s'assurer que les moyens des Sociétés sont égaux aux « résultats qu'elles veulent atteindre et qu'elles puissent, de la sorte, main- « tenir les engagements et les promesses à longue échéance qu'elles ont « faites à leurs associés.*

« Mais je manquerais à mes devoirs et à la sympathie que m'inspirent les « associations ouvrières, ajoute le Ministre, si je négligeais à cette occasion de « leur adresser les prières les plus vives, pour qu'en aucun cas elles ne « mettent en oubli les règles techniques qui peuvent seules assurer leur exis- « tence et leur épargner des désillusions, d'autant plus déplorables, qu'elles « retomberaient sur d'honnêtes ouvriers qui, pendant de longues années, ont « cultivé, avec une abnégation digne d'éloges, le sentiment de la prévoyance, « afin de s'assurer un modeste subside pour les temps où ils seront incapables « de travailler. Il sera également utile que, pour les risques résultant d'acci- « dents, les ouvriers s'adressent à la Caisse nationale instituée dans ce but, et « qui peut offrir des conditions avantageuses pour cette branche de la pré- « voyance.

« Bien que ce ne soit pas imposé par la loi, il est à désirer que les Sociétés « de secours mutuels, en formulant leurs statuts, ne négligent pas la précau- « tion technique et les principales règles que la Commission centrale des « institutions de prévoyance a édictées pour elles. C'est ainsi qu'il importe que « les Sociétés ne se constituent pas avec un nombre de membres trop limité. « Au lieu de s'appliquer à créer de nouveaux centres, il est préférable que les « ouvriers s'adjoignent en plus grand nombre à ceux qui existent déjà, pourvu « que ce soit possible. Une Société de secours mutuels peut, en effet, atteindre « son but avec d'autant plus de facilité que le nombre des associés qui la « composent est plus grand. C'est aussi une règle utile et recommandable « d'avoir *un fonds spécial pour chaque risque et d'exiger pour chacun « d'eux une cotisation proportionnelle.*

« Le ministère, qui a toujours suivi avec le plus vif intérêt le développement « des Sociétés de secours mutuels, ne cessera, maintenant qu'elles sont réglées « par une loi nouvelle, de leur prodiguer les soins les plus assidus et de faire « tous ses efforts pour faciliter leur marche. Voilà pourquoi je n'entends pas « prendre congé, dès maintenant, des Sociétés de secours mutuels, mais leur « donner simplement des conseils et des renseignements qui favorisent leur « constitution légale et rendent plus sûre leur existence..... Cette office

« incombe à mon administration, et j'entends qu'il soit répondu à toutes les « demandes et à toutes les réclamations des Sociétés, soit par des conseils, « soit par des instructions, *surtout en ce qui concerne la proportionnalité « entre leurs moyens et le but qu'elle veulent atteindre.*

CHAPITRE IX

La Mutualité obligatoire en Allemagne

En Allemagne, l'assurance contre la maladie, les accidents et la vieillesse est obligatoire en vertu des lois suivantes :

1° Loi du 15 juin 1883, relative aux caisses d'assurance *obligatoires* contre la maladie ;

2° Lois des 6 juillet 1884 et 27 mai 1885, relatives à l'assurance *obligatoire* contre les accidents de fabrique ;

3° Loi du 5 mai 1886, relative à l'assurance contre les accidents et les maladies des personnes occupées dans les exploitations agricoles et forestières ;

4° Loi du 22 juin 1889, relative à l'assurance contre la vieillesse et les invalides du travail.

Loi du 10 avril 1892 portant modification de la loi du 15 juin 1883 *(assurance contre la maladie).*

Les mutualistes qui désireraient connaître le texte complet de ces lois le trouveront dans le rapport fait, au nom de la Commission d'enquête des Sociétés de secours mutuels, par M. Marie, membre agrégé de l'Institut des actuaires financiers (Melun, imprimerie administrative, 1893).

L'étude de ces lois allemandes a été faite par divers économistes français, notamment par M. P.-A. Leroy.

M. Emile Bérard, président de la *Société de Blidah*, a condensé dans un chapitre de son ouvrage : l'*Assistance mutuelle en 1890* (1), les données connues du socialisme d'Etat allemand. Ce qui suit est emprunté à son remarquable travail :

« Avant le vote de la loi créant les caisses d'assurances obligatoires contre « les maladies, il existait en Allemagne un certain nombre de caisses de « secours.

(1) *L'Assistance mutuelle en 1890*, par M. E. Bérard (Blidah, imprimerie A. Mauguin 1891).

« Et notamment :

« 1° Les caisses de mineurs (Knappschaft-Kassen), fondée en vertu des lois « des Etats particuliers, relatives à l'exploitation des mines ;

« 2° Les caisses pour les compagnons et les apprentis des membres des « corporations réorganisées par la loi d'Empire, du 18 juillet 1881, sous le nom « de caisses corporatives de maladies (Innungs-Krankentrassen).

« 3° Les caisses formées par le libre concours des travailleurs, exclusivement « administrées et alimentées par eux-mêmes, savoir :

« *a)* Les caisses dites inscrites, correspondant à *nos sociétés approuvées* ;

« *b)* Les caisses libres de secours, assimilables à *nos sociétés autorisées* ;

« En vertu de la loi du 15 juin 1883 précitée, toutes les personnes qui sont « occupées, contre appointement ou salaire, dans les mines, salines, préparations « de minerais, carrières, fabriques, hauts-fourneaux, dans les chemins de fer, la « navigation intérieure, dans les ateliers mécaniques et les ateliers de « construction, dans des métiers à profession à demeure fixe, dans les « fabriques où existent des moteurs mécaniques mis en mouvement par la « vapeur, l'eau, le gaz, le vent, l'air chaud, etc., à moins que ces moteurs « mécaniques ne soient employés que passagèrement, *sont soumises à* « *l'assurance* quand leurs gains *annuels* ne s'élèvent pas à 2.000 marcs « (2.500 fr.), *à moins toutefois qu'elles n'appartiennent à une des caisses* « *libres mentionnées ci-dessus ou qu'elles ne soient occupées, moyennant* « *un traitement fixe, dans les fabriques ou ateliers de l'Etat ou d'une* « *commune.*

« Il a fallu, pour mener à bien cette réforme, enlacer, comme dans un « réseau, des millions de travailleurs, qui, jusque-là, étaient restés rebelles à « l'idée de la Mutualité.

« L'entreprise était hardie, mais le Gouvernement allemand a été plus « hardi encore.

« Il n'a pas songé, un seul instant, à faire de la propagande officielle, à peser « sur les esprits, à convaincre le peuple.

« Il a obligé purement et simplement tous les patrons à supporter, de leurs « deniers, les frais de maladie de leurs ouvriers, dans le cas où ceux-ci « n'appartiendraient pas à une caisse d'assurance.

« Et, en retour, il a autorisé les patrons à retenir à leurs ouvriers, à chaque « paye, sur leurs salaires, les deux tiers des cotisations nécessaires au bon « fonctionnement des caisses, *le dernier tiers restant à la charge des* « *patrons.*

« La loi du 15 juin n'a modifié en rien la situation des caisses de secours « mutuels libres ; ces caisses ont conservé toute leur indépendance, et il est « toujours loisible d'en créer de nouvelles.

« Les caisses d'assurances obligatoires cessent leur secours au plus tard

« à l'expiration de la 13e semaine, à compter du jour où la maladie a « commencé.

« Après ces 13 semaines, les frais de traitement tombent à la charge de « l'Assistance publique.

« Au 31 décembre 1886, il existait, en Allemagne, 19.238 caisses d'assurance « (obligatoires ou libres) contre les maladies.

« Leur effectif total était de 4.570.087 membres, sur lesquels 912.600 « appartenaient à des Sociétés libres.

« Ces caisses sont divisées en 4 catégories :

« 1° Les caisses communales ;

« 2° Les caisses locales dont font partie, en général, 100 membres au « moins ;

« 3° Les caisses de fabriques ;

« 4° Les caisses de construction.

Caisses communales

« Les caisses communales sont instituées pour les personnes qui n'appar- « tiennent ni à une caisse locale, ni à une caisse de fabrique, ou bien à une « caisse de construction, à une caisse corporative, à une caisse de mineurs, « ni à une caisse d'assurances contre les maladies, approuvée ou autorisée, « dites toutes deux *Caisses libres*.

« Les caisses communales sont administrées par les communes et sans « frais.

« Les secours qu'elles accordent consistent :

« 1° Depuis le commencement de la maladie, au traitement médical gratuit, « médicaments, ainsi que lunettes, bandages et autres moyens curatifs.

« 2° En cas d'incapacité de travail, et, à compter du troisième jour de la « maladie, en une indemnité, pour chaque jour de travail, équivalent à la « moitié du salaire d'un journalier ordinaire.

« Les cotisations ne doivent pas dépasser *un et demi pour cent du salaire*. « Si le montant des cotisations ne suffit pas pour couvrir les dépenses, la « commune est tenue de faire l'avance des sommes manquantes, et, dans ce « cas, la cotisation peut, exceptionnellement, être élevée à 2 0/0 du salaire.

Caisses locales

« Les communes, lorsqu'elles comptent au moins 100 personnes astreintes à « l'assurance, sont autorisées à établir sur leur territoire une ou plusieurs « caisses locales.

« Ces caisses doivent, en principe, être composées de personnes exerçant « la même profession, mais, dans la pratique, elles reçoivent les travailleurs « appartenant à toutes les industries Elles sont tenues de fournir gratuite- « ment à leurs membres les soins médicaux et les médicaments et de leur « allouer, en cas d'incapacité de travail, à partir du troisième jour de la maladie, « une indemité égale à la moitié du salaire quotidien du malade.

« Elles sont astreintes au service d'une indemnité semblable pour les « femmes en couches, pendant les trois semaines qui suivent leur délivrance.

« Elles doivent enfin payer, en cas de mort, une somme pour frais « funéraires équivalente à 20 fois le montant du salaire d'un journalier « *ordinaire* du lieu.

« Le malade peut être soigné dans un hôpital, si la famille y consent, ou si, « d'après la nature de la maladie, les soins de la famille sont insuffisants, « mais alors il perd tous droits aux secours indiqués ci-dessus.

« Toutefois, si le malade est un soutien de famille, il reçoit, indépendamment « des soins et du traitement gratuits, la moitié de l'indemnité journalière de « maladie.

« A côté de ces règles étroites, la loi édicte des dispositions plus larges.

« C'est ainsi que les Caisses locales ont la faculté :

« D'augmenter la durée des secours jusqu'à une année ;

« D'élever le montant de l'indemnité de maladie au 3/4 au lieu de la moitié « du salaire quotidien ;

« De prolonger jusqu'à 6 semaines la durée des secours à accorder aux « femmes en couches ;

« D'accorder les soins médicaux et les médicaments aux membres de la « famille de l'assuré, si ceux-ci ne sont pas eux-mêmes soumis à l'assurance « obligatoire ;

« De porter jusqu'à une somme représentant 40 fois le salaire quotidien « l'indemnité pour frais funéraires ;

« De payer, enfin, à la mort de la femme ou d'un enfant d'un sociétaire « une indemnité. égale pour la femme aux 2/3 et pour l'enfant à la moitié de « l'indemnité due, lors du décès d'un sociétaire.

« Lors de la création d'une caisse locale, les cotisations à la charge des « membres de la caisse ne doivent pas excéder 2 0/0 du salaire moyen « quotidien, en tant que cela ne sera pas nécessaire pour couvrir les secours « minimum que la caisse est tenue de donner.

« Le chiffre de la cotisation peut ensuite être porté à 3 0/0, mais seulement « avec l'assentiment des patrons, obligés, comme on l'a déjà dit, à contribuer « pour un tiers au paiement des cotisations.

« Cette obligation, imposée aux patrons, ne s'étend pas aux primes dues par « les ouvriers faisant partie des caisses libres.

Du mode d'inscription dans les Caisses communales et dans les Caisses locales

« Les patrons sont tenus de faire inscrire, *au plus tard dans un délai*
« *de trois jours après l'entrée des ouvriers dans leurs ateliers*, chacune
« des personnes qu'ils occupent, astreintes à l'assurance, pour lesquelles
« l'assurance communale commence, ou qui appartiennent à une caisse locale.

« Ils doivent également faire la déclaration de sortie des ouvriers dans le
« même délai de trois jours.

« Ces déclarations sont reçues : pour les Caisses communales, à l'endroit
« désigné par l'autorité, et pour les Caisses locales, à l'endroit fixé par les
« statuts.

Caisses de Fabriques

« Tout industriel ou entrepreneur qui occupe cinquante ouvriers ou plus,
« astreints à l'assurance, est autorisé à établir une caisse d'assurance contre
« les maladies, dite *Caisse de fabrique*. Il peut même y être obligé, mais
« seulement après qu'il a été invité à donner des explications par ordre de
« l'autorité supérieure, si la proposition est faite par la commune où travaillent
« les ouvriers ou par la Caisse de maladies à laquelle ils appartiennent.

« Il peut même être constitué des Caisses de fabriques comprenant moins
« de cinquante personnes, si l'autorité supérieure juge, qu'ainsi formées, elle
« auront des éléments de bon fonctionnement.

« Tout industriel n'établissant pas une Caisse de fabrique dans le délai fixé
« par l'administration, est tenu de verser de ses propres deniers, soit à la
« Caisse communale, soit à la Caisse locale, 5 % du salaire de ses ouvriers.

« Les secours donnés par les Caisses de fabriques sont les mêmes que ceux
« donnés par les Caisses locales.

Caisses de Constructions

« Les constructeurs sont tenus d'établir, dans les conditions ci-dessus indi-
« quées, des Caisses d'assurance pour les ouvriers employés à la construction
« de chemins de fer, de canaux, de routes, de digues, de forteresses, ainsi qu'à
« des entreprises temporaires de construction, en temps qu'ils emploient un
« grand nombre d'ouvriers.

« L'obligation imposée aux chefs de l'entreprise peut être imposée aux sous-
« traitants, si ceux-ci présentent des garanties suffisantes de solvabilité.

« Cette obligation est de rigueur, et les contrevenants sont contraints de « supporter les conséquences des maladies de leurs ouvriers et de fournir les « secours de leurs propres deniers.

Assurance contre les accidents de fabriques

(Loi du 6 juillet 1884 et 24 mai 1885)

Assurance contre les accidents et les maladies des personnes occupées dans les exploitations agricoles et forestières.

(Loi du 5 mai 1886)

« Ces deux institutions sont entièrement liées aux Caisses d'assurances « contre les maladies, qui leur servent de fondement et sans lesquelles elles ne « pourraient pas fonctionner.

« En effet, la loi du 15 juin garantit aux sociétaires les secours médicaux et « pharmaceutiques et une indemnité pécuniaire pendant treize semaines après « le commencement de la maladie.

« Et les lois sur les assurances contre les accidents fixent au commencement « de la quatorzième semaine le point de départ des secours à accorder aux « sociétaires.

« L'organisation des assurances contre les accidents se rapproche, dans ses « grandes lignes, de l'organisation des caisses d'assurances contre les maladies, « et nous nous exposerions à des redites en nous étendant, ici, sur ce sujet.

Assurance contre la vieillesse et les invalides du travail

(Loi du 22 juin 1889)

« En dernière analyse, nous allons parler de la loi du 22 juin 1889 :

« Cette loi a eu pour objet de compléter les institutions d'assurances déjà « existantes, et de garantir aux travailleurs arrivés à la vieillesse ou devenus « incapables de travailler l'*indispensable* de l'existence.

« Elle paraît devoir s'étendre à douze millions d'individus.

« De même que les assurances contre les maladies et contre les accidents, « elle est basée sur le principe d'*une participation obligatoire*.

« Le journal *Les Coopérateurs* a, en 1891, publié, sous la signature de « M. Jacques Trébart, une étude fort intéressante sur la loi nouvelle.

« Nous en détachons les lignes suivantes :

« Les ouvriers ou employés de tout ordre ont à subir une retenue hebdoma- « daire sur leurs salaires ou appointements, et cette retenue est versée dans « une caisse d'assurances.

« L'Etat allemand doit contribuer pour la somme de 30 marcs à chaque pen-
« sion acquise.

« Les ouvriers et les patrons sont tenus de verser le reste voulu pour parfaire
« le capital nécessaire à la production des arrérages alloués aux pensionnaires.

« En ce qui concerne l'invalidité, on peut dire que l'assurance est préventive
« en ce sens que les versements devant lui donner effet ne seront prélevés que
« pendant cinq années consécutives, à raison de quarante sept semaines par
« année. Si l'invalidité vient plus tard, l'assuré a là son capital tout prêt pour
« l'aider, le cas échéant. Les patrons versent à cette caisse en même temps que
« les ouvriers et pendant la même durée.

« La loi établit quatre classes de versements et détermine quatre sortes de
« pensions à servir, savoir :

« 1° Première classe, au versement hebdomadaire de 2 pfennigs, à laquelle
« appartiendront les ouvriers ou travailleurs à gages, dont le gain annuel
« moyen ne dépasse pas 350 marcs ;

« 2° Deuxième classe, au versement hebdomadaire de 6 pfennigs pour les
« individus dont le gain annuel moyen varie entre 350 et 550 marcs ;

« 3° Troisième classe, au versement de 9 pfennigs et au gain annuel moyen
« de 550 à 850 marcs ;

« 4° Quatrième classe, au versement de 13 pfennigs et au gain annuel de 850
« marcs et au-delà.

« Le marc vaut 1 fr. 25 de notre monnaie, et le pfennig équivaut à notre
« ancien liard.

« Il faut 100 pfennigs pour faire un marc.

« Suivant les calculs établis, la pension de chacune de ces classes, après
« cinq années de versement, sera, pour la première, de 114 m. 70 ; de 124 m. 10
« pour la seconde ; de 131 m. 5 pour la troisième, et de 140 m. 55 pour la
« quatrième.

« Lorsque l'assuré aura atteint l'âge de 35 ans, il aura 150 marcs s'il appar-
« tient à la première classe, 225 s'il est de la seconde classe, 280 étant de la
« troisième, et 355 étant de la quatrième.

« A l'âge de 50 ans, 251 marcs appartiendront à ceux de la seconde classe,
« 321 marcs 50 à ceux de la troisième et 415 marcs 50 à ceux de la quatrième.

« Pour avoir droit à la pension de vieillesse, il faudra avoir versé pendant
« trente années effectives, à raison de quarante-sept semaines par année : toute-
« fois, cette pension est acquise à l'âge de 70 ans. Elle est fixée invariablement,
« suivant les classes : 1° à 106 m. 40 ; 2° à 134 m. 60 ; 3° à 169 m. 80 ; 4° à
« 191 marcs. Le Trésor fournit pour sa quote-part 50 marcs par an et par
« pension.

« Il paraît, d'après les données admises, que la loi du 22 juin 1889 ne recevra
« son plein et entier effet que dans quatre-vingts ans. Si l'on tient compte de

« l'augmentation normale de la population, le nombre des pensions à servir à « partir de 1976 sera de 1.200.000 à 1.300.000 par an.

« Les arrérages seront annuellement de 260 millions de marcs (ou de 300 « millions de francs), dont 170 formeront les intérêts des versements effectués « par les ouvriers et les patrons. Le capital contributif du Trésor rapportera « 80 millions de marcs.

« Sont d'ores et déjà et *forcément assurés*, à partir de l'âge de seize ans, « tous ceux qui reçoivent des salaires ou gages et des appointements ou traite- « ments en qualité d'ouvriers, aides, compagnons, apprentis ou domestiques, « ainsi que les fonctionnaires, commis et apprentis de commerce sur les bâti- « ments de la navigation allemande, tant maritime que fluviale.

« Les employés de l'Etat, qui reçoivent en cette qualité une pension de « retraite, ne sont pas compris dans la loi du 22 juin 1889. »

Cet ensemble de législation est due toute entière à Bismarck, qui, en faisant de l'Etat allemand le premier socialiste de l'Empire, a voulu contrebalancer l'influence des diverses écoles socialistes et leurs progrès incessants.

Quel est l'avenir réservé à cette législation. Il serait téméraire de se prononcer, mais on peut dire d'ores et déjà que « la loi du 15 juin 1883, qui a institué, en « Allemagne, l'assurance ouvrière obligatoire contre la maladie, et celle du « 25 mars 1889, qui a institué l'assurance obligatoire contre la vieillesse et « l'invalidité, ne paraissent pas jouir d'une grande popularité de l'autre côté « des Vosges. Elles ont eu pour résultat la dissolution de presque toutes les « Sociétés de secours mutuels et des Caisses de retraite libres, qui se prêtaient « beaucoup mieux, de l'avis des spécialistes les plus distingués, comme le « professeur Geffcken, aux besoins compliqués et divers de telle ou telle « profession ou de telle ou telle localité, qu'une administration bureaucratique « uniforme, régie par des dispositions législatives strictes, rigoureuses, dépour- « vues de cœur et d'esprit fraternel.

« Quelques corps d'états protégés par une législation spéciale ont cependant « conservé leurs anciennes Sociétés mutuelles. Telles sont, notamment, les « Sociétés de mineurs, les *Knappschaftsvereine*, auxquelles les lois d'assu- « rance par l'Etat ont laissé le droit à l'existence lorsqu'elles assurent un « traitement égal aux allocations prévues pour le cas de maladie par la loi « de 1883, ou qu'elles acceptent de se rattacher aux organes administratifs « chargés du service des retraites par la loi de 1889.

« Mais, en dehors de ces exceptions, la Mutualité libre a disparu de l'Alle- « magne. Dans ces derniers temps, des Sociétés ont tenté de se reformer pour « subvenir aux défectuosités des lois d'assurance par l'Etat. L'autorité admi- « nistrative ou judiciaire s'y est opposée, sous prétexte que ces associations « n'avaient plus de raison d'être, ou que leur objet ne rentrait pas dans celui

« des associations considérées comme licites par la loi générale sur les asso-
« ciations du 1er août 1889.

« Aussi, ne sommes-nous pas étonné de lire dans un journal allemand que « la question a été déjà posée dans diverses réunions électorales, en vue de « l'élection du nouveau Reichstag, fixée au 15 juin, notamment en Prusse « Rhénane, en Saxe, à Hambourg et à Balle. On demande le rapport ou plus « généralement la modification des lois qui ont institué l'assurance obligatoire, « surtout celle contre la maladie et celle contre la vieillesse. On paraît réclamer « surtout la liberté de s'affilier à des Sociétés libres, et en se faisant le droit « d'être dispensé de contribuer aux charges, comme de renoncer aux avantages « de l'assurance d'Etat (1).

(1) A. Le Roy. *Les Coopérateurs et Mutualistes français.* — N° 21, mai 1893.

LIVRE TROISIÈME

L'AVENIR

CHAPITRE Ier

La nouvelle loi sur les Sociétés de Secours Mutuels

Quel est l'avenir réservé à la Mutualité ? A juger du passé au présent, cet avenir paraît brillant. Mais n'oublions point que trois facteurs sont indispensables au développement de la Mutualité : La solidarité des travailleurs ; l'altruisme des patrons et employeurs de toutes sortes ; le concours de l'État ! La réunion étroite de ces trois facteurs a permis d'arriver au point où nous en sommes. Cette coopération durera-t-elle ? Sans être pessimiste, certains présages nous font mal augurer de l'avenir. Déjà on bat en brèche, dans certains milieux socialistes et anarchistes, nos modestes associations ; pour un peu, on crierait : Haro sur nous ! Les braves travailleurs qui, péniblement, chaque mois, chaque semaine, chaque jour quelquefois, prélèvent sur leur modeste salaire le sou quotidien qui, accumulé, a déjà produit 200 millions, sont traités d'égoïstes par certains de leurs compagnons de labeur. Hâtons-nous d'ajouter que cela est l'exception et que nombre de socialistes militants se font un devoir d'encourager l'épargne individuelle. Pour tous les esprits éclairés, d'ailleurs, nos associations ne représentent-elles pas la première étape de l'affranchissement du travailleur ? L'altruisme des patrons a-t-il grandi en raison directe du développement de la prévoyance chez le travailleur ? Nous pouvons répondre oui, après avoir consulté les tableaux qui marquent parallèlement la marche ascendante du nombre des sociétaires participants et des membres honoraires.

De ce côté là, rien à craindre, et d'ailleurs le principe de la participation aux bénéfices, qui gagne tous les jours du terrain, est un *criterium* certain des sentiments de la classe bourgeoise, *puisque l'on veut qu'il existe une classe bourgeoise*. Malheureusement, le troisième facteur menace de se dérober.

L'État, qui, depuis 40 ans, a contribué pour une si large part au développement de la Prévoyance nationale, cherche à reprendre sa liberté. Si, en échange, il accordait cette même liberté aux associations de secours mutuels ; mais il n'en est rien, et en regard des privilèges retirés, on ne voit que restrictions nouvelles.

Les lois et décrets régissant le monde mutualiste ayant, vers 1881, paru surannés à nos législateurs, il fut convenu que l'on aviserait. Il aurait été fort simple, en cette occurence, de relire attentivement ces lois, et après y avoir retranché tout ce qui prête à l'arbitraire, il aurait été facile d'y ajouter le plus de liberté compatible avec une bonne gestion.

Quelques séances de commission et une discussion publique auraient suffi à la réforme. Au lieu de cela, on a préféré ne rien laisser de ce qui existe et refaire entièrement une loi nouvelle. Résultat : les nouveaux projets ont été déposés en 1881, et voici comment s'exprimait l'avant-dernier rapporteur, M. Maze, au mois de mars 1891, en déposant au Sénat le projet modifié à nouveau :

« Messieurs,

« La loi dont la discussion revient devant le Sénat est à l'étude depuis « environ dix ans ; il convient de résumer ici son histoire :

« Le 19 novembre 1881, la Chambre des députés était saisie d'une première « proposition *sur les Sociétés de secours mutuels considérées en elles-« mêmes et dans leurs rapports avec la Caisse nationale des retraites pour « la vieillesse.* Cette proposition émanait de l'initiative parlementaire ; elle « portait les signatures de MM. Hippolyte Maze, Guyot (Rhône), Audiffred, « Buyat, P. Casimir-Périer, Reynau, Martin Nadaud.

« Le 18 mars 1882, MM. René Goblet, ministre de l'Intérieur, et Léon Say, « ministre des Finances, déposaient à leur tour un projet *sur les Sociétés de « secours mutuels.*

« Le 12 novembre 1883, la Chambre votait, après deux délibérations, la « proposition qui lui avait été présentée, le 25 novembre 1882, par une commis-« sion, dont le rapporteur était M. Hippolyte Maze.

« Transmise au Sénat deux mois après, le 21 janvier 1884, cette proposition « était votée en seconde lecture, le 24 juin 1886, avec un certain nombre de « modifications, sur le rapport de M. Léon Say.

« Le 14 juin 1889, la Chambre, après deux nouvelles délibérations, adoptait « une seconde fois le projet, sur le rapport de M. Audiffred, en introduisant « dans le texte divers changements.

« Transmis au Sénat, huit mois seulement après, le 20 février 1890 (nous « ignorons la cause d'un tel retard), ce texte détermina la nomination de la « commission qui vous apporte aujourd'hui son rapport.

« Une septième délibération va donc commencer dans le Parlement.

« Malgré toutes les difficultés du sujet, le moment semble venu de conclure, « de donner enfin à la Mutualité française une loi qui lui a été promise et « qu'elle attend, non sans quelque impatience. Après tant d'études et de dis-« cussions approfondies, nous ne croyons pas avoir à rentrer ici dans les « détails que comportaient et que contiennent les rapports présentés précédem-

« ment aux deux Chambres. Nous devons surtout expliquer les différences « entre le texte que nous soumettons au Sénat et celui qui a été voté en dernier « lieu par la Chambre des députés.

« Sur un bon nombre de points, votre commission est d'accord avec la « Chambre, et si le Sénat veut bien accepter ses conclusions, elle estime « qu'une entente définitive pourra s'établir facilement entre les deux « Assemblées.

« Cependant, nous avons dû tenir compte de recherches nouvelles et « surtout de deux faits dont on ne saurait méconnaître l'intérêt Nous voulons « parler de la réunion à Paris d'un Congrès national de la Mutualité et des « travaux d'une commission extra-parlementaire à laquelle le gouvernement « avait cru devoir confier de le renseigner d'une façon spéciale sur la situation « financière des Sociétés de secours mutuels.

« Tenu à Paris en juin 1889, le Congrès national de la Mutualité, a eu, « par le nombre comme par la valeur de ses assistants, une importance « considérable.

« Plus de 500.000 mutualistes des deux sexes y ont été régulièrement « représentés; des hommes de premier ordre : moralistes, écononomistes, « mathématiciens, présidents et administrateurs des grandes associations, « membres du Parlement et de l'Institut, ont pris part aux discussions.

« Nous devions tenir compte des conclusions adoptées et des vœux formulés « par cette assemblée.

« Constituée vers la même époque par un ministre, justement préoccupée « de critiques autorisées qui avaient été dirigées contre la marche de certaines « sociétés de secours mutuels, la Commission à laquelle nous faisions « allusions tout à l'heure devait : 1° procéder à un examen général de la « comptabilité financière des sociétés de secours mutuels; 2° étudier les « moyens d'y faire apparaître la valeur de leurs engagements et des ressources « correspondantes.

« Il n'était pas possible de négliger les travaux d'une commission dont la « tâche était si intéressante et qui comprenait, avec des hommes connus par « leurs études sur les questions sociales, soit dans le Parlement, soit dans la « Presse, des statisticiens et des actuaires d'une haute valeur. »

Projet de loi sur les Sociétés de Secours Mutuels

VOTÉ LE 14 JUIN 1889 PAR LA CHAMBRE DES DÉPUTÉS

TITRE PREMIER

Du but des Sociétés de Secours Mutuels

ARTICLE PREMIER. — Les Sociétés de secours mutuels ont pour objet d'assurer leurs membres participants contre la maladie, blessures ou infirmités. Elles peuvent, en outre, constituer des pensions de retraites, contracter des assurances individuelles ou collectives en cas de décès, pourvoir aux frais de funérailles et allouer des secours aux ascendants, aux veufs, aux veuves ou orphelins des membres participants décédés.

TITRE II

Du mode de formation des Sociétés de Secours Mutuels

ART. 2. — Les Sociétés de secours mutuels se divisent en deux catégories :

1° Les Sociétés homologuées qui jouissent d'avantages spéciaux, et notamment de subventions de l'Etat, à la condition de se conformer aux dispositions énumérées ci-après ;

2° Les Sociétés non homologuées, qui sont tenues de remplir les formalités ci-après indiquées.

TITRE III

De la constitution des Sociétés non homologuées

ART. 3. — Un mois avant le fonctionnement des Sociétés de secours mutuels, ses fondateurs devront déposer : 1° les statuts de ladite association ; 2° la liste des noms et adresses de toutes les personnes qui, sous un titre quelconque, seront chargées de l'administration ou de la direction.

Le dépôt a lieu, contre récépissé, à la préfecture du département ou à la sous-préfecture. Avis de ce dépôt est donné au maire de la commune par l'administration.

Tout changement dans les statuts ou dans la direction sera notifié selon les formes indiquées ci-dessus.

L'administration et la direction des Sociétés de secours mutuels ne pourront être confiées qu'à des Français majeurs, non déchus de leurs droits civiques ou civils.

Chaque année, il sera adressé au préfet du département, par les Sociétés de secours mutuels, conformément au présent article, un compte-rendu de leurs opérations dans la forme prescrite par arrêté du ministre de l'intérieur. Ce compte-rendu comprend un état des cas de maladie ou de mort éprouvés par les sociétaires dans le cours de l'année.

Art. 4. — Les Sociétés de secours mutuels ayant satisfait aux prescriptions de l'article précédent, auront le droit d'ester en justice, tant en demandant qu'en défendant, par le président ou par le délégué ayant mandat spécial à cet effet.

Elles pourront recevoir et employer les sommes provenant des cotisations des membres honoraires et participants, et généralement faire acte de simple administration.

Elles ne pourront, sans autorisation, recevoir des dons et legs mobiliers : l'autorisation d'accepter est donnée par le préfet. S'il y a réclamation des héritiers du testateur, il est statué, par un décret du Président de la République, le Conseil d'État entendu.

Elles ne pourront recevoir des dons et legs immobiliers ni acquérir des immeubles, sous quelque forme que ce soit, à peine de nullité, sauf l'immeuble nécessaire à leurs réunions. La nullité sera prononcée en justice, soit par la demande des parties intéressées, soit d'office sur les réquisitions du ministère public.

Elles pourront employer les cotisations de leurs membres et leurs autres ressources à la constitution de pensions viagères de retraite, soit au moyen du fonds commun, soit par des livrets individuels ouverts au nom de leurs sociétaires.

Art. 5. — Il pourra être établi entre les Sociétés de secours mutuels ayant satisfait aux prescriptions de l'article 3 (non homologuées), un concert ayant pour objet :

a) L'organisation des soins et secours que les Sociétés sont appelées à donner à leurs membres participants, tels qu'ils sont énumérés à l'article 1er et notamment ;

b) L'admission des membres participants qui ont quitté leur domicile sans esprit de retour.

c) Le règlement de leurs pensions viagères de retraite.

Art. 6. — Les infractions aux dispositions de l'article 3 de la présente loi seront poursuivies contre les administrateurs ou les directeurs et punies d'une amende de seize à deux cents francs (16 à 200 fr.) Néanmoins, l'amende ne pourra être supérieure à 50 fr., s'il s'agit d'une infraction faite de bonne foi aux dispositions du paragraphe final dudit article 3, relatives à la production du compte rendu annuel.

En cas de fausse déclaration, faite de mauvaise foi, ou si une Société est détournée de son but de Société de secours mutuels, l'amende pourra être portée à cinq cents francs (500 fr.) Les tribunaux pourront, en outre, prononcer la dissolution.

En cas de dissolution par les tribunaux, le jugement désignera un administrateur chargé de procéder à la liquidation définitive. Aucun encaissement de cotisations autres que celles échues au jour de la liquidation ne pourra plus être effectué.

Communication sera faite à l'administrateur des livres, registres, procès-verbaux et pièces de toute nature; la communication aura lieu sans déplacement, sauf le cas où le tribunal en aura ordonné autrement.

La liquidation sera homologuée par le tribunal ; elle s'opérera sur les bases suivantes :

1° L'actif sera réparti entre les membre participants *au prorata* de leurs versements respectifs.

2° La somme à toucher par chaque membre participant ne pourra excéder le montant de ses versements sans intérêts ;

3° Le surplus sera affecté, dans les conditions prévues par les statuts, à la création de pensions viagères au profit des anciens sociétaires.

TITRE IV

De l'homologation des statuts et des conditions attachées

Art. 7. — Les Sociétés de secours mutuels qui voudront jouir de la personnalité civile et des avantages concédés par les articles suivants devront faire homologuer leurs statuts par le ministre de l'Intérieur. L'homologation constate la conformité des statuts avec les dispositions de la loi. Elle constate, en outre, que les statuts prévoient des recettes proportionnelles aux dépenses, soit pour les secours en cas de maladie, soit pour la constitution des retraites ou des assurances en cas de décès ou d'accidents, soit pour les autres dépenses énumérées à l'article 1er.

Le refus d'homologation doit être motivé par une infraction aux lois et notamment aux dispositions du paragraphe précédent.

En cas de refus de l'homologation, un recours peut être porté devant le Conseil d'État. Ce recours sera dispensé des droits de timbre et d'enregistrement, il pourra être formé sans ministère d'avocat.

Art. 8. — Pour obtenir l'homologation, les Sociétés en font la demande et déposent, avec leurs statuts, la liste des noms et adresses des personnes qui sont chargées de l'administration et de la direction.

Le dépôt a lieu, contre récépissé, à la Préfecture du département ou à la Sous-Préfecture. Avis de ce dépôt est donné au maire de la commune par l'administration.

L'homologation ou le refus de l'homologation doit avoir lieu dans un délai de trois mois.

Tout changement dans les statuts doit être l'objet d'une demande d'homologation et aucune modification statutaire ne peut être mise en vigueur si elle n'a pas été probablement homologuée.

Il sera procédé pour les changements dans les statuts comme en matière de statuts primitifs, pour tout en ce qui concerne les dépôts, les délais et les recours.

Art. 9. — Les Sociétés peuvent se composer de membres participants et de membres honoraires; les membres honoraires payent la cotisation fixée ou font des dons à l'association, sans participer aux bénéfices attribués par les statuts aux membres participants.

Les femmes et les enfants peuvent faire partie des Sociétés.

Les statuts déterminent le mode d'admission tant des membres participants que des membres honoraires.

Ils déterminent le siége social qui ne peut être situé ailleurs qu'en territoire français.

L'administration et la direction des Sociétés ne pourront être confiées qu'à des Français majeurs non déchus de leurs droits civils ou civiques.

Les statuts règlent l'âge minimum et maximum d'admission des membres participants, les souscriptions des membres honoraires, les cotisations et les avantages proportionnels stipulés pour les membres participants. Ils déterminent les cas d'exclusion des membres honoraires et participants.

La dissolution ne pourra être prononcée que dans une assemblée convoquée à cet effet par un avis indiquant l'objet de la réunion.

L'assemblée ne pourra prononcer la dissolution que si elle se compose au moins de la moitié plus un des membres de la Société présents ou représentés.

Les pouvoirs dont les mandataires seront porteurs pourront être donnés sous-seing privé et seront affranchis de tous droits de timbre et d'enregistrement. Ils seront déposés au siége social.

Les résolutions prises dans les assemblées, comme il est dit ci-dessus, pour prononcer la dissolution, devront réunir, pour être valables, une majorité des 3/4 des membres de la Société, et si l'assemblée est constituée par un nombre égal ou inférieur aux 3/4, les résolutions, pour être valables, doivent être prises à l'unanimité des membres présents ou représentés.

ART. 10. — Les statuts peuvent prévoir qu'il sera établi, entre les sociétés dont les statuts ont été homologués, un concert dans les conditions déterminées par l'article 5.

ART. 11. — Les Sociétés de Secours mutuels sont administrées par un bureau composé d'un président, d'un ou plusieurs vice-présidents, d'un ou plusieurs secrétaires, d'un trésorier et d'administrateurs élus au scrutin secret par les membres de la société réunis en assemblée générale.

La nature et la durée des pouvoirs du bureau sont fixées par les statuts.

Les contestations sur la validité des opérations électorales sont portées dans le délai de quinze jours, à dater de l'élection, devant le juge de paix du siège de la société. Elles sont introduites par simple déclaration au greffe. Le juge de paix statue dans les quinze jours de cette déclaration, sans frais ni forme de procédure, et sur simple avertissement donné, trois jours à l'avance, à toutes les parties intéressées. La décision du juge de paix est en dernier ressort, mais elle peut être déférée à la Cour de Cassation. Le pourvoi n'est recevable que s'il est formé dans les dix jours de la notification de la décision.

Il n'est pas suspensif, il est formé par simple requête dénoncée par les défendeurs, dans les dix jours qui suivent. Il est dispensé du ministère d'avocat à la Cour et jugé d'urgence sans frais ni consignation d'amende.

Les pièces et mémoires fournis par les parties sont transmis sans frais par le greffier de la justice de paix au greffier de la Cour de Cassation. La Chambre des requêtes de cette Cour statue définitivement sur le pourvoi.

Tous les actes sont dispensés du timbre et enregistrés gratis.

ART. 12. — Les statuts déterminent le mode de conservation des archives de la société. Ils règlent les conditions dans lesquelles le bureau peut opérer le placement et le retrait des fonds de la société. Ces placements doivent être effectués en dépôt aux Caisses d'Epargne, à la Caisse des Dépôts et Consignations, en rentes sur l'Etat, bons du Trésor ou autres valeurs créées en garanties par l'Etat, en obligations des départements et des communes, du Crédit Foncier de France ou des Compagnies françaises de chemins de fer qui ont une garantie d'intérêt de l'Etat.

Les titres et valeurs appartenant aux Sociétés de Secours mutuels homologués resteront déposés à la Caisse des Dépôts et Consignations, qui sera chargée de l'encaissement des arrérages, coupons et primes de remboursement de ces titres, et en portera le montant au compte du dépôt de chaque société.

TITRE V

Des droits et obligations des Sociétés de Secours mutuels dont les statuts sont homologués

ART. 13. — La personnalité civile et les avantages conférés par la présente loi appartiennent de plein droit aux Sociétés de Secours mutuels antérieurement approuvées.

ART. 14. — Les Sociétés de Secours mutuels désignées à l'article 7 ont la personnalité civile dans les conditions déterminées ci-après. Elles peuvent ester en justice et obtenir l'assistance judiciaire aux conditions imposées par la loi du 22 janvier 1851.

Posséder des objets mobiliers ; prendre des immeubles à bail ; mais non en acquérir à titre onéreux, sauf celui nécessaire à leurs réunions ; recevoir des dons et legs.

L'autorisation d'accepter est donnée par le Préfet.

Toutefois, si la libéralité est faite à une société dont la circonscription comprend des communes situées dans des départements différents, il est statuée par le ministre de l'Intérieur. Toutes les fois qu'il y a réclamation des héritiers du testateur, il est statué par décret du président de la République, le Conseil d'Etat entendu.

Les immeubles compris dans un acte de donation ou dans une disposition testamentaire seront aliénés dans le délai et dans la forme qui seront prescrits par l'arrêté ou par décret qui en autorise l'acceptation ; le délai pourra, en cas de nécessité, être prorogé; toutefois, la société pourra être autorisée à conserver l'immeuble nécessaire à ses réunions.

Lorsque l'emploi des dons et legs n'est pas déterminé par le donateur ou le testateur, les sommes en provenant sont versées, en exécution de l'article 4 de l'ordonnance du 2 avril 1817, soit en fonds de retraite de la société, soit, si ce fond n'existe pas, à la caisse de la société.

Pour tous les actes, et pour l'exercice des droits énumérés au présent article, chaque fois qu'une intervention personnelle est nécessaire, ainsi que pour agir ou défendre en justice, la société est représentée par son président ou par un délégué, le bureau donnant les autorisations qui peuvent être nécessaires ; elle est valablement assignée en la personne du président.

ART. 15. — Les communes sont tenues de fournir aux sociétés désignées à l'article 7, qui le demandent, les locaux nécessaires à leurs réunions, ainsi que les livres et registres nécessaires à l'administration et à la comptabilité. En cas d'insuffiance de ressources de la commune, cette dépense est à la charge du département.

Art. 16. — Dans les villes où il existe une taxe municipale sur les convois, il est accordé aux sociétés désignées à l'article 7 remise de deux tiers des droits sur les convois, dont elles doivent supporter les frais aux termes de leurs statuts.

Si la circonscription d'une société s'étend à plusieurs communes, la remise est faite par la commune dans laquelle résidait le sociétaire décédé.

Art. 17. — Tous les actes intéressant les Sociétés de secours mutuels désignées à l'article 7 sont exempts des droits de timbre et d'enregistrement ; cette disposition n'est pas applicable aux transmissions de propriétés, d'usufruit ou de jouissance de biens, meubles et immeubles, soit entre vifs soit par décès.

Conformément aux articles 19 de la loi du 11 juillet 1868 et 24 de la loi du 20 juillet 1886, les certificats, actes de notoriété et autres pièces exclusivement relatives à l'exécution des lois précitées et de la précédente loi, seront délivrés gratuitement et exempts des droits de timbre et d'enregistrement.

Art. 18. — Les sociétés désignées à l'article 7 (homologuées) sont admises à contracter, près de la Caisse des Dépôts et Consignations, des assurances, soit en cas de décès, soit en cas d'accident. Conformément aux articles 7 et 15 de la loi du 11 juillet 1868, ces assurances peuvent se cumuler avec les assurances individuelles.

Art. 19. — Les sociétés désignées à l'article 7 (homologuées) sont admises à verser des capitaux à la Caisse des Dépôts et Consignations :

1° En compte-courant disponible. Ce compte-courant portera intérêt au profit de ces Sociétés de secours mutuels au taux d'intérêt du compte des Caisses d'Epargne ;

2° En un compte spécialement affecté, pour toute la durée de la société, à la formation ou à l'accroissement d'un fond de retraites servant à faire constituer des pensions de retraites immédiates par la Caisse nationale des retraites pour la vieillesse, à un âge que les statuts déterminent. Ce compte spécial portera intérêt à un taux égal au taux de capitalisation servant à établir les pensions de la Caisse nationale des retraites pour la vieillesse, et, dans le cas où il existerait des taux différents, au taux le plus avantageux pour les sociétés.

Les intérêts desdits comptes seront capitalisés tous les ans.

La Caisse des Dépôts et Consignations aura la faculté de faire emploi des fonds versés dans les comptes ci-dessus désignés, dans les mêmes conditions que pour les fonds des Caisses d'Epargne.

Art. 20. — Le fond spécial de retraites dont il est fait mention à l'article précédent (art. 19, sociétés homologuées) a pour objet de faire constituer des rentes viagères immédiates par la Caisse nationale des retraites pour la vieillesse, à capital réservé, au profit des membres des Sociétés de secours mutuels désignés en assemblée générale, parmi les membres participants âgés de plus de cinquante ans, et ayant acquitté la cotisation spéciale pendant dix ans au moins. La quotité des pensions sera fixée par la délibération même qui en aura prescrit la constitution. Lorsque le capital affecté au service d'une pension viagère constituée à capital réservé est rendu libre par la mort du titulaire, il fait retour au fond de retraites de la société, à dater du jour de la notification de l'acte de décès. Une indemnité pécuniaire, déterminée chaque année, et prélevée sur les fonds de réserve, peut être allouée aux membres participants devenus infirmes ou incurables avant l'âge fixé par les statuts pour être admissible à la pension viagère de retraite. Les Sociétés de secours mutuels peuvent faire constituer par la Caisse nationale des retraites pour la vieillesse des rentes viagères différées au profit de leurs membres participants, et leur faire obtenir des livrets individuels, moyennant le versement d'une cotisation spéciale y affectée. Elles peuvent verser aux livrets individuels, désignés par l'assemblée générale, et pour une quotité fixée dans la même délibération, le produit des dons et subventions qu'ils auront reçus sans affectation déterminée. Ces versements seront faits avec cette stipulation que les sommes fournies par la société lui feront retour à l'extinction de la pension. Dans tous les cas où les sociétés sont admises par la présente loi à faire des versements pour la formation ou l'accroissement d'un fonds de retraites, elles auront, dans les mêmes conditions, le droit de faire des versements pour la formation et l'accroissement d'un fonds d'assurance en cas de décès.

Art. 21. — Les Sociétés de secours mutuels adressent chaque année, par l'intermédiaire des préfets, au ministre de l'intérieur, et dans les formes qui seront déterminées par lui, le compte rendu de leur situation financière et un état des cas de maladie ou de mort éprouvés par les sociétaires dans le cours de l'année.

TITRE VI

Dotations, subventions et secours

Art. 22. — Une somme de six millions, prélevée sur la vente des diamants de la couronne, est affectée à la dotation des Sociétés de secours mutuels.

Cette dotation s'ajoutera à celle précédemment constituée. A partir de la promulgation de la présente loi, les arrérages de ces dotations seront employés par le ministre de l'Intérieur, après avis du conseil supérieur des Sociétés de secours mutuels établi par l'article 26 ci-après, à accroître, par des subventions, les versements effectués par les Sociétés à leur fonds de retraite déposé à la Caisse des Dépôts et Consignations, ou les versements effectués à la Caisse nationale des retraites sur livrets individuels à rente différée, pour les Sociétés qui n'auraient pas de fonds communs à la Caisse des Dépôts et Consignations.

Le montant des crédits supplémentaires votés annuellement sera employé :

1° A compléter, s'il y a lieu, les sommes affectées aux subventions prévues par l'article précédent ;

2° A distribuer des secours aux Sociétés de secours mutuels désignées à l'article 7 qui en auraient fait la demande, si le grand nombre de malades met la Société hors d'état de remplir ses engagements.

Le ministre déterminera, chaque année, après avis du conseil supérieur, la somme qui sera attribuée sur les crédits supplémentaires à l'une et à l'autre affectation.

Les subventions allouées en augmentation des versements aux fonds de retraites ou pour les livrets individuels seront réparties entre les Sociétés en tenant compte :

1° Du nombre des membres participants ;

2° Du nombre des membres participants âgés de plus de 55 ans ;

3° De la quotité des versements.

Lorsque le service des retraites d'une Société sera assuré, conformément aux statuts, par les sommes disponibles, soit sur les fonds de réserve, soit sur les fonds de retraites, soit à l'aide des fonds inscrits aux livrets individuels, et que le chiffre des pensions atteindra 360 fr. par an, le ministre de l'Intérieur, après avis du conseil supérieur, pourra suspendre l'allocation des subventions.

ART. 23. — Les demandes de secours et de subventions seront adressées au ministre de l'Intérieur par l'intermédiaire des préfets.

TITRE VII

Dissolution et liquidation des Sociétés de Secours Mutuels désignées à l'article 7

ART. 24. — Les Sociétés de secours mutuels sont tenues de communiquer leurs livres, registres, procès-verbaux et pièces comptables aux préfets, sous-préfets ou à leurs délégués.

Cette communication a lieu sans déplacement, sauf le cas où il en serait autrement ordonné par arrêté du préfet.

Les infractions faites de bonne foi aux dispositions de l'article 20 et au paragraphe ci-dessus seront poursuivies contre les administrateurs ou directeurs et punies d'une amende qui ne pourra être supérieure à 50 fr.

En cas de mauvaise foi, l'amende pourra être portée à 500 fr.

Dans le cas d'inexécution des statuts ou de violation des dispositions de la présente loi, l'homologation peut être retirée et la dissolution peut être prononcée par un décret rendu en Conseil d'Etat, sur la proposition motivée du ministre de l'Intérieur, et après avis du conseil supérieur, lequel sera convoqué dans le plus bref délai.

La décision par laquelle l'homologation sera retirée et la dissolution prononcée sera susceptible d'un recours au contentieux devant le Conseil d'Etat, dans les conditions prévues à l'article 7.

ART. 25. — Lorsque la dissolution de la Société est votée par l'assemblée générale, conformément aux statuts, ordonnée par le tribunal ou prononcée par décret, la liquidation est poursuivie sous la surveillance du préfet ou de son délégué.

Il est prélevé sur l'actif social (en cas de dissolution des Sociétés homologuées), y compris le fonds de retraites déposé à la Caisse des Dépôts et Consignations :

1° Le montant des engagements contractés vis-à-vis des tiers ;

2° Les sommes nécessaires pour remplir les engagements contractés vis-à-vis des sociétaires, notamment en ce qui concerne les pensions viagères et les indemnités annuelles prévues à l'article 19 ;

3° *a)* Une somme égale au montant des subventions et secours accordés depuis l'origine de la Société, sur les fonds de la dotation ou autres, pour être, ladite somme, versée au compte de la dotation des Sociétés de secours mutuels ;

b) Des sommes égales au montant des subventions et secours accordés, depuis l'origine de la Société, par les départements ou les communes, pour être, lesdites sommes, réintégrées dans leurs caisses.

c) Des sommes égales au montant des dons et legs, pour être employées conformément aux volontés des donateurs et testateurs, s'ils ont prévu le cas de liquidation, ou, si leur volonté n'a pas été exprimée, pour être ajoutées au compte de dotation des Sociétés de secours mutuels.

Si, peu après le payement des engagements contractés vis-à-vis des tiers et des sociétaires, il ne reste pas de fonds suffisants pour le plein des prélèvements prévus au présent paragraphe, ces prélèvements auront lieu au marc le franc des versements faits respectivement par l'Etat, le département, les communes, les particuliers,.

Le surplus de l'actif social sera, s'il y a lieu, réparti entre les membres participants appartenant à la Société, au jour de la dissolution, *au prorata* des versements opérés par chacun d'eux depuis leur entrée dans la Société.

TITRE VIII

Conseil supérieur. — Rapport annuel. — Tables de mortalité. — Dispositions générales

ART. 26. — Il est institué près le ministre de l'Intérieur, un conseil supérieur des Sociétés de secours mutuels. Ce conseil est composé de 25 membres, savoir :

Deux sénateurs élus par leurs collègues ;
Deux députés élus par leurs collègues ;
Deux conseillers d'Etat élus par leurs collègues ;
Deux délégués du ministre de l'Intérieur ;
Un delégué du ministre de l'Agriculture ;
Un délégué du ministre du Commerce ;
Le directeur général de la comptabilité au ministère des Finances ;
Le directeur du mouvement général des fonds au même ministère ;
Le directeur de la Caisse des Dépôts et Consignations ;
Douze représentants de Sociétés de secours mutuels, dont deux appartenant aux Sociétés non homologuées élus par les délégués des Sociétés, dans les formes qui seront déterminées par un règlement d'administration publique.

Tous les membres sont nommés pour quatre ans ; leurs pouvoirs sont renouvelables, leurs fonctions sont gratuites.

Le Conseil élit son président et il le choisit parmi ses membres. Il est convoqué par le ministre de l'intérieur au moins une fois tous les six mois.

Il donne son avis :

1° Sur la répartition des sommes disponibles sur le revenu des fonds de dotation entre les subventions aux fonds de retraites et les secours à accorder conformément à l'article 22 ;

2° Sur le mode d'application des bases indiquées à l'article 22 pour la distribution des subventions au fonds de retraites ;

3° Sur la liste des Sociétés qui participeront aux secours et aux subventions aux fonds de retraites et sur le montant des allocations ;

4° Sur toutes les dispositions réglementaires ou autres qui ont pour objet de développer le fonctionnement des Sociétés de secours mutuels et des caisses de pensions viagères de retraites.

ART. 27. — Le ministre de l'Intérieur communique au conseil supérieur les comptes rendus de la situation financière fournis par les Sociétés de secours mutuels. Il soumet chaque année au Président de la République, un rapport qui est présenté au Sénat et à la Chambre des députés sur les opérations des Sociétés de secours mutuels et sur les travaux du conseil supérieur.

Art. 28. — Dans le délai de deux ans, après la promulgation de la présente loi, les ministres de l'Intérieur et du Commerce feront établir des tables de mortalité et de maladies applicables aux Sociétés de secours mutuels.

Art. 29. — Les secours, pensions, contrats d'assurances, livrets, et généralement toutes sommes et tous titres à remettre, par les Sociétés de secours mutuels, aux membres qui en font partie, quelle que soit la nature de ces Sociétés, sont incessibles et insaisissables. Toutefois, la présente disposition ne sera appliquée que dans la mesure d'un intérêt de 360 fr.

Art. 30. — Sont abrogées toutes les dispositions antérieures contraires à la présente loi.

Projet de loi sur les Sociétés de Secours Mutuels

VOTÉ PAR LE SÉNAT, LE 23 JUIN 1892

TITRE PREMIER

Article Premier. — Les Sociétés de secours mutuels ont pour objet d'assurer à leurs membres participants des secours en cas de maladie, blessures ou infirmités.

Elles peuvent aussi constituer des pensions de retraite, contracter des assurances individuelles ou collectives, en cas de décès ou d'accidents, pourvoir aux frais des funérailles et allouer des secours aux ascendants, aux veufs, veuves ou orphelins des membres participants décédés.

Art. 2. — Les Sociétés de secours mutuels se divisent en trois catégories :

1° Les Sociétés libres, qui se forment sans l'autorisation de l'Administration ;

2° Les Sociétés approuvées ;

3° Les Sociétés qui sont reconnues comme établissements d'utilité publique.

TITRE II

Art. 3. — Les Sociétés de secours mutuels peuvent se composer de membres participants et de membres honoraires ; les membres honoraires payent la cotisation fixée ou font des dons à l'association, sans participer aux bénéfices attribués aux membres participants.

Les femmes et les mineurs peuvent faire partie des Sociétés : les femmes mariées, sans l'assistance de leur mari ; les mineurs sans l'intervention de leur représentant légal.

L'administration et la direction des Sociétés de secours mutuels ne pourront être confiés qu'à des Français majeurs non déchus de leurs droits civils et civiques.

Art. 4. — Les statuts déterminent :

1° Le siège social, qui ne peut être situé ailleurs qu'en territoire français ;

2° Les conditions et les modes d'admission et d'exclusion, tant des membres participants que des membres honoraires ;

3° La composition du bureau et du conseil d'administration, le mode d'élection de leurs membres, la nature et la durée de leurs pouvoirs ;

4° Les obligations et les avantages des membres participants ;

5° Le montant et l'emploi des cotisations des membres, soit honoraires, soit participants, les modes de placement et de retrait des fonds ;

6° Les conditions de la dissolution volontaire de la Société ;

7° Les bases de la liquidation à intervenir si la dissolution a lieu ;

8° Le mode de conservation des documents intéressant la Société.

Si les cotisations des membres honoraires ou participants doivent être affectées pour partie à la constitution de pensions viagères de retraite, soit au moyen d'un fonds commun, soit par des livrets individuels ouverts au nom des sociétaires, les statuts fixeront les prélèvements à opérer sur ces cotisations pour le service spécial des retraites.

Art. 5. — Lorsque l'assemblée générale sera convoquée, les pouvoirs dont les sociétaires seront porteurs pourront être donnés sous seing privé et seront affranchis de tous droits de timbre et d'enregistrement ; ils seront déposés au siège social.

Les contestations sur la validité des opérations électorales sont portées, dans le délai de quinze jours à dater de l'élection, devant le juge de paix du siège de la Société. Elles sont introduites par simple déclaration au greffe.

Le juge de paix statue dans les quinze jours de cette déclaration, sans frais ni forme de procédure et sur simple avertissement donné trois jours à l'avance à toutes les parties intéressées.

La décision du juge de paix est en dernier ressort, mais elle peut être déférée à la Cour de cassation Le pourvoi n'est recevable que s'il est formé dans les dix jours de la notification de la décision. Il est formé par simple requête, déposée au greffe de la justice de paix, et dénoncée aux défenseurs dans les jours qui suivent. Il est dispensé du ministère d'un avocat à la Cour et jugé d'urgence sans frais ni amende.

Les pièces et mémoires fournis par les parties sont transmis sans frais par le greffier de la justice de paix au greffier de la Cour de cassation. La chambre des requêtes de cette Cour statue définitivement sur le pourvoi.

Tous les actes sont dispensés du timbre et enregistrés gratis.

Art. 6. — Dans les trois mois de chaque année, les Sociétés de secours mutuels doivent adresser, par l'intermédiaire des préfets, au ministre de l'Intérieur, et dans des formes qui seront déterminées par lui, le compte-rendu de leur situation financière et un état des cas de maladie, d'accident ou de mort éprouvés par les sociétaires dans le cours de l'année.

Art. 7. — Il pourra être établi entre les Sociétés de secours mutuels, en conservant d'ailleurs à chacune d'elles son autonomie, des accords ayant pour objet notamment :

a) L'organisation des soins et secours énumérés dans l'article premier en faveur des membres participants ;

b) L'admission des membres participants qui ont quitté leur domicile antérieur sans esprit de retour ;

c) Le règlement de leurs pensions viagères de retraite ;

d) L'organisation d'assurances mutuelles pour les risques divers (maladies, retraites, etc.), auxquels les Sociétés sont tenues de pourvoir.

Art. 8. — Les Sociétés de secours mutuels de toutes catégories sont admises à contracter, près de la Caisse des Dépôts et Consignations, des assurances, soit en cas de décès, soit en cas d'accidents, en se conformant aux prescriptions des articles 7 et 15 de la loi du 11 juillet 1868.

Ces assurances peuvent se cumuler avec les assurances individuelles.

Art. 9. — Les infractions aux dispositions des articles 3, 4 et 6 de la présente loi seront poursuivies contre les administrateurs ou les directeurs, et punies d'une amende de seize à deux cents francs (16 à 200 francs).

En cas de fausse déclaration faite de mauvaise foi, ou si une Société est détournée de son but de Société de secours mutuels, l'amende pourra être portée à cinq cents francs (500 fr.); les tribunaux pourront, en outre, prononcer la dissolution.

Art. 10. — La dissolution volontaire d'une Société de secours mutuels ne pourra être prononcée que dans une assemblée convoquée à cet effet, par un avis indiquant l'objet de la réunion et à la condition de réunir à la fois une majorité des deux tiers des membres présents et la majorité des membres inscrits.

En cas de dissolution par les tribunaux, le jugement désignera un administrateur chargé de procéder à la liquidation définitive.

Aucun encaissement de cotisations autres que celles échues au jour de la liquidation ne pourra plus être effectué.

Communication sera faite à l'administrateur, des livres, registres, procès-verbaux et pièces de toute nature : la communication aura lieu sans déplacement, sauf le cas où le tribunal en aurait ordonné autrement.

La liquidation s'opérera conformément aux statuts ; elle sera homologuée sans frais par le tribunal, à la diligence du Procureur de la République.

Art. 11. — Les secours, pensions, contrats d'assurance, livrets, et généralement toutes sommes et tous titres à remettre par les Sociétés de secours mutuels à leurs membres participants, sont incessibles et insaisissables jusqu'à concurrence de 360 francs par an.

TITRE III

Des Sociétés libres

Art. 12. — Un mois avant le fonctionnement d'une Société de secours mutuels libre, ses fondateurs devront déposer en double exemplaire : 1° les statuts de ladite association ; 2° la liste des noms et adresses de toutes les personnes qui, sous un titre quelconque, seront chargées à l'origine de l'administration ou de la direction.

Le dépôt a lieu, contre récépissé, à la sous-préfecture de l'arrondissement où la Société a son siège social, ou à la préfecture du département.

Le maire de la commune en est informé immédiatement par les soins du Préfet ou du Sous-Préfet.

Un exemplaire des pièces opérées est transmis au Parquet.

Avis du dépôt devra être publié dans un journal de l'arrondissement, ou, s'il n'en existe aucun, dans l'un des journaux du département.

Un extrait des statuts sera inséré dans le Recueil des actes de la préfecture.

Tout changement dans les statuts ou dans la direction sera notifié et publié selon les formes indiquées ci-dessus.

Art. 13. — Les Sociétés de secours mutuels ayant satisfait aux prescriptions de l'article précédent auront le droit d'ester en justice, tant en demandant qu'en défendant, par le président ou par le délégué ayant mandat spécial à cet effet, et pourront obtenir l'assistance judiciaire aux conditions imposées par la loi du 22 janvier 1851.

Elles pourront recevoir et employer les sommes provenant des cotisations des membres honoraires et participants, et généralement faire des actes de simple administration ; elles pourront posséder des objets mobiliers, prendre des immeubles à bail.

Elles ne pourront, sans autorisation, recevoir des dons et legs mobiliers ;

l'autorisation d'accepter est donnée par le Préfet. Toutefois, si la libéralité est faite à une Société dont la circonscription comprend des communes situées dans des départements différents, il est statué par le Ministre de l'intérieur. S'il y a réclamation des héritiers du testateur, il est statué par un décret du Président de la République, le Conseil d'Etat entendu.

Lorsque l'emploi des dons et legs n'est pas déterminé par le donateur ou le testateur, cet emploi sera prescrit par l'arrêté ou le décret d'autorisation, en exécution de l'art. 4 de l'ordonnance du 2 avril 1817.

Les Sociétés libres ne pourront recevoir des dons et legs immobiliers ni acquérir des immeubles, sous quelque forme que ce soit, à peine de nullité, sauf l'immeuble nécessaire à leurs réunions. La nullité sera prononcée en justice, soit sur la demande des parties intéressées, soit d'office sur les réquisitions du ministère public.

TITRE IV

Des Sociétés approuvées

Art. 14. — Les Sociétés de secours mutuels qui voudront jouir de la personnalité civile et des avantages concédés par les articles suivants devront faire approuver leurs statuts par le ministre de l'Intérieur.

La demande d'approbation est déposée, contre récépissé, soit à la sous-préfecture de l'arrondissement où la Société a son siège social, soit à la préfecture du département.

Le dépôt comprend, en outre des statuts, la liste des noms et adresses des personnes qui sont chargées, à l'origine, de l'administration et de la direction. Le Maire de la commune en est informé immédiatement par les soins du Préfet ou du Sous-Préfet.

L'approbation constate la conformité des statuts avec les dispositions de la loi.

Elle constate, en outre, que les statuts prévoient des recettes proportionnées aux dépenses, soit pour les secours en cas de maladie, soit pour la constitution des retraites ou des assurances en cas de décès ou d'accidents, soit pour les autres dépenses énumérées à l'article premier.

L'approbation ou le refus d'approbation doit avoir lieu dans le délai de trois mois. Le refus d'approbation doit être motivé par une infraction aux lois et notamment aux dispositions du paragraphe 4 du présent article.

En cas de refus d'approbation, un recours peut être formé devant le Conseil d'Etat. Ce recours sera dispensé des droits de timbre et d'enregistrement; il pourra être formé sans ministère d'avocat.

Les administrateurs ou directeurs de toute Société approuvée seront tenus de déposer les statuts au parquet du siège social.

Avis du dépôt devra être publié dans un journal de l'arrondissement, ou, s'il n'en existe aucun, dans l'un des journaux du département.

Un extrait des statuts sera inséré dans le recueil des actes de la préfecture.

Tout changement dans les statuts d'une Société approuvée doit être l'objet d'une nouvelle demande d'approbation, et aucune modification statutaire ne peut être mise à exécution si elle n'a pas été préalablement approuvée.

Il sera procédé pour les changements dans les statuts comme en matière de statuts primitifs, pour tout ce qui concerne les dépôts, les délais et les recours.

Art. 15. — Les Sociétés de secours mutuels qui auront été approuvées et qui auront satisfait à toutes les prescriptions de l'article précédent jouiront des avantages afférents aux Sociétés libres. Elles pourront en outre, sous réserve de l'autorisation du Conseil d'Etat, recevoir des dons et legs immobiliers.

Les immeubles compris dans un acte de donation ou dans une disposition testamentaire seront aliénés dans les délais et la forme prescrits par le décret qui en autorise l'acceptation ; le délai pourra, en cas de nécessité, être prorogé.

Art. 16. — Les communes sont tenues de fournir aux Sociétés approuvées qui le demandent les locaux nécessaires à leurs réunions.

Art. 17. — Dans les villes où il existe une taxe municipale sur les convois, il est accordé aux Sociétés approuvées remise des deux tiers des droits sur les convois dont elles peuvent avoir à supporter les frais, aux termes de leurs statuts.

Si la circonscription d'une Société s'étend à plusieurs communes, la remise est faite par celle de ces communes dans laquelle a lieu l'inhumation.

Art. 18. — Tous les actes intéressant les Sociétés approuvées sont exempts des droits de timbre et d'enregistrement.

Cette disposition n'est pas applicable aux transmissions de propriété, d'usufruit ou de jouissance de biens, meubles et immeubles, soit entre vifs, soit par décès.

Conformément aux articles 19 de la loi du 11 juillet 1868 et 24 de la loi du 20 juillet 1886, les certificats, actes de notoriété et autres pièces exclusivement relatives à l'exécution des lois précitées et de la présente loi, seront délivrés gratuitement et exempts des droits de timbre et d'enregistrement.

Art. 19. — Les placements des Sociétés de secours mutuels approuvées doivent être effectués en dépôt aux Caisses d'épargne, à la Caisse des Dépôts et Consignations, en rentes sur l'Etat, bons du Trésor ou autres valeurs créées ou garanties par l'Etat, en obligations des départements et des communes, du Crédit foncier de France ou des Compagnies françaises de chemins de fer qui ont une garantie d'intérêts de l'Etat.

Les titres et les valeurs appartenant aux Sociétés de secours mutuels approuvées resteront déposés à la Caisse des Dépôts et Consignations, qui sera chargée de l'encaissement des arrérages, coupons et primes de remboursement de ces titres et en portera le montant au compte de dépôt de chaque Société.

Art. 20. — Les Sociétés de secours mutuels approuvées sont admises à verser des capitaux à la Caisse des Dépôts et Consignations :

1° En compte-courant disponible. Ce compte-courant portera intérêt au profit de ces Sociétés à un taux égal au taux d'intérêt du compte des Caisses d'épargne ;

2° En un compte spécialement affecté, pour toute la durée de la Société, à la formation ou à l'accroissement d'un fonds de retraite servant à faire constituer des pensions de retraites immédiates, par la Caisse nationale des retraites pour la vieillesse, à un âge que les statuts déterminent.

Ce compte spécial portera intérêt à un taux égal à celui de la Caisse nationale des retraites pour la vieillesse.

Les intérêts des deux comptes seront capitalisés tous les ans.

La Caisse des Dépôts et Consignations aura la faculté de faire emploi des fonds versés aux comptes ci-dessus désignés dans les mêmes conditions que pour les fonds des Caisses d'Epargne.

Art. 21. — Le fonds spécial de retraite dont il est fait mention à l'article précédent a pour objet de faire constituer des rentes viagères immédiates par la Caisse nationale des retraites pour la vieillesse, à capital aliéné ou à capital réservé, au profit des membres des Sociétés approuvées, désignés parmi les membres participants âgés de plus de cinquante ans et ayant acquitté la cotisation sociale pendant quinze ans au moins. La quotité des pensions sera fixée par la délibération même qui en aura prescrit la constitution.

Lorsque le capital affecté au service d'une pension viagère, constituée à capital réservé, est rendu libre par la mort du titulaire, il fait retour au fonds de retraite de la Société, à dater du jour de la notification de l'acte de décès.

Une indemnité pécuniaire déterminée chaque année, et prélevée sur les fonds de réserve, peut être allouée aux membres participants devenus infirmes ou incurables avant l'âge fixé par les statuts pour être admissibles à la pension viagère de retraite.

Les Sociétés approuvées qui procurent à leurs membres participants des livrets individuels de la Caisse nationale des retraites, moyennant le versement d'une cotisation spéciale y affectée, peuvent verser aux livrets, dans les conditions fixées par l'assemblée générale, les intérêts disponibles du produit des dons et subventions qu'elles auront reçus sans affectation déterminée.

Art. 22. — A partir de la promulgation de la présente loi, les arrérages des dotations précédemment constituées seront employés par le ministre de l'Intérieur, après avis du conseil supérieur des Sociétés de secours mutuels établi par l'article 28 ci-après, à accroître par des subventions les versements effectués par les Sociétés approuvées à leur fonds de retraite déposé à la Caisse des Dépôts et Consignations, ou les versements à la Caisse nationale des retraites sur les livrets individuels à rente différée, effectués par les membres de ces Sociétés.

Le montant des crédits supplémentaires votés annuellement sera employé :

1° A compléter, s'il y a lieu, les sommes affectées aux subventions prévues par le paragraphe précédent ;

2° A distribuer des secours aux Sociétés de secours mutuels approuvées que le grand nombre des malades mettrait hors d'état de remplir leurs engagements.

Le ministre déterminera chaque année, après avis du conseil supérieur, la somme qui sera attribuée, sur les crédits supplémentaires, à l'une et à l'autre affectation.

Les subventions allouées en augmentation des versements aux fonds de retraite pour les livrets individuels seront réparties entre les sociétés, en tenant compte :

1° Du nombre des membres participants ;

2° Du nombre des membres participants âgés de plus de cinquante-cinq ans ;

3° De la quotité des versements.

Lorsque le service des retraites d'une Société sera assuré conformément aux statuts par des sommes disponibles, soit sur les fonds de réserve, soit sur le fonds de retraite, soit à l'aide des fonds inscrits aux livrets individuels, et que le chiffre des pensions atteindra 360 fr. par an, le ministre de l'Intérieur, après avis du conseil supérieur, pourra suspendre l'allocation des subventions.

Les demandes de secours et de subventions seront adressées au ministre de l'intérieur par l'intermédiaire des préfets.

Art. 23. — Les Sociétés de secours mutuels approuvées sont tenues de communiquer leurs livres, registres, procès-verbaux et pièces comptables de toute nature, aux Préfets, Sous-Préfets ou à leurs délégués. Cette communication a lieu, sans déplacement, sauf le cas où il en serait autrement ordonné par arrêté du Préfet.

Les infractions aux prescriptions du présent article seront punies par application de l'article 9 qui précède.

Art. 24. — Dans le cas d'inexécution des statuts ou de violation des dispositions de la présente loi, l'approbation peut être retirée et la dissolution peut être prononcée par un décret rendu en Conseil d'Etat, sur la proposition motivée du ministre de l'Intérieur et après avis du conseil supérieur des Sociétés de secours mutuels, lequel sera convoqué dans le plus bref délai.

La décision par laquelle l'approbation sera retirée et la dissolution prononcée sera susceptible d'un recours au contentieux devant le Conseil d'Etat, sans ministère d'avocat et avec dispense des droits de timbre et d'enregistrement.

Art. 25. — Lorsque la dissolution d'une Société approuvée est votée par l'assemblée générale, conformément aux statuts, ordonnée par le tribunal ou prononcée par décret, la liquidation est poursuivie, sous la surveillance du Préfet ou de son délégué.

Il est prélevé sur l'actif social, y compris le fonds de retraite déposé à la Caisse des Dépôts et Consignations :

1° Le montant des engagements contractés vis-à-vis des tiers ;

2° Les sommes nécessaires pour remplir les engagements contractés vis-à-vis des membres participants, notamment en ce qui concerne les pensions viagères ;

3° *a)* Une somme égale au montant des versements et secours accordés depuis l'origine de la Société par l'Etat, à titre inaliénable, sur les fonds de la donation ou autres, pour être, ladite somme, versée au compte de la dotation des Sociétés de secours mutuels ;

b) Des sommes égales au montant des subventions et secours accordés depuis l'origine de la Société, par les départements et les communes, à titre inaliénable, pour être, lesdites sommes, réintégrées dans leurs caisses ;

c) Des sommes égales au montant des dons et legs faits à titre inaliénable, pour être employées conformément aux volontés des donateurs et testateurs s'ils ont prévu le cas de liquidation, ou, si leur volonté n'a pas été exprimée, pour être ajoutées au compte de dotation des Sociétés de secours mutuels.

Si, après le payement des engagements contractés vis-à-vis des tiers et des sociétaires, il ne reste pas de fonds suffisants pour le plein des prélèvements prévus au paragraphe 3 ci-dessus, ces prélèvements auront lieu au marc le franc des versements faits respectivement par l'Etat, les départements, les communes, les particuliers.

Le surplus de l'actif social sera, s'il y a lieu, réparti entre les membres participants appartenant à la Société au jour de la dissolution et non pourvus d'une pension ou indemnité annuelle, *au prorata* des versements opérés par chacun d'eux depuis leur entrée dans la Société.

TITRE V

Des Sociétés reconnues comme établissements d'utilité publique

Art. 26. — Les Sociétés de secours mutuels sont reconnues comme établisssements d'utilité publique par décret rendu dans la forme des règlements d'administration publique.

La demande est adressée au préfet avec les pièces suivantes : les statuts, la liste nominative des personnes qui y ont adhéré et un exemplaire du règlement intérieur.

Art. 27. — Les Sociétés reconnues comme établissements d'utilité publique jouiront des avantages accordés aux Sociétés approuvées. Elles pourront, en outre, posséder et acquérir, vendre et échanger des immeubles.

TITRE IV

Conseil supérieur. — Rapports annuels. — Tables statistiques

Art. 28. — Il est institué, près le ministre de l'Intérieur, un conseil supérieur des Sociétés de secours mutuels. Ce conseil est composé de trente membres, savoir :

Deux sénateurs élus par leurs collègues ;
Deux députés élus par leurs collègues ;
Deux conseillers d'Etat élus par leurs collègues ;
Deux délégués du ministre de l'Intérieur ;
Un délégué du ministre de l'Agriculture ;
Un délégué du ministre du Commerce ;
Le directeur général de la comptabilité au ministère des finances ;
Le directeur du mouvement général des fonds au même ministère ;
Le directeur général de la Caisse des Dépôts et Consignations ;
Deux membres de l'Académie de médecine désignés par l'Académie ;
Deux actuaires désignés par le ministre de l'Intérieur ;
Douze représentants de Sociétés de secours mutuels, dont deux appartenant aux Sociétés libres, élus par les délégués des Sociétés, dans les formes qui seront déterminées par un règlement d'administration publique.

Tous les membres sont nommés pour quatre ans, leurs pouvoirs sont renouvelables, leurs fonctions gratuites.

Le ministre de l'Intérieur est président de droit du conseil supérieur des Sociétés de secours mutuels.

Le conseil choisit parmi ses membres son vice-président et son secrétaire. Il est convoqué par le ministre de l'Intérieur au moins une fois tous les six mois.

Il reçoit communication des états statistiques et des comptes rendus de la situation financière fournis par les Sociétés de secours mutuels.

Il donne avis sur toutes les dispositions réglementaires ou autres qui concernent le fonctionnement des Sociétés de secours mutuels, et notamment sur le mode de fonctionnement des subventions et secours.

ART. 29. — Le ministre de l'Intérieur soumet chaque année au Président de la République un rapport qui est présenté au Sénat et à la Chambre des députés sur les opérations des Sociétés de secours mutuels et sur les travaux du conseil supérieur.

ART. 30. — Dans un délai de deux ans après la promulgation de la présente loi, les ministres de l'Intérieur et du Commerce feront établir des tables de mortalité et de morbidité applicables aux Sociétés de secours mutuels.

Disposition transitoire

ART. 31. — Les Sociétés de secours mutuels, antérieurement autorisées ou approuvées seront tenues, dans le délai de deux ans, de se conformer aux prescriptions de la présente loi. Jusqu'à l'expiration de ce délai, elles continueront à s'administrer conformément à leurs statuts.

CHAPITRE II

Ce que devait être la loi nouvelle

L'organisation des Sociétés de secours mutuels, dit avec juste raison M. Hubbard, « n'aurait besoin d'aucune règle, si elles ne prenaient pas des engagements vis-à-vis de leurs membres, et si elles pouvaient limiter leurs secours aux ressources dont elles disposent », mais, dans la pratique, il n'en est point ainsi. Aussi une législation spéciale s'impose-t-elle, tant pour garantir aux membres associés le fruit de leur épargne, que pour maintenir les sociétés dans la voie qu'elles se sont tracées et les empêcher de dévier et de devenir la proie des faiseurs. Mais cette législation, sur quelle base doit-elle être établie? Allons-nous, suivant les conseils de quelques économistes, prendre la science seule pour guide et faire litière des sentiments fraternels si profondément enracinés au cœur des mutualistes pratiquants? En d'autres termes, devons-nous faire de la Mutualité en *mathématicien ou en apôtre de la fraternité et de la solidarité sociale?* Pour tous ceux qui ont vécu de la vie du travailleur, qui ont participé à l'édification de ces sociétés mutuelles, qui savent quels sacrifices l'ouvrier s'impose parfois pour lui apporter la partie rognée sur son salaire modeste, il est de toute évidence que le cœur parle plus haut que les chiffres et que vouloir renfermer les principes mutualistes dans quelques formules algébriques, c'est vouloir tuer la Mutualité en la privant de son meilleur élément : la fraternité!

Devons-nous cependant continuer les errements du passé? Non, certes; et voilà pourquoi nous réclamons une législation nouvelle.

Tout d'abord, la nouvelle loi devrait distinguer nettement le fossé qui sépare la prévoyance mutuelle de la bienfaisance, de la charité avec laquelle on l'a trop, jusqu'aujourd'hui, confondue. La charité, qui n'élève pas toujours celui qui donne, humilie celui qui reçoit. Par la prévoyance, l'assistance devient un droit acquis; point n'est besoin de pousser plus loin le parallèle.

Les Sociétés de prévoyance mutuelle devront pouvoir se former pour tous les besoins de la vie, c'est-à-dire qu'on ne peut limiter le but précis pour lequel elles pourront se créer. Une obligation fondamentale qui devrait leur être imposée suffirait largement à les maintenir dans la bonne voie : *l'obligation de la spécification des dépenses et la péréquation des risques et des cotisations*, que nous trouvons dans les lois anglaises et italiennes. (1)

(1) Voir au chapitre III comment nous entendons l'application de ces règles.

Ce principe admis, toutes les sociétés deviennent intéressantes au même titre, et point n'est besoin désormais de maintenir la dualité qui existe aujourd'hui et que la loi en préparation comporte également. A quoi servirait d'avoir des *sociétés libres, des sociétés autorisées et des sociétés approuvées*, le jour où toutes auront admis dans leurs statuts que les risques courus doivent être couverts par les cotisations.

Mais, dira-t-on, si minimes que soient les obligations imposées, vous aurez toujours des sociétés qui refuseront de s'y soumettre. Qu'à cela ne tienne, répondrons-nous ; le droit commun existe pour tous les citoyens en France, et les mutualistes, ou soi-disant tels, qui trouveront les conditions de la nouvelle loi trop dures, auront toujours la ressource de s'associer à l'abri du Code pénal ou du Code de commerce, en attendant la liberté complète d'association ou de réunion, qui n'a rien à voir avec les principes mutualistes.

Liberté complète pour les sociétés de s'unir, de se syndiquer, de se fédérer, pour la défense de leurs droits et pour l'amélioration des services institués par elles, y compris le droit absolu de posséder et de gérer des pharmacies coopératives, voilà un point qui ne devrait pas être discuté. N'a-t-on pas, en effet, accordé ce droit aux syndicats ouvriers, et pourquoi, dès lors, vouloir mettre en suspicion les Mutualités !

Obligation pour les sociétés de dresser des bilans annuels, communication obligatoire de ces bilans à l'administration supérieure. Voilà encore un point sur lequel tous les mutualistes se trouveront d'accord.

Obtention de la personnalité civile.

Faculté de recevoir dons et legs en valeurs mobilières ou immobilières sans obligation d'aliéner tout ou partie de ces dons ou legs.

Faculté d'acquérir des immeubles.

Mêmes droits dévolus aux unions et syndicats de sociétés légalement constitués.

Exonération du droit de timbre et d'enregistrement pour tout ce qui concerne leurs opérations statutaires.

Exonération du droit des pauvres, en ce qui concerne leurs fêtes, bals, concerts, etc., etc., car il semble étrange que ceux qui ont pour premier principe la suppression de l'indigence soient obligés d'alimenter le budget de l'assistance publique.

Liberté complète de gestion des fonds, sous contrôle de l'administration supérieure.

Allocation d'un taux fixe par période décennale pour tous les dépôts opérés dans les caisses du Trésor.

Maintien du taux de 4 1/2 0/0 pour le capital ancien de retraite que les sociétés ont été contraintes, par le décret de 1856, à verser, sans faculté de reprise, à la Caisse des Dépôts et Consignations, ou remboursement de ce capital, avec les intérêts et une indemnité.

Faculté de constituer des pensions viagères auprès de la Caisse nationale des retraites à capital aliéné ou à capital réservé.

Faculté de créer un fonds inaliénable de retraites avec le produit :

1° Des cotisations spéciales ;

2° Des dons et legs spécialement affectés ;

3° Des subventions gouvernementales, départementales ou communales ;

4° Des excédents annuels, tous les risques statutaires étant garantis normalement, ou de reverser le produit de ces mêmes recettes sur livrets individuels des sociétaires.

Maintien de la dotation actuelle et vote d'une dotation nouvelle d'au moins dix millions. Arrérages intégralement consacrés à subventionner les sociétés possédant un fonds de retraite ou affectant une partie de leurs recettes à ce service spécial. Répartition de la subvention d'après une règle fixe, immuable, en tenant compte :

1° Du versement de la Société ;

2° Du nombre de ses membres participants ;

3° Du nombre des membres participants âgés de plus de 55 ans.

Les sociétés délivrant une retraite de 360 fr. et au-dessus exclues dans le partage des arrérages. Suppression, en ce qui concerne l'État, des subventions aux sociétés obérées. Ces subventions ressortissant du domaine du département et de la commune. Obligation pour les départements et les communes d'y pourvoir.

Institution d'un conseil supérieur de la Mutualité, dont les membres seraient nommés, moitié par le Gouvernement et le Parlement et moitié par les Sociétés légalement constituées.

Tels sont les termes généraux que devraient comporter la loi nouvelle. Les *desiderata*, maintes fois manifestés par les mutualistes français, y sont tous contenus. Et il nous semble facile, dès lors, d'obtenir du Parlement une loi libérale donnant satisfaction à l'élément le plus sain de notre Démocratie, à ceux de ses membres qui ont déjà depuis longtemps mis en action le vieux proverbe : *Aide-toi le ciel t'aidera!* et auquel un homme politique a récemment ajouté une variante en disant : *Aide-toi, la République t'aidera!*

CHAPITRE III

Des règles générales que devraient observer les Mutualités. — Table de mortalité

« Les Sociétés mutualistes sont encore dans l'enfance ; cherchant la voie qui « leur convient, elles pratiquent avec hésitation, au lieu de demander à la science « des règles qui fassent cesser leurs incertitudes et les guident d'une manière sûre « vers le but qui leur convient. En attendant, elles s'administrent au hasard, « à l'aide de moyens plus ou moins empiriques, incertaines le plus souvent du « résultat final que donnera leur gestion annuelle. » (1)

Il y a beaucoup de vrai dans ces quelques lignes d'un auteur dont nous ne partageons point la manière de voir dans beaucoup de cas. Mais à qui la faute si les Sociétés mutuelles marchent encore en aveugles, si ce n'est au gouvernement qui, depuis 40 ans passés, a promis des tables de mortalité et de morbidité et qui n'a point encore ébauché, surtout en ce qui concerne la morbidité, l'œuvre promise ? La responsabilité des mutualistes étant à couvert de ce côté, il faut cependant bien reconnaître qu'ils ont mis certaine complaisance à se laisser bercer d'illusions, surtout en ce qui concerne le service des retraites.

Le fonds commun inaliénable, pour avoir rendu des services, n'est point l'idéal, tant s'en faut. Le moindre de ses défauts est d'avoir, dans beaucoup de cas, paralysé l'essor des Mutualités, en faisant converger vers lui tous les efforts des administrateurs, au détriment souvent de services tout aussi intéressants (service pharmaceutique, secours aux veuves et aux orphelins, etc., etc.) C'est pour cette raison que, tout en ne demandant pas la suppression du fonds collectif inaliénable pour le service des pensions, nous voudrions que la nouvelle loi donnât la liberté aux Mutualités de constituer leurs pensions, soit au moyen des arrérages pris sur un fonds commun inaliénable, soit en aliénant une partie de ce fonds spécial, soit en constituant, au profit de leurs membres, avec certaines ressources sociales, une pension viagère de retraites sur livrets individuels.

A l'encontre de certains économistes, nous croyons que tout est possible en Mutualité et que l'on peut attendre de l'effort collectif des résultats autrement sérieux que ceux obtenus jusqu'à présent.

(1) *Les Sociétés de secours mutuels. — Législations comparées qui les régissent*, par A. Villard (Paris, Guillaumin, 1889).

M. Prosper de Laffite, dans un ouvrage fort intéressant, a déterminé avec bonheur le *domaine propre de la Société de secours mutuels (1) : Assurance contre la maladie*, d'abord ; *Frais funéraires, pensions viagères de retraite, secours aux veuves et orphelins, secours aux incurables*, ensuite ; nous ajouterons à cette nomenclature : l'*Assurance mutuelle contre la perte de bestiaux*, qui donne des résultats fort remarquables en Belgique ; *l'Assurance contre la perte ou détérioration d'outils, d'engins de pêche*, qui se pratique en Angleterre. A quoi bon limiter d'ailleurs la nature des objets pour lesquels pourraient se constituer les Mutualités. Ce qui est autrement important, c'est de leur donner des règles fixes desquelles elles ne devront point s'écarter, sous peine de faillite morale.

Spécialisation des dépenses et des recettes ? Péréquation des risques et des cotisations ?

« En déterminant le taux des cotisations, il faut prévoir, autant que possible, « les diverses charges proportionnelles qui affecteront la dépense totale, et « adopter une balance pour chaque fonds spécial. Cette méthode doit s'imposer « comme une règle fondamentale à toutes les sociétés présentes et futures « (Laurent, page 510, cité par M. Villard, dans son ouvrage : *Les Sociétés de « secours mutuels. — Réformes nécessaires*.) »

Les lois anglaises et italiennes imposent cette règle aux Sociétés de secours mutuels, et nous avons le regret de constater que la loi française est muette à ce sujet. Le résultat le plus remarquable qu'amènerait cette innovation dans la loi serait la suppression des catégories d'associations contraires au sens commun.

Il ne faudrait pas conclure de ce qui précède que nous soyons partisans de la refonte générale de tous les statuts de nos associations fraternelles et que nous admettions, dans leur intégralité, les données, les théories que certains économistes voudraient imposer, de gré ou de force, aux administrateurs mutualistes.

M. Prosper de Laffite, le plus autorisé des théoriciens en question, a écrit un gros volume sur cette question (2). Cet ouvrage, fort scientifique, que toutes les sociétés devraient posséder dans leurs bibliothèques et qui s'impose à l'attention de tous ceux qui s'intéressent aux questions de Mutualité, a un défaut capital : il n'est pas à la portée de toutes les intelligences, et les 9/10 de nos administrateurs jetteraient le manche après la cognée s'il fallait qu'ils suivent les règles imposées au nom des mathématiques.

A notre avis, la péréquation des risques, la spécialisation des dépenses

(1) *Essai d'une théorie rationnelle des Sociétés de secours mutuels*, page 80 et suivantes.

(2) *Essai d'une théorie rationnelle* (loc. citée).

peuvent être suivies par toutes les associations avec des données beaucoup plus simples et surtout beaucoup plus claires.

Une société de plein exercice, c'est-à-dire accordant : indemnité journalière de maladie, frais pharmaceutiques et médicaux, frais funéraires, secours aux veuves et pensions de retraite, doit diviser son avoir social en trois comptes distincts :

1° Compte courant disponible ;

2° Compte de réserve ;

3° Compte de retraite.

A la fin de chaque exercice, l'excédent des recettes sur les dépenses passe au compte de réserve. Le troisième compte dit : de retraite, ne doit commencer à fonctionner que lorsque la réserve sociale sera suffisamment forte pour parer à toutes les éventualités (catastrophes, épidémies). Il reste bien entendu qu'il peut s'ouvrir le jour où une donation ou une cotisation spéciale y est affectée.

En pratique, tous les excédents de recettes peuvent être affectés au compte de retraite, lorsque le fonds de reserve aura atteint le produit fourni par la multiplication du double de la cotisation annuelle par le nombre des sociétaires.

Exemple : une société de 100 membres, dont la cotisation annuelle est fixée à 18 fr., pourra verser à la retraite tous les excédents annuels lorsque son fonds de réserve aura atteint 3.600 fr., c'est-à-dire 100×36 le double de la cotisation annuelle.

Ce principe admis, point n'est besoin de déterminer d'avance statutairement quelle quotité de la cotisation il faudra affecter à tel ou tel service. C'est en établissant, chaque année, le bilan social que les administrateurs pourront faire la péréquation.

Rien de plus simple ! En principe, la cotisation annuelle des participants doit suffire à couvrir tous les risques. Les recettes des membres honoraires, l'intérêt des capitaux placés, étant des ressources extra-sociales, doivent être considérés comme aléatoires et ne doivent pas figurer en ligne de compte pour établir une péréquation exacte. Ce point étant acquis, nous allons prendre trois exemples qui démontreront suffisamment que pas n'est besoin de calculs algébriques pour diriger scientifiquement une Société de secours mutuels (1).

PREMIER EXEMPLE

Une société de secours mutuels de 110 membres exige 24 fr. de cotisation annuelle, soit en recette 2.640 fr.

(1) Ces exemples ont été pris au hasard parmi trois sociétés ayant fourni leur compte rendu annuel au Syndicat de la Loire.

Elle a dépensé dans l'exercice écoulé, savoir :

Indemnité journalière	518 50	soit moyenne par membre	4 713
Frais médicaux	200 »	—	1 900
Frais pharmaceutiques	430 60	—	3 914
Frais funéraires, veuves	275 50	—	2 500
Incurables	75 »	—	0 681
Frais divers	793 30	—	7 211
Totaux	2.301 90	—	20 919

Il saute à l'œil le moins clairvoyant que la société ci-dessus est dans une très bonne voie, puisque, non-seulement la cotisation de ses membres participants lui permet d'éliquibrer son budget, mais qu'elle assure un boni qui, joint aux recettes extra-sociales des membres honoraires, amendes, dons, legs, subventions, etc., etc., lui permettra, soit d'accroître son fonds de réserve, soit d'ouvrir un compte de retraite, soit d améliorer encore ses divers services (diminution de cotisation, augmentation des avantages offerts).

DEUXIÈME EXEMPLE

Une société de 51 membres exige de ses participants une cotisation de 24 fr., soit une recette de 1,224 fr.

Elle a dépensé dans l'exercice écoulé, savoir :

Indemnité journalière	233 »	soit moyenne par membre	4 568
Frais médicaux	309 25	—	6 063
Frais pharmaceutiques	490 90	—	9 625
Frais de gestion divers	1.076 25	—	21 10
Totaux	2.106 40	—	41 356

TROISIÈME EXEMPLE

Une société de 499 membres exige de ses participants une cotisation annuelle de 24 fr., soit une recette de 11,976 fr.

Elle dépense dans l'exercice écoulé, savoir :

Indemnité journalière	5.080 50	moyenne par membre	10 181
Frais médicaux	2.344 50	—	4 658
Frais pharmaceutiques	8.467 14	—	16 967
Frais funéraires, veuves	347 »	—	» 695
Incurables	1.149 »	—	2 300
Frais divers	1.392 90	—	2 791
Totaux	16.588 24	—	37 592

Il ressort clairement des exemples n° 2 et n° 3 que ces deux sociétés ne peuvent couvrir leurs risques par leurs cotisations. L'administration supérieure à laquelle ces bilans seront présentés aura donc pour devoir de rappeler à ces sociétes qu'une refonte de leurs statuts s'impose, sous peine de leur voir retirer les avantages dont elles jouissent en vertu de la loi.

Les administrateurs de la société qui nous fournit l'exemple n° 2 auront pour devoir de modifier leurs statuts ou leurs règlements en ce qui concerne les frais de gestion, qui sont de beaucoup trop élevés et dont la moyenne de 21 fr. 10 par membre est de beaucoup exagérée. Ils devront surveiller activement le service pharmaceutique, dont la moyenne de 9 fr. 625 par membre est également trop élevée.

Les administrateurs de la société qui nous fournit l'exemple n° 3 auront pour devoir de modifier le service pharmaceutique, qui menace d'engloutir l'avoir social avec sa moyenne de 16 fr. 967 par membre, leur attention devra se porter également sur la moyenne trop élevée de l'indemnité journalière de maladie.

Il reste bien entendu que les déficits signalés peuvent être causés par le fait d'une année malheureuse pendant laquelle une épidémie, par exemple, aura sévi avec intensité.

Dans ce cas particulier, le bilan de l'année suivante présentera une plus-value, ce n'est qu'en se basant sur les données de trois années au moins que l'administration supérieure devrait sévir, s'il y a lieu.

Voilà comment nous comprenons la péréquation des risques et la spécialisation des recettes et des cotisations. Les sociétés mutuelles qui se conformeront à ces données, très simples et à la portée de tous les administrateurs, sont certaines d'être à l'abri de toute surprise. Nous considérons comme complètement inutiles toutes les autres combinaisons, toutes les autres règles, plus ou moins mathématiques, tendant à spécialiser les recettes et les dépenses.

C'est avec intention que nous n'avons point encore parlé du compte de retraite, lequel, nous l'avons vu, doit s'alimenter, soit :

1° Par les recettes extra-sociales ;

2° Par l'excédent des recettes, le compte de réserve étant assuré.

Lorsqu'une société de plein exercice verra s'avancer la date à laquelle les premières pensions devront être servies, elle devra étudier attentivement les charges nouvelles que ce service va lui imposer. Pour faciliter ce travail, les sociétés devraient posséder un livre spécial dit : Livre des naissances. Ce livre, toujours à jour, devrait mentionner l'âge de tous les sociétaires, au moment de leur inscription à la société, et la date, en regard, à laquelle ils auront droit à la pension statutaire. Au moyen de la table de mortalité contenue à la fin du présent chapitre, les administrateurs de sociétés pourront calculer, pour une période au moins décennale, la quotité de la pension à servir, de manière à ne point être obligés d'abaisser le taux de la pension, dès la troisième ou quatrième année de ce fonctionnement du service de retraites. Il est désastreux d'être obligé de diminuer le taux de la pension; rien de plus naturel, au contraire, tous les dix ans, par exemple, au moyen d'un nouveau barème et suivant les ressources sociales, d'augmenter, pour une nouvelle période, la quotité des pensions acquises ou à acquérir.

En ce qui concerne les sociétés de retraite pures, c'est-à-dire ne fonctionnant qu'en vu des retraites, l'Etat ne devrait leur accorder de bénéficier de la loi sur les sociétés mutuelles qu'autant qu'elles justifieraient que leurs recettes permettront de constituer la pension promise. Et, par recette, nous entendons la cotisation annuelle statutaire des participants, les calculs établis ne devant porter que sur cette cotisation et la capitalisation des sommes par elle produite. Il serait moral que les sociétés constituées uniquement en vue de la retraite admettent le principe du remboursement d'une partie des sommes versées, lorsque l'exclusion est prononcée par suite de l'impossibilité de la continuation des versements. La Société de retraite pure est une société d'assurance au sens propre du mot; pour qu'elle puisse donner des résultats, il faut forcément qu'elle élargisse le cercle de son action; elle rayonnera d'abord dans la ville où elle est née; elle embrassera ensuite successivement l'arrondissement, le département, voire même une partie du territoire, comme cela arrive déjà à quelques-unes d'entr'elles.

L'esprit de solidarité et de fraternité, qui forme la base de toutes les associations mutuelles de plein exercice, tend de jour en jour à disparaître dans les associations de retraite pure, et comment en serait-il autrement, puisque, à côté d'un droit acquis, il n'y a chez elles, pour le sociétaire, qu'un devoir à remplir : celui de payer exactement sa cotisation. Comme conclusion, les sociétés de retraite pure ne devraient bénéficier des avantages offerts à la Mutualité de par la loi qu'autant que leurs données auraient été reconnues exactes par des actuaires spécialement désignés à cet effet, et un maximum dans la cotisation annuelle devrait en outre leur être imposé. En principe, toutes celles permettant le versement d'une annuité de plus de 48 fr. devraient être exclues des avantages de la loi.

Cotisation proportionnelle à l'âge?

La cotisation proportionnelle à l'âge, qui paraît difficile à appliquer dans la plupart des associations actuelles, rencontre de chauds défenseurs parmi les écrivains mutualistes.

Voici comment s'exprime M. Villard (1) : *Une société de secours mutuels,*

(1) *Législation comparée* (ouvrage cité).

n'est pas une société de bienfaisance, mais bien un contrat d'assurance dans lequel les risques et avantages doivent être égaux et proportionnels pour tous les participants. Or, un jeune homme de 16 ans, qui, d'après la statistique, ne subit qu'une moyenne de quatre journées de maladie par an, fait supporter à la société bien moins de risques que le sociétaire de 45 ans qui sera soumis à une moyenne annuelle de huit jours de maladie; il grèvera donc le fonds social d'une dépense double de celle de son compagnon de 16 ans. Voilà pour la maladie, et il en est de même pour les secours en cas d'infirmité ou de vieillesse. Mais l'écart est bien autrement grand lorsqu'il s'agit de la retraite.

Les fonds de retraites sont formés par les économies sociales réalisées et accumulées à l'aide des versements égaux de chacun. Or, le sociétaire qu'on admet à 45 ans viendra, au bout de 15 ans, puiser dans ce fonds commun, tandis que le jeune homme de 16 ans, admis le même jour, attendra 44 ans, si dans ce long parcours il a survécu.

L'équilibre des versements est donc rompu. La juste proportionnalité des risques et des avantages a cessé d'être équitable.

Quelques sociétés ont essayé grossièrement de la rétablir, en exigeant un droit d'entrée proportionnel à l'âge, de 4, 6 ou 10 fr., ce qui représente en intérêts un supplément de cotisation de 20, 30 ou 40 cent. par an, tandis que le supplément de chaque journée de maladie coûte 3 fr. à la Mutualité.

D'où suit qu'un homme de 40 ans qui subit normalement quatre jours de maladie de plus que son associé, coûte 12 fr. par an de plus que celui-ci.

M. Villard conclut en invitant les sociétés de secours mutuels et de retraites à former quatre ou cinq catégories de sociétaires, chaque catégorie devant payer une cotisation différente. Par exemple, une première catégorie composée de sociétaires âgés de 16 à 20 ans; une deuxième de 20 à 30 ans; une troisième de 30 à 40 ans; de 40 à 50, de 50 à 60 ans.

M. Prosper de Lafitte (1) renonce à la retraite, qui peut compromettre le bon fonctionnement de la Mutualité, et propose de remplacer la *cotisation proportionnelle à l'âge* par un nombre restreint de *primes annuelles*. Voici comment il explique sa théorie préférée :

« Une *prime annuelle* de 1 fr., payable pendant cinq ans, ne vaut pas
» 5 fr. de *prime unique*; d'abord parce que les 5 fr. de la *prime unique* portent
« intérêt immédiatement, tandis que les 5 fr. des 5 *primes annuelles* ne
« viennent porter intérêt que successivement; et, ensuite, parce que la *prime*
« *unique* est acquise à la société aussitôt reçue, tandis qu'un certain nombre
« de *primes annuelles* peuvent être perdues à cause de la chance de survie;
« celui qui doit payer pouvant mourir avant son dernier versement. »

(1) Essai d'une théorie rationnelle, ouvrage cité.

Voici, à titre de documents, la table que M. Prosper de Laffite a établie à l'usage des sociétés qui désireraient adopter son système :

TABLE X. — **Droits d'entrée de la Société transformés en cotisations supplémentaires à payer pendant 10 ans.**

(La cotisation annuelle des sociétaires étant de 12 fr.)

AGES d'entrée	DROITS d'entrée — TOTAUX	Cotisations supplémentaires A PAYER pendant 10 ans		AGES d'entrée	DROITS d'entrée — TOTAUX	Cotisations supplémentaires A PAYER pendant 10 ans	
		Annuelles	Mensuelles			Annuelles	Mensuelles
16	3 »	» 65	» 05	31	88 »	10 80	» 90
17	8 »	1 20	» 10	32	95 »	11 40	» 95
18	14 »	1 80	» 15	33	102 »	12 »	1 »
19	19 »	2 40	» 20	34	109 »	13 20	1 10
20	25 »	3 »	» 25	35	117 »	13 80	1 15
21	30 »	3 60	» 30	36	125 »	15 »	1 25
22	36 »	4 20	» 35	37	133 »	16 20	1 35
23	42 »	4 80	» 40	38	143 »	17 40	1 45
24	48 »	6 »	» 50	39	152 »	18 60	1 50
25	53 »	6 60	» 55	40	162 »	19 80	1 60
26	58 »	7 20	» 60	41	172 »	20 40	1 70
27	63 »	7 80	» 65	42	182 »	21 60	1 80
28	69 »	8 40	» 70	43	192 »	22 80	1 90
29	76 »	9 »	» 75	44	203 »	24 60	2 05
30	82 »	9 »	» 80	45	214 »	25 80	2 15

On voit, par ce tableau, qu'en transformant la cotisation proportionnelle en un certain nombre de primes annuelles, à payer par le nouveau récipendiaire, M. Prosper de Laffite tend tout simplement à supprimer totalement le recrutement des mutualistes, car nous ne croyons point qu'il soit facile de faire comprendre à un postulant de 35 ans, par exemple, qu'il devra payer 1 fr. par mois, tout d'abord, plus 1 fr. 15 par mois de supplément pendant dix ans ou une prime d'entrée de 117 francs. Nous croyons donc que le système de M. Villard est de beaucoup préférable ; il sera toujours facile à l'administration d'une Société d'établir 4 ou 5 catégories de souscripteurs, et le membre participant comprendra toujours aisément si la cotisation qu'il devra payer n'est point sujette à variation.

La cotisation proportionnelle à l'âge d'entrée serait d'une application difficile dans les Sociétés existantes, mais les Sociétés qui se formeront à l'avenir devraient essayer de l'appliquer, car elle est le complément d'une sage péréquation entre les cotisations et les risques.

En Italie, sur 2.000 sociétés, 1.370 ont adopté la cotisation proportionnelle à l'âge.

Voici comment s'exprime M. Laurent sur cette intéressante question, dans son grand ouvrage sur la Prévoyance (page 330) :

« Le droit d'admission est fixe ou il varie suivant les âges. C'est ce dernier « mode qui doit être encouragé. S'il est utile à l'origine d'ouvrir la porte à « tout le monde presque sans conditions, il ne serait pas équitable, dans la « suite, d'admettre au même titre l'homme mûr qui vient s'offrir au moment « où les maladies le menacent ; il n'est pas juste, non plus, qu'il vienne « prendre une part des économies que ses prédécesseurs ont accumulées.

« Il faut donc que les sociétaires admis à des âges différents apportent des « cotisations différentes. S'il était pratique de demander, en une seule fois, à « des sociétaires peu aisés, une somme égale à celle qu'ils auraient dû payer « depuis leur jeunesse, on pourrait, à la rigueur, procéder ainsi ; mais il est « certain que cette combinaison éloignerait les trois quarts des sociétaires. — « Il faut donc modifier le chiffre des cotisations suivant l'âge des sociétaires « au moment de leur entrée. Ceux qui entrent de 16 à 20 ans paieront : 1 franc « par mois, par exemple ; de 20 à 30 ans, 1 fr. 25 ; de 30 à 40, 1 fr. 50 ; au- « dessus, 2 fr. et 2 fr. 50 ».

Quantum de la Cotisation

La cotisation annuelle à demander aux membres des associations de secours mutuels doit varier suivant les localités, la nature des risques à couvrir et la profession des membres. En principe, d'après les données de la statistique, nous trouvons que chaque sociétaire dépense annuellement : en frais médicaux, 2 fr. 60 ; en frais pharmaceutiques 2 fr. 80 ; voilà donc une dépense minimum de 5 fr. 50 par an ; si on ajoute l'indemnité journalière de maladie, qui est en moyenne de cinq jours par an, nous aurons à ajouter 5 francs si la Société accorde 1 franc par jour, 10 francs si la Société accorde 2 francs, ce qui nous donne un total de 10 francs dans le premier cas et de 15 fr. 50 dans le second. Ajoutons les frais d'administration et les frais funéraires, dont la moyenne ensemble sont de 2 francs, et nous trouvons que le chiffre de la cotisation doit être au minimum de 12 francs ou de 18 francs, suivant le chiffre adopté, en ce qui concerne l'indemnité de chômage

Les neufs dixièmes des Sociétés mutuelles sont composées d'éléments ruraux ayant adopté la cotisation de 12 francs par an ; on voit que, pour ces Sociétés, il serait difficile de constituer des pensions viagères de retraite sans le concours des membres honoraires.

Dans les grandes villes, la cotisation adoptée varie de 18 à 30 francs, suivant la région. Au-dessus de 18 francs, chiffre minimum nécessaire pour assurer au *sociétaire seul les secours médicaux et pharmaceutiques, les frais funéraires et une indemnité journalière de 1 fr. 50 à 2 francs*, les suppléments de cotisation viennent s'accumuler au fonds collectif en vue de la pension viagère qui sera accordée plus tard. Ce qui serait encore préférable, à notre avis, ce serait de faire servir ce supplément à étendre à toute la famille les bienfaits de la Société. Il ne faut pas oublier, en effet, que le principe vrai, celui dont l'application permettra au travailleur de réaliser de sérieuses économies dans son budget annuel est l'admission de toute sa famille aux soins médicaux et pharmaceutiques, moyennant une prime unique payée par le chef de famille. Ce principe n'est sérieusement appliqué, pour l'instant, que dans le midi de la France, à Marseille notamment, où les Sociétés de secours mutuels sont arrivées à des résultats remarquables, et dont les données devraient de plus en plus inspirer tous les mutualistes.

Dans les campagnes, où l'indemnité journalière de maladie n'a que très peu de raison d'être, à l'exception de quelques jours par saison, ce qu'il importe, avant tout, c'est d'assurer le service médical et pharmaceutique. Une fois ces services établis, nous croyons qu'il serait bon que les Sociétés de secours mutuels servent d'assurance contre la perte des bestiaux ; et, que l'on ne s'y trompe point, le paysan, qui, à l'heure actuelle, se soucie d'une Société de secours mutuels comme le poisson d'une pomme, appréciera bien vite les bienfaits de la prévoyance mutuelle, le jour où vous lui parlerez non seulement de lui, mais aussi de sa vache, de ses moutons ou de ses porcs.

L'assurance contre la perte des bestiaux, sous la forme de Société de secours mutuels, donne des résultats remarquables en Belgique et dans certaines parties de l'empire allemand; elle tend à se généraliser en Italie. Le jour où les Sociétés françaises appliqueront sérieusement la spécialisation des recettes et des dépenses, rien ne sera plus facile pour elles que de pratiquer cette sorte d'assurance.

En résumé, chaque Société devrait demander à ses membres participants une cotisation suffisante pour couvrir, statistique en mains, chacun des risques sociaux. La cotisation de 12 francs par an suffit à assurer les services médicaux et pharmaceutiques, l'indemnité de chômage de 1 franc par jour, pendant trois mois, l'indemnité funéraire, cela dans la 8/10 partie du territoire. Dans les grandes villes ou dans les centres manufacturiers, l'indemnité de chômage s'élevant à 1 fr. 50 ou 2 francs par jour, la cotisation doit invariablement être fixée au minimum de 18 à 24 francs, suivant le cas. Avec ces cotisations, il ne faut point songer à étendre les services médicaux et pharmaceutiques à la famille, encore bien moins espérer constituer un fonds de retraite. Tout au plus quelques Sociétés placées dans des conditions exceptionnelles pourront-elles, grâce à des dons et legs ou à l'appui constant des membres honoraires, accumuler un capital qui leur permettra de délivrer des pensions viagères, mais ce sera toujours l'exception, et nous croyons que c'est un leurre de continuer à encourager, en ce qui concerne les Sociétés nouvelles, la capitalisation pour la retraite, toutes les fois qu'une cotisation spéciale déterminée ne sera pas rendue obligatoire.

La statistique nous démontre que les sociétés n'accordant qu'une somme de 1 fr. par jour comme indemnité de chômage pourraient, en élevant la cotisation annuelle de 12 à 18 fr., étendre les bienfaits des services médicaux et pharmaceutiques à la famille entière. Les sociétés accordant 1 fr. 50 d'indemnité journalière devront, pour les mêmes avantages offerts à leurs sociétaires, demander une cotisation de 24 fr., et celles accordant 2 fr. par jour, 30 fr.

Indemnité journalière

En principe, l'indemnité journalière accordée durant la maladie ne doit pas être inférieure à la cotisation mensuelle ; elle ne doit point non plus être équivalente à la moyenne du salaire local, mais bien rester toujours au-dessous dans une assez large proportion, à seule fin d'éviter les tentations du chômage à certaines époques de l'année.

Service médical

Le premier principe pour une société de secours mutuels qui veut avoir un service médical à prix réduits est de n'être composée que de membres occupant à peu près la même position sociale.

Le corps médical en général se montre disposé à des concessions lorsque la société est corporative ; *l'abonnement* dans ces conditions est souvent obtenu à des prix avantageux ; si la société paye à la visite, les différences obtenues sur le tarif général adopté par les docteurs de la localité sont souvent très appréciables. Mais les difficultés deviennent considérables, lorsque la société est composée d'éléments divers, surtout dans les petites localités.

Le docteur qui voit une douzaine de ses clients aisés, à qui il demande habituellement 5 fr. pour une visite, entrer tour à tour dans la société mutuelle de la localité, sera peu disposé à faire des concessions. C'est là le seul grief sérieux, d'ailleurs, invoqué par quelques docteurs contre les associations mutuelles, lorsqu'ils parlent d'exploitation, ce qui est d'ailleurs un bien gros mot pour désigner de petits abus. Qu'il y ait des abus, que quelques sociétaires ayant passé de la gêne à une opulence relative usent encore des services de la société, cela peut arriver, arrive même quelquefois, mais c'est une trop petite exception pour infirmer une règle en pratique depuis trente ans, à savoir : que les docteurs ont toujours fait preuve de solidarité sociale et de dévouement envers les mutualistes. Nous croyons donc que le corps médical et les mutualistes doivent vivre en bonne harmonie ; adoucissons les angles, s'il en existe de trop durs, mais point de guerre qui serait funeste aux intérêts du corps médical autant qu'aux membres de nos associations fraternelles.

Suivant les habitudes locales, le service médical peut se faire à l'abonnement ou à la visite, les deux systèmes possèdent des avantages et des inconvénients. C'est de l'union entre les sociétés d'une même localité, d'une même région au besoin, que doit sortir le meilleur système à adopter. Une règle générale devrait cependant remplacer une exception malheureuse. Le service médical devrait être étendu à la femme et aux enfants du mutualiste.

Service pharmaceutique

Le service pharmaceutique préoccupe, avec juste raison, et les mutualistes et l'administration supérieure. On a beaucoup écrit, beaucoup discuté depuis dix ans sur le meilleur système à adopter. Le ministre de l'Intérieur, justement ému des charges toujours croissantes que ce service impose aux associations, a communiqué, en 1891, aux administrateurs des sociétés mutuelles, la circulaire suivante, qui est d'ailleurs appelée à rester sans effets :

RÉPUBLIQUE FRANÇAISE

Paris, le 15 avril 1891.

« Monsieur le Président,

« Mon attention a été appelée par plusieurs de vos collègues sur les abus « auxquels donne lieu, dans certaines sociétés, l'allocation des médicaments « aux membres participants malades. Des chiffres authentiques m'ont été « produits, et je crois utile à l'intérêt général des sociétés d'en citer quelques- « uns pour prémunir contre un semblable danger les associations dans « lesquelles une surveillance sévère ne serait pas exercée sur la délivrance des « médicaments.

« Dans deux sociétés parisiennes, notamment, les frais pharmaceutiques « se sont élevés pour une année à 15 fr. 85 par membre participant, contre une « cotisation moyenne de 26 fr. 50, et à 11 fr. 50 au regard d'une cotisation de « 27 fr. Dans la première, chaque malade avait coûté en moyenne 61 fr. ;

« dans la seconde, 48 fr. de médicaments. Il serait superflu de multiplier les « exemples et de démontrer l'impossibilité pour une société de vivre avec « des charges aussi onéreuses.

« Cette exagération de dépenses est heureusement exceptionnelle ; mais, « néanmoins, dans une proportion moindre, les statistiques annuelles révèlent « un accroissement continu dans la moyenne des frais de médicaments, et le « prochain rapport sur les sociétés de secours mutuels constatera, à cet égard, « pour l'année 1888, le chiffre de moyennes le plus élevé qui se soit jamais « rencontré. L'une de ces moyennes, au moins, celle qui est établie par tête de « malade, est indépendante de la situation sanitaire, c'est-à-dire d'événements « étrangers aux prévisions humaines; elle concorde cependant avec les autres « données statistiques pour prouver la majoration progressive de frais « pharmaceutiques dans les sociétés. Elle permet de conclure à la possibilité « d'améliorer les conditions du service de pharmacie.

« Cette amélioration ne saurait être obtenue par une réglementation « législative ou administrative. La matière échappe, par sa nature même, par « la minutie de ses détails et la variété de ses applications, à l'indication de « règles générales et précises. Cette difficulté ne doit pas arrêter les efforts de « tous ceux qui s'intéressent à la Mutualité et qui la pratiquent, elle doit « plutôt stimuler leur zèle par l'importance du but désiré. Tous se rendent « compte, en effet, de l'intérêt considérable que présente, pour les sociétés de « secours mutuels, l'organisation rationnelle du service pharmaceutique. C'est « le service qui peut le plus prêter aux abus et qui a besoin de la plus « rigoureuse surveillance. Les autres avantages promis par les sociétés à « leurs membres sont fixes ou du moins déterminés par les statuts avec une « approximation suffisante pour établir le budget annuel. Il ne peut en être « ainsi de l'allocation des médicaments, qui, n'étant pas susceptible d'évaluation « préfixe, laisse une large place à l'imprévu et devient ainsi le facteur le plus « important des résultats financiers de chaque exercice. A ce point de vue, il « faut essayer de maintenir dans de justes limites les charges sociales en ce « qui concerne la fourniture des médicaments. Ce résultat dépendra de la « rédaction des statuts, des médecins, des administrateurs et des sociétaires.

« Lorsque les statuts n'imposent pas un chiffre maximum de dépense « annuelle par malade pour frais pharmaceutiques ou ne remplacent pas « l'allocation en nature des médicaments par une augmentation proportionnelle « de l'indemnité pécuniaire de maladie, il est nécessaire au moins qu'ils posent « en principe que :

« 1° Les médicaments ne sont dus aux sociétaires que pour les maladies « indiquées par les statuts comme donnant droit aux secours et pour la durée « normale de ces maladies;

« 2° Lorsque des médicaments différents de forme ou de substance ont la « même efficacité, la préférence doit être donnée aux moins coûteux.

« 3° La délivrance des remèdes dits de luxe et spécialités est interdite, sauf « nécessité absolue.

« Il ne faut pas se dissimuler que ces textes ou autres analogues ne « vaudront que par l'application qu'en feront les médecins. Mais les membres « du corps médical sont assez soucieux de leur honneur professionnel pour « exécuter consciencieusement un engagement formel qu'ils auront souscrit « et qu'ils pourront invoquer pour résister aux sollicitations de leurs « malades.

« C'est donc surtout aux choix des médecins que les sociétés doivent attacher « le plus d'importance en cette matière. Tout d'abord, il convient que les « médecins soient désignés par le bureau et non par l'Assemblée générale. Le « bureau est le défenseur naturel des intérêts financiers de la société, et, à ce « titre, il doit conserver le droit d'autorité et de surveillance sur les agents les « plus actifs des dépenses sociales.

« D'autre part, le souci d'assurer leur élection ou leur réélection par les « sociétaires placerait les médecins entre leurs intérêts et leur devoir dans leurs « rapports avec les membres participants malades et porterait atteinte à leur « indépendance.

« Pour les mêmes raisons, il est désirable que les médecins ne soient pas « nommés administrateurs. Ce titre leur est conféré le plus souvent en « témoignage de reconnaissance pour les services rendus. Cet hommage, dont « le motif est des plus respectables, a l'inconvénient de diminuer l'autorité « des administrateurs vis-à-vis des médecins, et l'indépendance de ceux-ci à « l'égard des sociétaires : il peut d'ailleurs être remplacé par toute autre « manifestation de gratitude ou de respect, à laquelle je suis loin de « m'opposer.

« Cette observation s'applique avec plus de force aux pharmaciens, qui ne « sont que des fournisseurs dépendant des médecins et des administrateurs et « ne doivent pas être investis d'une qualité qui les soustrairait à la libre « action de ceux qui sont institués pour défendre contre eux les intérêts des « sociétés.

« Dans le traité avec les médecins, les administrateurs devront s'inspirer « des principes exposés plus haut : ils s'attacheront, en outre, à éviter que les « ordonnances de médicaments servent à contrôler le nombre de visites, afin « de ne pas fournir aux médecins de prétexte à prescrire les médicaments ou à « diviser les préparations pharmaceutiques sans nécessité.

« Quant au rôle personnel des administrateurs des sociétés dans la « surveillance du service pharmaceutique, il doit exercer une influence « considérable. L'expérience leur a certainement démontré l'extrême importance

« d'un contrôle minutieux et d'une économie sévère. Pour remplir ce devoir « ils s'inspireront des circonstances, de la connaissance qu'ils auront acquise « de tous les éléments de ce service. Leur tâche la plus considérable sera la « vérification périodique des mémoires des pharmaciens, comparés avec « les ordonnances des médecins ; elle devra s'exercer sur les uns et les autres « avec un soin tout particulier, rigoureusement et sans faiblesse.

« C'est le plus souvent aux sollicitations des sociétaires malades, à leur oubli « de l'intérêt général, lorsque leur intérêt personnel est en jeu, que sont dus « les abus dans la délivrance des médicaments. Il est bien difficile d'espérer « détruire cette tendance fâcheuse, qui devrait pourtant disparaître devant la « notion exacte et la pratique de plus en plus répandue de la Mutualité. Il « faut l'essayer toutefois en ne cessant de rappeler aux sociétaires qu'en « adhérant à une Société de secours mutuels, ils contractent l'engagement « non seulement de ne pas nuire à l'intérêt commun, mais aussi de contribuer « personnellement à la prospérité collective. L'intérêt de la société et l'intérêt « personnel des participants sont d'ailleurs plus intimément liés qu'on ne » pourrait le supposer à première vue. Les droits particuliers des adhérents « sont garantis par les ressources collectives : en les diminuant, les sociétaires « diminuent d'autant leur gage et compromettent l'exécution des engagements « sociaux à leur égard.

« En développant ces quelques considérations, je n'ai pas eu pour but « d'indiquer un remède infaillible aux difficultés que suscite le service des « médicaments dans les sociétés. J'ai voulu surtout vous montrer, Monsieur le « Président, à quel point cette question me préoccupait et me paraissait devoir « s'imposer à votre attention et à votre dévouement pour l'avenir de la Société « que vous dirigez.

« Je me considérerai comme satisfait si j'ai pu provoquer, de votre part, de « la part de vos collaborateurs, un redoublement d'efforts pour améliorer la « situation financière des sociétés et assurer la prospérité de l'œuvre si belle et « si féconde de la Mutualité.

« Recevez, Monsieur le Président, l'assurance de ma considération la plus « distinguée.

« Pour le Ministre et par délégation :

« *Le Directeur du cabinet, du personnel et du secrétariat,*

« SIGNÉ : DEMAGNY. »

Le service pharmaceutique devrait être en usage dans toutes les sociétés de secours mutuels, et il devrait s'étendre à toute la famille du sociétaire.

Le seul moyen pour obtenir des médicaments à bon marché et d'une qualité irréprochable consiste à obtenir du Parlement un article de loi qui permette aux sociétés de secours mutuels de se grouper en toute liberté pour la création de pharmacies coopératives à leur usage. Nos lecteurs ont pu voir, dans un chapitre concernant la Mutualité belge, les exemples remarquables de résultats obtenus grâce à cette liberté concédée. Nous considérons comme palliatifs insuffisants toutes les concessions obtenues par les Sociétés de la part des pharmaciens.

Le seul remède appliqué au mal, constaté par la statistique, à savoir : *la moyenne toujours croissante des frais pharmaceutiques*, est l'application du système coopératif.

Extrait du Rapport de la Commission de comptabilité, statistique et financière des Sociétés de secours mutuels

---

Par différents arrêtés, en date des 20 et 28 mars, 20 mai et 3 juin 1889, 19 novembre et 28 décembre 1891, M. le Ministre de l'Intérieur a constitué une commission chargée :

1° De procéder à un examen général de la comptabilité financière des Sociétés de secours mutuels ;

2° D'étudier les moyens d'y faire apparaître la valeur de leurs engagements et des ressources correspondantes.

Cette commission a été composée de :

MM. H. Maze, Président effectif jusqu'à sa mort ;
Audiffred, Député, Vice-Président ;
Hugot, Sénateur, —
Cuvinot, —
Munier, —
Paul Guieysse, Député actuaire ;
Louis Ricard, —
Cheysson, Inspecteur général des Ponts et Chaussées ;
Barberet, Chef de bureau des Institutions de Prévoyance ;
Mathat, Chef de bureau au ministère de la Guerre ;
Dr Bertillon, Chef du service statistique de la ville de Paris ;
Louis Fontaine, Chef de bureau à la Caisse des Dépôts et Consignations ;
Reboul, Actuaire ;
Beziat d'Audibert, Actuaire ;
Léon Marie, Actuaire ;
Pelée de Saint-Martin, ancien Sous-Chef de bureau au ministère de l'Intérieur ;
Carton, Président de la Société des Voyageurs de commerce ;

Coumes, Président de la Chambre consultative des Sociétés mutuelles de Paris ;

Damour, Président de la Société de secours mutuels de la Compagnie du Nord ;

Deborde, Président de la Société : la Prévoyance commerciale à Paris ;

Laroche, Président de la Société des Gens de maison, à Paris ;

Tacquet, Docteur en droit, Rédacteur au ministère de l'Intérieur.

Cette commission vient de déposer son rapport, dû à la plume autorisée de M. Léon Marie, et voici, en ce qui concerne les règles à suivre pour l'organisation et la gestion des Sociétés de secours mutuels, les conclusions que nous relevons page 69 et suivantes.

Caractères généraux des Sociétés de Secours Mutuels

I

Les Sociétés de secours mutuels sont des institutions de prévoyance. Elles diffèrent donc essentiellement des institutions d'assistance ou de bienfaisance. Leur but est de procurer aux membres participants les avantages matériels et moraux de la Mutualité, en leur prêtant un appui fraternel et un concours pécuniaire dans les crises qu'ils peuvent avoir à traverser (maladie, invalidité, vieillesse, décès du chef de famille, etc.), et en resserrant les liens d'étroite solidarité qui les unissent entre eux et aux membres honoraires.

II

Afin d'assurer l'existence et le bon fonctionnement de ces sociétés, il est désirable que la partie financière de leurs opérations soit réglée suivant les principes scientifiques imposés aux institutions financières qui pratiquent des opérations analogues.

L'application de ces principes est même absolument indispensable, quand il s'agit d'opérations à long terme.

III

Il serait désirable que la loi étendît les attributions des sociétés de secours mutuels, pour les mettre en situation de rendre les différents services qu'on est en droit d'attendre d'elles.

IV

Il importe que la loi fixe un *maximum* aux allocations perçues par les sociétaires. L'absence de ce *maximum* permet à des entreprises purement financières de se fonder sous le couvert de la Mutualité, et de jouir ainsi indûment des avantages (subventions, immunités fiscales, etc.), réservés par l'Etat aux véritables Sociétés de secours mutuels.

Conditions d'équilibre financier

V

Le fonctionnement essentiel d'une société ne doit être basé que sur les ressources fournies par les membres participants. Ces ressources offrent seules un caractère de certitude suffisant pour gager les dépenses statutaires.

Quant aux ressources extraordinaires, qui présentent toujours un certain aléa, elles ne peuvent être logiquement affectées qu'à des dépenses extraordinaires.

VI

Les cotisations des membres participants doivent être fixées de telle sorte qu'elles fassent équilibre, aussi exactement que possible, aux charges essentielles probables. L'approbation des statuts ne doit être accordée qu'après vérification administrative constatant cet équilibre.

VII

Les cotisations doivent être graduées suivant l'âge du participant, à son entrée dans la société. Cette graduation peut se faire année par année ou par groupe d'années. Il est désirable que les cotisations restent ensuite invariables pendant toute la durée du sociétariat proprement dit.

Au point de vue théorique, on pourrait admettre une cotisation uniforme pour tous les sociétaires, indépendamment de leur âge d'admission, à condition d'établir des droits d'entrée compensateurs. Mais comme ces droits s'élèvent rapidement avec l'âge, un pareil système serait rarement applicable dans la pratique.

VIII

Lorsqu'une expérience suffisamment prolongée démontre que l'équilibre financier n'existe pas en réalité, il faut nécessairement modifier les cotisations des membres participants ou les avantages prévus par les statuts de la société.

Toutefois, il importe que ces modifications soient peu fréquentes, pour ne pas faire perdre aux avantages sociaux la stabilité qu'ils doivent offrir dans la limite du possible.

Service pharmaceutique

IX

Pour obtenir une économie sur les dépenses pharmaceutiques, les sociétés devraient interdire à leurs médecins la prescription des spécialités, des eaux minérales et autres médicaments de luxe, toutes les fois que ces médicaments peuvent être remplacés par des préparations également efficaces, quoique moins coûteuses.

X

Il serait désirable que la loi autorisât la création de pharmacies coopératives à l'usage des Sociétés de secours mutuels.

Fonds social inaliénable

XI

Chaque Société de secours mutuels peut posséder un *fonds social inaliénable* composé :

1° Du *fonds de retraites* actuellement réalisé ;

2° Des ressources extraordinaires non périodiques, telles que legs, donations, produits de fêtes ou de loteries exceptionnelles, etc. ;

3° De l'excédent des ressources extraordinaires, périodiques, telles que subventions, cotisations de membres honoraires, amendes, produit des fêtes annuelles, etc., après prélèvement des sommes nécessaires pour faire face aux dépenses extraordinaires de chaque exercice.

Retraites garanties et pensions éventuelles

XII

Il y a lieu de distinguer très nettement les *retraites garanties* des *pensions éventuelles*.

Les premières sont des rentes d'une quotité déterminée, dont la jouissance est obtenue par tout sociétaire qui remplit certaines conditions d'âge et de stage. Elles constituent un droit au profit des membres participants et ne peuvent être établies que lorsqu'elles sont gagées par des ressources certaines, c'est-à-dire par des cotisations spéciales ou par une portion déterminée de la cotisation totale.

Les secondes sont formées par des ressources extraordinaires. Leur importance est certainement subordonnée à celle des disponibilités qui leur sont affectées.

XIII

Les *retraites garanties*, étant constituées par des cotisations spéciales des sociétaires, doivent leur profiter intégralement.

Il convient qu'elles soient établies à capital aliéné, mais afin de compenser pour les familles des participants le dommage éventuel que pourrait leur causer l'aliénation du capital si elles venaient à perdre prématurément le titulaire de la retraite, il est désirable que la rente soit complétée par une assurance en cas de décès.

XIV

Les conditions d'âge et de stage qui donnent droit aux *retraites garanties*, ainsi que le montant de ces retraites, doivent figurer dans les statuts soumis à l'approbation administrative, et ne pas être laissées à l'appréciation des assemblées générales successives ; le montant des retraites se trouve, d'ailleurs, nécessairement déterminé par l'importance des cotisations spéciales destinées à leur constitution.

XV

Les sociétés, surtout celles dont les ressources sont peu considérables, ne doivent jamais oublier que, pour une même cotisation, le chiffre de la rente s'élève très vite avec la durée du stage et l'âge d'entrée en jouissance.

XVI

Tous les membres participants qui remplissent les conditions prévues par les statuts pour obtenir des *pensions éventuelles*, doivent recevoir une part équitable des revenus produits par le *fonds social inaliénable*. Ce résultat ne peut être atteint que par une distribution annuelle d'allocations renouvelables, d'une importance proportionnée au montant des revenus disponibles et au nombre des ayants droit. Ce sont ces allocations qui constituent les *pensions éventuelles*. Leur chiffre doit être fixé par les assemblées générales avec la plus grande prudence et en réservant, s'il y a lieu, une partie des revenus réalisés, afin de conserver toujours à ces allocations la plus grande fixité possible.

Assurance au décès

XVII

L'assurance au décès étant une opération de haute prévoyance qui protège la famille et lui vient en aide au moment où elle se trouve privée de son chef, la loi devrait encourager son développement sous toutes ses formes, et notamment sous forme de pensions attribuées aux veuves et orphelins mineurs. La réglementation de l'assurance au décès doit être analogue à celle des *retraites garanties*, cette assurance ne peut être obtenue qu'à l'aide d'une cotisation spéciale.

Déchéances

XVIII

L'équité voudrait que les membres participants rayés ou démissionnaires ne fussent pas déchus des droits acquis par eux dans les opérations à long terme (assurance au décès, *retraites garanties*); mais afin de ne pas encourager la défection, il importe que l'avoir de ces membres ne leur soit jamais restitué sous forme d'argent comptant.

Circonscription des Sociétés

XIX

L'assurance en cas de maladie ne peut être entreprise avec économie que par les sociétés dont la circonscription et le personnel sont restreints, afin de permettre une surveillance efficace. Au contraire, les opérations à long terme (assurance au décès, *retraites garanties*, invalidité), nécessitent un très grand nombre de membres participants (mille au moins), afin d'éliminer les écarts de la mortalité et de donner une base suffisamment large aux prévisions.

Pour que les petites sociétés puissent entreprendre sans danger ces opérations à long terme, il faut que plusieurs d'entr'elles réunissent leurs membres et se constituent à l'état d'*union* ou qu'elles se bornent à servir d'intermédiaires entre leurs participants et les caisses de retraites ou d'assurance de l'État, au moyen de *livrets individuels*.

XX

Même, au seul point de vue de l'assurance en cas de maladie, les trop petites sociétés (inférieures à cent membres, par exemple), doivent être évitées, lorsque la densité de la population le permet, parce que leurs frais sont proportionnellement trop élevés et parce que les écarts de la morbidité peuvent alors devenir eux-mêmes trop sensibles.

Il ne faut pas multiplier, sans nécessité absolue, le nombre des sociétés qui opèrent dans un même centre de population.

Apport des membres fondateurs

XXI

Comme les faveurs pécuniaires attribuées aux membres fondateurs grèvent les finances sociales au détriment de leurs successeurs, il convient de supprimer ces faveurs toutes les fois qu'elles ne sont pas absolument nécessaires à la création d'une nouvelle société dont la nécessité s'impose.

Comptabilité et inventaires

Afin d'éviter toute confusion entre les diverses catégories de ressources et de charges, et de rendre apparent l'équilibre nécessaire entre toutes les parties de leur budget, les sociétés qui pratiquent différentes catégories d'opérations distinctes (assurance en cas de maladie, assurance au décès, *retraites garanties*, etc., etc.), doivent séparer nettement les cotisations afférentes à chaque branche, et organiser la comptabilité de ces branches d'une manière absolument autonome.

XXIII

Toutes les sociétés doivent fournir annuellement des comptes de recettes et de dépenses, ainsi que des renseignements statistiques détaillés suivant un cadre tracé par l'administration. Cette comptabilité peut être, à la rigueur, considérée comme suffisante pour les sociétés qui bornent leurs opérations à l'assurance en cas de maladie et à la distribution de *pensions éventuelles*.

Mais elle ne peut être admise pour les sociétés qui se livrent aux opérations à long terme. Ces sociétés doivent établir, au moins tous les cinq ans, l'inventaire de leur situation active et passive, en calculant les *réserves* qui leur sont nécessaires pour assurer l'exécution certaine des engagements contractés par elles.

XXIV

L'usage des livrets à la *Caisse nationale des retraites pour la vieillesse* ou de la *Caisse nationale d'assurance au décès* est un procédé de comptabilité qui dispense les sociétés du calcul des réserves et de l'établissement des inventaires. Il facilite aussi la liquidation immédiate des droits acquis par les membres rayés ou démissionnaires, cette liquidation s'opérant par la simple remise du livret. Enfin, il constitue, pour les sociétés peu nombreuses, le seul moyen de se livrer sans danger aux opérations à long terme.

Tables de mortalité ou de morbidité

XXV

Les évaluations techniques prévues dans les conclusions précédentes ne pourront être effectuées d'une manière entièrement satisfaisante que lorsqu'on possédera les bases indispensables, c'est-à-dire des *tables de mortalité et de morbidité* appropriées aux sociétés françaises de secours mutuels. Il est donc indispensable que des tables de ce genre soient dressées dans le plus bref délai.

Table de Mortalité de la Caisse des Dépôts et Consignations

(RÉDUITE A QUATRE CHIFFRES — EXTRAIT).

AGES	NOMBRE des vivants	AGES	NOMBRE des vivants	AGES	NOMBRE des vivants	AGES	NOMBRE des vivants	AGES	NOMBRE des vivants	AGES	NOMBRE des vivants
16	9.487	31	8.517	46	7.512	61	5.755	76	2.577	91	135
17	9.433	32	8.455	47	7.432	62	5.595	77	2.327	92	97
18	9.373	33	8.394	48	7.347	63	5.429	78	2.080	93	69
19	9.310	34	8.332	49	7.258	64	5.255	79	1.841	94	49
20	9.242	35	8.271	50	7.163	65	5.074	80	1.611	95	33
21	9.172	36	8.208	51	7.062	66	4.884	81	1.393	96	22
22	9.101	37	8.145	52	6.955	67	4.686	82	1.188	97	14
23	9.030	38	8.082	53	6.842	68	4.479	83	1.000	98	9
24	8.960	39	8.017	54	6.723	69	4.264	84	828	99	5
25	8.892	40	7.950	55	6.600	70	4.041	85	674	100	3
26	8.826	41	7.881	56	6.472	71	3.810	86	539	101	1
27	8.762	42	7.810	57	6.339	72	3.572	87	423	102	0
28	8.700	43	7.738	58	6.201	73	3.328	88	326		
29	8.639	44	7.665	59	6.058	74	3.080	89	247		
30	8.578	45	7.589	60	5.909	75	2.829	90	184		

CHAPITRE IV

Le taux d'intérêt fixe privilégié. — Arguments des partisans et des adversaires de son maintien

La loi sur la Caisse nationale des retraites pour la vieillesse, promulguée en 1886, a supprimé aux Sociétés mutuelles, qui se servent de cet intermédiaire pour la délivrance de leurs pensions viagères, le taux fixe de capitalisation de 5 0/0.

La nouvelle loi sur les associations de secours mutuels, actuellement déposée à la Chambre des députés, supprime également le taux fixe de 4 1/2 0/0 dont jouissent encore, pour leurs fonds libres déposés à la Caisse des Dépôts et Consignations, les Sociétés mutuelles approuvées.

Cette question d'un taux fixe de faveur est l'objet, depuis dix ans, de bien des controverses.

Lorsque, en 1881, les projets de loi de MM. Maze, Ballue, etc., d'une part, et ceux de MM. Goblet et Léon Say d'autre part, furent déposés, l'avis unanime était que le taux de 4 1/2 0/0 pour les fonds libres et celui de 5 0/0 pour la capitalisation des pensions viagères alimentaires devaient être maintenus. Depuis cette époque, une campagne ardente, menée par quelques économistes dont les noms font malheureusement autorité, a modifié l'opinion de beaucoup d'hommes politiques.

Rien de curieux d'ailleurs comme de suivre l'opinion successive des mêmes hommes sur cette question.

En 1881, MM. Léon Say et Maze sont d'accord pour maintenir la fixité.

En 1882, M. Tirard, ministre, prononçait les paroles suivantes : « *L'Etat a le devoir de venir en aide à ceux qui s'aident eux-mêmes* », et, pour conclusion, faisait la déclaration formelle que le taux de capitalisation des rentes mutualistes serait maintenu.

L'année suivante, en 1883, M. Waldeck-Rousseau faisait savoir, par circulaire, aux mutualistes, que le taux de 4 1/2 0/0, établi pour l'année courante, *n'était que provisoire et qu'il allait solliciter du Parlement qu'on restituât à la Mutualité le taux de 5 0/0 qui, depuis longtemps, formait la base de ses calculs et qu'elle considérait, avec justes raisons, comme définitivement acquis.*

En 1886, M. Léon Say a changé d'opinion ; il soutient au Sénat la thèse de non-fixité du taux d'intérêt. M. Maze lui répond par les éloquentes paroles suivantes : « *Je repousse votre projet, comme démocrate, comme républicain et comme mutualiste ; il faut que vous en soyez bien avertis, il faut que vous ne l'ignoriez pas : l'adoption de la proposition de la commission de réduire le taux de l'intérêt de 4 1/2 0/0 à 3 1/2 0/0 peut-être à 3 0/0 (ce taux devant être variable), jettera la consternation dans le cœur de tous ceux qui s'intéressent d'une façon sérieuse aux associations mutuelles auxquelles la République devrait donner des encouragements au lieu de les retirer. En 1882, vous étiez alors ministre des Finances, monsieur Léon Say, et M. Goblet, aujourd'hui ministre de l'Instruction publique, était ministre de l'Intérieur, vous avez alors, tous deux, au nom du gouvernement, demandé que les sociétés approuvées continuent à jouir de ce taux de 4 1/2 0/0, et aujourd'hui, pour des raisons financières que je ne partage pas, vous voulez le contraire.*

La thèse de M. Léon Say triomphe et la loi de 1886 est promulguée. Depuis cette époque, la grande majorité de la Mutualité n'a cessé de protester et, par contre, les économistes ont continué leur campagne pour enlever aux mutualistes le taux de 4 1/2 0/0 dont jouissent encore leurs fonds libres. Le Sénat leur a définitivement donné raison, comme on a pu s'en convaincre à la lecture du projet de loi sur les associations que nous avons publié au chapitre précédent.

Cependant, l'opinion publique est saisie de la question. En 1891, une ardente campagne, dont l'initiative est due à M. Vermont, président de l'*Emulation chrétienne de Rouen*, a été commencée. A la suite du dépôt, fait par M. Constans, de la loi sur les retraites ouvrières, la pétition suivante fut mise en circulation :

A Monsieur le Président et à Messieurs les Membres (du Sénat ou de la Chambre des Députés),

Le soussigné,

A l'honneur d'exposer la demande suivante :

Le 6 juin dernier, M. le Président de la République a soumis au Parlement un projet de loi ayant le très louable but d'assurer des pensions viagères à la majorité des travailleurs français. Les auteurs du projet prévoient que pour sa complète exécution l'État devra dépenser annuellement 100 millions.

Le nombre et la gravité des problèmes qu'une telle loi soulève exige une étude approfondie et ne permet pas d'espérer qu'elle soit prochainement votée.

Cependant, ainsi que le constate l'exposé des motifs, « la nécessité d'opérer des réformes sociales devient de plus en plus évidente; — il n'est pas d'institution plus ardemment souhaitée que celle qui garantirait la sécurité du vieil âge, — l'effort de la classe laborieuse pour créer des pensions de retraite a surtout trouvé son appui dans les Sociétés de secours mutuels, dont il importe d'élargir l'action. »

Aussi, le projet, dans son article 17, propose-t-il de majorer des deux tiers les pensions créées par ces sociétés.

Déjà, le 18 mars 1882, la Chambre des Députés avait été saisie par le Gouvernement des projets de loi destinés, écrivait-on, à favoriser la petite épargne et les Sociétés de secours mutuels, mais qui, malgré d'innombrables pétitions et les votes unanimes d'un grand nombre de conseils généraux, ont eu un résultat tout contraire. Le prix des trop modiques pensions de retraite créées par les Sociétés de secours mutuels, et dont la moyenne est de 73 fr. seulement, ayant été augmenté de 25 0/0, ce qui permet de ne créer que quatre pensions avec la somme qui suffisait à en assurer cinq.

En 1886, on a eu le tort de confondre dans la loi les rentes viagères, relativement élevées, de ceux qui font à la Caisse nationale des retraites de véritables placements, et les modestes pensions alimentaires de ceux qui économisent à grand'peine un morceau de pain pour leurs vieux jours.

A l'égard de ces derniers, l'État n'est pas un banquier. Il a le devoir de les aider, puisqu'ils n'ont d'autres ressources que celles dues à leur travail et à leur prévoyance.

Encourager l'épargne et l'assistance préventive est d'ailleurs le seul moyen efficace de diminuer la misère et d'enrayer l'excessif développement de l'assistance publique.

Il est d'ailleurs extraordinaire que l'État garantisse le taux de 3,75 0/0 des Caisses d'Épargne, qu'il conserve le taux de 4 1/2 0/0 pour les fonds libres des Sociétés de secours mutuels, et qu'il abaisse à 3,50 0/0 le taux d'intérêt de capitalisation de leurs rentes.

Le soussigné, invoquant les motifs énoncés dans le remarquable exposé de motifs du nouveau projet de loi, vous convie donc à réaliser de suite, ce qui est facile à faire dans une certaine mesure, son désir aussi sage que généreux, et il vous demande :

1° Ou bien de tenir les promesses des projets de loi déposés le 18 mars 1882, en conservant aux Sociétés de secours mutuels le taux de 4 1/2 0/0 d'intérêt pour leur dépôt, et en rendant à leurs pensions de retraites le taux de capitalisation de 5 0/0 pour les pensions ayant un caractère alimentaire, c'est-à-dire ne dépassant pas 360 fr.;

2° Ou bien de détacher du projet de loi déposé le 6 juin 1891 son article 17, et de le voter soit dans sa teneur actuelle, soit en le modifiant comme suit :

Seront majorées de moitié les rentes viagères provenant des versements effectués à la Caisse nationale des retraites par les Sociétés de secours mutuels.

Les rentes supérieures à 240 fr. (on peut mettre 300 fr., si on le préfère), *ne jouiront pas de cette majoration, qui sera appliquée aux pensions actuelles comme à celles qui seront plus tard liquidées.*

La dépense de cette dernière et féconde innovation ne s'élèverait pas même à un million par an.

Au nom de la Société de secours mutuels de

Le Président.

Au cours des années 1891 et 1892, plus de cent mille mutualistes signèrent la pétition et l'adressèrent, soit au Sénat, soit à la Chambre des Députés.

Les conseils généraux furent saisis également de la question ; 48 votèrent un vœu demandant le rétablissement du taux de capitalisation à 5 0/0 et le maintien du taux de 4 1/2 0/0 pour les fonds libres.

Pour donner une idée de l'intensité du mouvement, il nous suffira de signaler les deux faits suivants :

Dans la Loire, 90 0/0 des sociétés adhérèrent en quinze jours à la pétition ; à Marseille, en quelques jours, 23.000 signatures furent obtenues.

La Chambre consultative des associations de prévoyance du département de la Seine, en septembre 1892, prit à son tour l'initiative d'un pétionnement général.

Nous relevons dans le texte le passage suivant :

« Notre situation financière, gravement compromise par la réduction à « 3 1/2 0/0 du taux de nos retraites, a reçu un nouveau coup par l'annonce de « la diminution du taux des dépôts, tant à la Caisse des Dépôts et Consignations « qu'à la Caisse des Retraites, sans omettre certaines obligations nouvelles « fort coûteuses que le projet de loi impose à nos sociétés. — Des promesses « de bonification de nos pensions formulées dans le projet de loi des retraites « ouvrières que restera-t-il, quand, au bout de quelques années, ce projet aura « chance d'aboutir ?

« Leurrés par des mirages, nos courageux sociétaires (et ils sont 1.500.000 en « France), se lassent d'attendre, et, comparant leur patience rebutée aux « revendications de certains groupements, qui, eux, savent obtenir — nos « sociétés réclament, elles aussi, les faveurs qui sont dues à leur laborieuse « prévoyance ; de tous côtés, elles se joignent à notre pétionnement. Ce « mouvement d'opinion, par son unanimité et ses instances, a conquis les « suffrages d'une quarantaine de conseils généraux, à la session d'août.

« Quelles que soient les initiatives, sous quelque fòrme que se présentent les « revendications des mutualistes, il reste *un fait :* c'est le grand nombre et la « vivacité des réclamations de nos sociétés; — il reste *à la République un* « *devoir :* c'est d'assurer à bref délai l'avenir de nos pensionnaires (tous « représentant les classes laborieuses), et c'est un devoir d'égalité et de « fraternité.

« En conséquence, nous déposons les vœux suivants :

« 1° Rétablissement d'un taux de faveur à la Caisse nationale des retraites « avec fixité de ce taux pour une période de vingt ans au moins ;

« 2° Majoration des petites pensions inférieures à 360 fr., suivant l'article 17 « du projet de loi des retraites ouvrières (Vœu de la réunion du 20 décembre « 1891). »

Les pétitions déposées aux Chambres furent renvoyées à la Commission chargée d'étudier le projet Constans sur les retraites ouvrières. M. Guyesse, le rapporteur de cette Commission, nous a appris qu'elles furent renvoyées à la Commission chargée d'étudier la loi en préparation sur les associations de secours mutuels comme ressortissant plus particulièrement de son domaine.

Cette dernière commission n'a pas été touchée bien profondément par cette marée montante de pétitionnements, puisqu'elle propose à la Chambre de sanctionner définitivement l'abandon du principe de la fixité du taux de 4 1/2 0/0 en faveur des fonds libres des associations mutuelles.

On nous saura gré de publier, sur cette importante question, les principaux arguments *pour* et *contre* qui ont vu le jour depuis quelques années.

Arguments contre le maintien d'un taux fixe privilégié

Extraits du rapport présenté par M. Audiffred, député de la Loire, au Comité technique de la Ligue nationale de la Prévoyance et de la Mutualité (1).

« Un certain nombre de sociétés mutuelles ont pris l'initiative d'un « pétitionnement en faveur de la fixité du taux d'intérêt servi par la Caisse « nationale des retraites et la Caisse des Dépôts et Consignations.

« Elles demandent que le taux de capitalisation de la Caisse des retraites « soit majorée actuellement de 1,50 0/0 et fixé invariablement à l'avenir à « 5 0/0, quel que soit le chiffre auquel puisse s'abaisser le loyer de l'argent ; « elles demandent aussi que le taux de compte courant des Sociétés de secours

(1) Bulletin mensuel de la Ligue. — N° aout 1892.

« mutuels à la Caisse des Dépôts soit, non pas égal au taux d'intérêt du
« compte des Caisses d'épargne, comme le veut une disposition de la loi en
« préparation sur les Sociétés de secours mutuels, votée deux fois par la
« Chambre et deux fois par le Sénat, mais que ce taux soit fixé invariablement
« aussi à 4 1/2 0/0.

« ....

« ....

« ....

« La Caisse des retraites et la Caisse des Dépôts et Consignations ne
« peuvent pas accorder de bonification d'intérêt, parce qu'elles sont exclusive-
« ment des instruments d'épargnes autonomes dont les fonctions bien simples
« se bornent à des actes de gestion.

« Elles rendent au public peu fortuné et aux Sociétés de secours mutuels le
« service limité, mais inappréciable, de recevoir gratuitement leurs petites
« épargnes, de les placer en valeurs de tout repos pour les faire fructifier et de
« remettre aux intéressés la totalité des revenus de ces valeurs. En réalité, ces
« deux établissements sont de véritables banques, mais des banques qui ont
« ce caractère spécial de se charger des opérations les plus modiques, dont ne
« voudraient pas les banques ordinaires, de ne pas faire payer leurs services
« et de donner aux personnes qui s'adressent à elles directement ou par
» l'intermédiaire des Caisses d'épargne ou des Sociétés de secours mutuels, la
« garantie la plus solide qui se puisse trouver, celle de la nation toute entière.

« Tels sont les avantages très réels que procurent ces institutions ; on ne
« peut leur en demander d'autres, lorsqu'on se rend compte de leur
« mécanisme.

« Exiger de la Caisse des retraites un intérêt de 5 0/0, de la Caisse des Dépôts
« et Consigations un intérêt de 4 1/2 0/0, lorsque ces établissements retirent
« 3 0/0 seulement des fonds qu'on leur confie, c'est vouloir qu'ils créent
« quelque chose de rien, ce qui est impossible, ou qu'ils majorent les intérêts
« des uns avec le capital des autres, ce qui les conduirait à la faillite, résultat
« inadmissible.

« ....

« ....

« L'intérêt qui s'attache aux Sociétés de secours mutuels est indéniable,
« mais ce serait un singulier moyen de favoriser ces institutions que demander
« à l'Etat de faire pour les aider un acte d'imprévoyance. Oui, les Sociétés de
« secours mutuels méritent qu'on les favorise, mais les encouragements
« pécuniaires qu'on leur accorde ne peuvent être donnés en violation de règles
« les plus nécessaires de la comptabilité publique. Aucune considération ne
« doit décider le Parlement à créer le déficit dans un article quelconque du
« budget. Or, ce serait créer annuellement le déficit que de promettre des
« bonifications d'intérêts dont il serait impossible de déterminer la quotité par

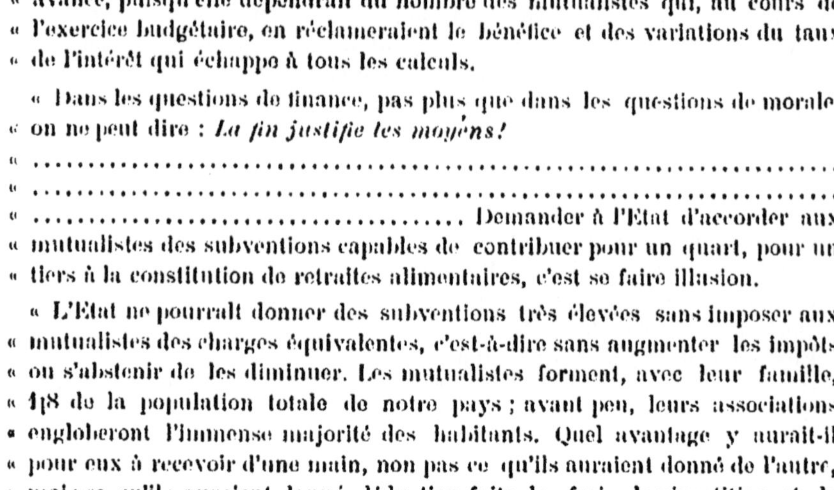

« avance, puisqu'elle dépendrait du nombre des mutualistes qui, au cours de « l'exercice budgétaire, en réclameraient le bénéfice et des variations du taux « de l'intérêt qui échappe à tous les calculs.

« Dans les questions de finance, pas plus que dans les questions de morale, « on ne peut dire : *La fin justifie les moyens!*

« ....

« ....

« .... Demander à l'Etat d'accorder aux « mutualistes des subventions capables de contribuer pour un quart, pour un « tiers à la constitution de retraites alimentaires, c'est se faire illusion.

« L'Etat ne pourrait donner des subventions très élevées sans imposer aux « mutualistes des charges équivalentes, c'est-à-dire sans augmenter les impôts « ou s'abstenir de les diminuer. Les mutualistes forment, avec leur famille, « 1/8 de la population totale de notre pays ; avant peu, leurs associations « engloberont l'immense majorité des habitants. Quel avantage y aurait-il « pour eux à recevoir d'une main, non pas ce qu'ils auraient donné de l'autre, « mais ce qu'ils auraient donné, déduction faite des frais de répartition et de « perception. »

Arguments de M. Cheysson, Vice-Président de la Ligue Nationale (1)

....

....

Le Parlement a donc itérativement affirmé sa jurisprudence en cette matière : il entend restituer aux clients de ses caisses les revenus que les caisses obtiennent elles-mêmes : rien de moins, rien de plus. Ces caisses sont de simples mécanismes qui font fructifier les épargnes populaires, mais elles n'ont pas de ressources propres ; elles ne possèdent pas le secret de la transmutation des métaux, et, si elles drainent l'or, elles n'en font pas. Elles utilisent mieux la force ; mais leur rôle n'est pas de la créer ; elles ne sauraient donner plus qu'elles ne reçoivent, sans prendre la différence quelque part, c'est-à-dire dans le budget.

Si l'on entre dans cette voie dangereuse et si l'on s'écarte des principes, il est impossible de limiter d'avance les sacrifices imposés ainsi au Trésor, à cause des spéculations auxquelles donne lieu l'attribution d'un taux de faveur.

(1) *Extraits.* — La baisse du taux de l'intérêt et les institutions de Prévoyance, *Bulletin de la Ligue Nationale*, n° de janvier et février 1893.

Du moment où une fissure est ouverte dans le budget, c'est à qui tentera de s'y glisser et de l'élargir.

....

....

« Lorsque le taux du tarif en vigueur, dit le savant actuaire de la Caisse des Dépôts et Consignations, M. Fontaine, est sensiblement supérieur au taux de la rente et des valeurs analogues, les petits capitalistes, qui préfèrent un placement avantageux à la libre disposition de leur modeste fortune, effectuent des placements à capital réservé et s'assurent ainsi contre la réduction de leurs revenus. Or, la caisse des retraites a été créée pour constituer des rentes viagères, et non pour recevoir des placements. »

Il est donc certain qu'un taux de faveur attribué à la caisse des retraites lui attire un grand afflux de clients pour lesquels elle n'est pas faite. On ne pourrait pas dire d'elle, comme de l'antique Sion :

..... D'où lui viennent de tous côtés
Ces enfants qu'en son sein elle n'a point portés ?

Car on sait très bien qu'ils lui viennent de la hausse artificielle du taux de ses tarifs. Or, devant une pareille invasion, dont il est impossible de prévoir l'étendue, on ne saurait non plus assigner d'avance une limite aux sacrifices du Trésor.

Mais, objectent les défenseurs du taux privilégié, nous ne demandons pas de l'appliquer indistinctement au premier spéculateur venu. Nous le réservons aux pensionnaires des Sociétés de secours mutuels, ce qui précise et restreint l'effet de la mesure.

On ne voit pas bien tout d'abord pourquoi un petit artisan ou un paysan isolés, qui voudraient, par l'effort continu de l'épargne, s'élever jusqu'à la conquête d'une modeste pension, seraient privés d'un taux surhaussé, parce qu'ils n'auraient pas trouvé à leur portée une Société de secours mutuels qui pût servir de canal à leurs placements. Mais, même en admettant cette restriction du taux de faveur à la seule clientèle des mutualistes, pense-t-on qu'elle doive suffire à rassurer les gardiens des intérêts du Trésor ?

Ce titre de mutualiste est, en effet, bien facile à acquérir. Comme le remarquait déjà M. Léon Say en 1885, qui ne peut se dire et se faire mutualiste ? En 1848, tout le monde était brusquement devenu ouvrier, jusques et y compris les « ouvriers de la plume », les « ouvriers de la pensée ». De même, le jour où, pour avoir droit à des privilèges très enviables, il suffira d'être mutualiste, tout le monde le sera.

Tant mieux ! réplique-t-on. Loin d'être une menace, cette perspective est riante et donne une nouvelle force à la demande d'un taux de faveur. Que parle-t-on d'inondation ? En est-il de plus bienfaisante et de plus souhaitable que celle de ces recrues nouvelles de la Mutualité ?

Il est exact que ce calcul accroîtrait la quantité des mutualistes ; mais en serait-il de même pour leur qualité ? La Mutualité est bien plus affaire de sentiment que de spéculation. Là où n'agit pas le cœur, quel profit peut-elle recueillir ? Mais, à s'en tenir au point de vue des intérêts du Trésor, qui ne voit le danger de ce développement artificiel des Sociétés de secours mutuels ? Les mutualistes font déjà sonner bien haut leur nombre, et ils ont grandement raison de s'en enorgueillir. Avec leurs familles, disent-ils, c'est 3 à 4 millions de personnes qui sont en jeu, près du dixième ou du neuvième de la population. Mais là ne se bornent pas leurs légitimes aspirations et ils comptent bien, en jugeant de l'avenir par le passé, enrégimenter dans leurs rangs la plus grande partie du pays. Or, à mesure que ces ambitions se réaliseront davantage, les bienfaits de l'Etat deviendront de plus en plus illusoires. En effet, pour être mutualiste, on n'en est pas moins contribuable. Quel avantage auraient donc les mutualistes à s'adjuger un traitement de faveur dont ils feraient eux-mêmes les frais sous leur seconde incarnation ? Ne sait-on pas, du reste, pour reprendre l'image de tout à l'heure, que dans les transmissions de mouvement, il se perd toujours en frottement une certaine fraction de la force, et n'est-ce pas là l'histoire des grandes expériences du socialisme d'Etat, où l'on voit de nos jours, comme on l'a vu jadis, l'attirail bureaucratique absorber en pure perte une partie des ressources qu'il prend à tous pour les distribuer à tous ?

Il nous semble donc que la jurisprudence des Chambres est sage et que l'on doit y applaudir. Les caisses publiques ne peuvent être tenues de donner plus qu'elles ne touchent ; tel n'est pas leur rôle, telle n'est pas leur fonction. Procéder autrement, accorder un taux d'exception à une catégorie particulière de clients, c'est fausser le mécanisme de ces institutions, c'est accréditer cette fausse notion que la fixation de l'intérêt de l'argent est aux mains de l'Etat ; c'est enfin ouvrir dans le budget une brèche dont on ne saurait d'avance ni mesurer ni surtout limiter la profondeur.

....
....
....

Plus sérieux est le grief tiré de l'intervention de l'Etat dans le régime financier des Sociétés de secours mutuels. Ce régime les a privées du bénéfice des hauts tarifs, en les obligeant à verser en bloc le capital constitutif de la pension, le jour où chaque ayant droit a rempli les conditions statutaires d'âge et de durée de sociétariat.

Cette fois, nous devons reconnaître que le grief est fondé en principe et dire, avec M. Fontaine : « Que la mobilité du taux d'intérêt pourrait bien faire regretter aux Sociétés de secours mutuels d'avoir mordu à l'appât des subventions et aliéner leur liberté. »

. . . .

. . . .

. . . .

Tout n'est donc pas profit dans le régime spécial qui est fait aux Sociétés de secours mutuels. Comme le disait au Congrès de 1889 un de leurs orateurs favoris : « Avec beaucoup d'éloges elles reçoivent moins d'aides qu'elles ne subissent d'entraves. » L'Etat ne leur donne pas gratuitement ses faveurs ; il les vend très cher, et l'on voit sortir de cette discussion même un argument très fort et très inattendu au profit du livret individuel, dont les auteurs du pétitionnement sont en général les adversaires déterminés.

Eu égard à cette ingérence dans les opérations des Sociétés de secours mutuels, et à la responsabilité qu'elle implique, l'Etat ne saurait demeurer indifférent à l'émotion produite chez les mutualistes par la baisse du taux de l'intérêt. S'il ne peut leur concéder la fixité légale de ce taux, il est du moins tenu de recourir, pour leur donner satisfaction, à des mesures qui attestent sa bienveillance effective, sans porter atteinte aux principes sur lesquels repose le bon ordre de nos finances.

Parmi ces mesures, il en est dont la portée serait grande et l'efficacité profonde, telles que l'émancipation des Sociétés et, par exemple, le droit pour elles de placer leurs fonds en immeubles. Elles pourraient dès lors imiter les compagnies d'assurances, qui conjurent ainsi la baisse de l'intérêt sur les valeurs mobilières et bénéficieraient de l'écart existant encore entre les revenus de ces deux placements.

Je sais bien qu'on objecte l'inexpérience des mutualistes et les dangers qu'ils courraient de faire de mauvais placements de ce genre ou de les mal gérer. Mais quand je vois en Angleterre 2.000 Sociétés de constructions *(building Societies)*, comprenant plus de 600.000 membres, ouvriers, employés ou artisans, construire, gérer et vendre des maisons dont la valeur dépasse un milliard, je ne puis me risquer à laisser décerner à nos mutualistes un brevet d'infériorité par rapport à leurs émules d'outre-Manche. Une fois qu'on aura relâché la tutelle qui les enserre aujourd'hui, elles feront vite leur éducation, et sous le contrôle de l'Etat, que nous voudrions plutôt fortifier qu'affaiblir, elles découvriront des applications fécondes, qui leur sont actuellement interdites et qui étendront le cercle de leur bienfaisante activité. Les pays étrangers nous donnent sur ce point des exemples à méditer et dont nous pourrions utilement faire notre profit.

Mais il faut reconnaître que des mesures de ce genre ne sont pas à la veille d'être admises et appliquées ; elles ne produiraient d'ailleurs qu'un effet progressif et lointain. Or, comme la situation appelle un remède qui agisse sans retard, la solution tout indiquée paraît être l'allocation d'une subvention spéciale, que son principe et son mode de distribution distingueraient de celle dont jouissent déjà les Sociétés de secours mutuels.

. . . .

En résumé, l'émotion des mutualistes en présence de ce grand fait économique, qui aboutit à la baisse de l'intérêt, ne peut laisser indifférentes ni les Chambres, ni l'opinion publique.

« La Société de secours mutuels est, suivant le mot de M. Léon Say, la cellule originaire autour de laquelle toutes les organisations vouées à l'épargne peuvent successivement se grouper..... » Leurs membres sont une élite qui font preuve de prévoyance, et, bien loin d'entraver le mouvement qui recrute leurs rangs, c'est un devoir public que de le faciliter et de l'encourager. Sur ce point, nul dissentiment entre les auteurs de la campagne contre la baisse de l'intérêt et ceux qui refusent de s'enrôler à leur suite. Les uns et les autres s'entendent sur la haute importance morale des Sociétés de secours mutuels et sur la bienveillance qu'elles méritent ; mais l'accord cesse quand il s'agit des moyens pratiques de traduire ces sentiments en actes.

Inscrire dans la loi, comme le demandent les premiers, la fixité du taux de l'intérêt servi aux pensions alimentaires pour les membres des Sociétés de secours mutuels, ce serait retomber dans tous les embarras auxquels on a voulu échapper en 1886, condamner de nouveau les directeurs de la caisse à en entraver le développement par l'antagonisme entre l'intérêt financier de l'institution confiée à leur garde et l'intérêt social ; ce serait faire un saut dans l'inconnu, ouvrir la porte à toutes les spéculations, accréditer cette erreur que l'Etat peut, à son gré, régler le cours du loyer de l'argent, et dès lors les salaires et les prix. On peut, au contraire, sans violer les principes, admettre que la subvention en faveur des Sociétés de secours mutuels soit majorée d'une certaine somme dûment calculée, qui serait votée annuellement avec le budget et consacrée à la bonification des pensions liquidées récemment, à commencer par les plus humbles. En procédant ainsi, le Parlement et le pays gagneront de ne pas contracter d'engagements illimités sur lesquels on a toujours peine à revenir, de savoir à chaque instant où ils vont, de mesurer exactement leurs sacrifices d'après les besoins réels, enfin de se ménager le moyen de s'arrêter à temps, dans le cas où ils s'apercevraient qu'ils ont fait fausse route.

Le système de la subvention nous semble donc bien préférable à celui de la fixation légale du taux d'intérêt pour les pensionnaires de la caisse, mais à la condition qu'on ne dénaturera pas le caractère de la subvention, que l'on verra en elle l'étincelle excitatrice du mouvement initial, et non pas la force elle-même, qui doit résider dans la libre énergie et dans les efforts propres des intéressés.

Nous nous bornerons, en ce qui concerne la non-fixité du taux d'intérêt de faveur, à ces deux citations. Les arguments fournis par MM. Audiffred et Cheysson servent de thème à tous les partisans du retour au droit commun pour les associations mutuelles.

Comme on vient de le voir, tous les arguments visent le taux d'intérêt futur, et MM. Audiffred et Cheysson ne se prononcent pas sur le passé, sur la rétroactivité de la loi de 1886 sur la Caisse nationale des retraites.

Est-il légal d'imposer aux mutualistes un taux variable *(actuellement de 3 fr. 50 0/0)*, pour des capitaux aliénés en vertu d'une loi qui accordait 4 1/2 0/0, cela sans offre de remboursement. Le nœud de la question est là! Que pour l'avenir l'Etat reprenne sa liberté, la Mutualité sera bien obligée de s'incliner et d'accepter ce que l'on voudra bien lui octroyer, mais en ce qui concerne le passé, en ce qui concerne les 100 millions aliénés à l'heure actuelle, il nous semble pas possible que la question ait été bien comprise de nos législateurs, car l'honnêteté la plus élémentaire exige qu'une conversion soit précédée d'une offre de remboursement ou tout au moins d'une compensation équivalente. La loi de 1886 est en vigueur depuis six années déjà et les mutualistes sont encore à attendre les équivalences, sans lesquelles ils sont en droit absolu de se déclarer spoliés.

Arguments en faveur du maintien du taux fixe privilégié.

(Lettre ouverte aux présidents des Sociétés mutuelles par M. Charles Duhamel, président de la société de Saint-Amé, à Merville, Nord.)

I

Le grand facteur de la misère des ouvriers, c'est la maladie.

La maladie supprime, en effet, le salaire ; épuise les économies ; amène les dettes, etc., si elle se prolonge ; réduit le père de famille à la charité, qui le dégrade sans le sauver.

Veut-il reprendre le travail avant la guérison, il ne tarde pas à retomber, et ses rechutes sont, le plus souvent, désastreuses.

La Société de secours mutuels qui prévient ces funestes effets de la maladie est donc une des plus utiles ressources de l'ouvrier.

Elle est, en même temps, un puissant agent de la moralisation publique, car elle combat l'alcoolisme, en refusant d'admettre les gens dominés par cette fatale passion et de soigner les maladies qui en découlent.

Mais les Sociétés mutuelles ne peuvent pas limiter leur activité aux secours de maladie ; elles sont obligées d'y joindre le service des pensions de vieillesse.

D'une part, en effet, la perspective d'une retraite attire vigoureusement à elles les ouvriers, pour qui la vieillesse, avec ses infirmités et ses chômages fatales, est un spectre si effrayant ; d'autre part, beaucoup d'hommes jeunes, pleins de santé, refusent d'entrer dans les Sociétés de secours mutuels parce qu'ils se tiennent ce raisonnement : « Je ne suis jamais malade ; de longtemps donc je ne tirerai aucun profit de la Société et je cotiserai uniquement pour les camarades, pendant 25 ou 30 ans. Mais, quand je serai vieux et impotent, incapable de travailler et de gagner mon pain, la Société sera vieille aussi, accablée de charges ; et, si elle n'a pas alors, grâce aux pensions, le moyen de se débarrasser honorablement de ses vieillards, elle succombera à ses charges, disparaîtra, et je serai abandonné sans ressources, malgré mes 30 ou 40 ans de prévoyance.

Ce raisonnement est d'une logique impitoyable. Les charges d'une Société augmentent considérablement en effet à mesure qu'elle vieillit ; car les membres âgés coûtent quatre fois plus cher que les jeunes et même bien davantage, par cette raison que, privés de travail par la vieillesse, les vieillards font tous leurs efforts pour garder, le plus longtemps possible, l'indemnité de maladie, qui leur tient lieu du salaire qu'ils ont perdu.

Cet accroissement des charges des Sociétés avec l'âge est un fait dont on ne se rend pas assez compte ; la facilité de la vie dans les années de jeunesse crée la plus dangereuse des illusions, elle trompe absolument sur l'avenir et ses charges. Aussi combien de naufrages de Sociétés après 30 et 40 années d'existence !

Quel est le sort de leurs vieillards, à la suite de ces dissolutions ?

La pension de retraites pour la vieillesse est donc une nécessité pour les Sociétés de secours mutuels, tant au point de vue de leur propre prospérité, qu'au point de vue de leurs membres.

II

Mais la constitution des pensions de retraite, qui était facile, quand la Caisse nationale des retraites réglait ses tarifs sur le taux de 5 0/0, devient à peu près impossible depuis que ces tarifs sont réduits à 3,50 0/0, et sont menacés de tomber encore plus bas.

La statistique montre, en effet, que pour 100 membres entrés à l'âge de 25 ans, il resterait, 40 ans plus tard, 17 vieillards de 65 ans.

La Société doit donc, en quarante années, constituer un capital de retraites suffisant pour 17 pensions.

Mais, d'autre part, une Société de secours doit prévoir les épidémies, comme l'influenza ou toute autre maladie contagieuse, qui fondent sur elle et lui imposent des charges écrasantes. En vue de ces épidémies, elle doit constituer une forte réserve.

Dix années ne sont pas de trop pour créer cette réserve.

De sorte qu'en réalité, il ne reste plus que trente ans à la Société pour constituer le capital nécessaire à ses pensions.

Quel est ce capital? En ne supposant qu'une pension de 100 fr. par vieillard, le capital doit être :

Au tarif de : 5 o/o,	17 fois 2.000 fr.,	soit	34.000 fr.
4 50 o/o,	— 2.222	—	37.777 fr.
4 o/o,	— 2.500	—	42.500 fr.
3 50 o/o,	— 2.857	—	48.567 fr.
3 o/o,	— 3.333	—	56.500 fr.
2 50 o/o,	— 4.000	—	68.000 fr.

Au taux actuel de 3,50 0/0, la Société aurait donc à constituer, en trente ans, un capital de 48.567 fr., ce qui représente environ 10 fr. par tête et par an, c'est-à-dire presque autant que la cotisation elle-même, là où cette cotisation n'est que d'un franc par mois, ce qui est fréquent dans nos campagnes

Ce capital est de 14.567 fr. supérieur à celui qu'il fallait avec le tarif de 5 0/0.

On peut affirmer qu'un pareil effort dépasse les forces de la très grande majorité des Sociétés de secours mutuels.

Cet effort, étant impossible, l'abaissement des pensions devient une fatalité inévitable.

Les chiffres donnés dans les rapports du ministère de l'Intérieur le prouvent déja :

En 1888, la moyenne des pensions liquidées, dans l'année, était de 73 fr. 47 ;

En 1892, cette moyenne n'a plus été que de 71 fr. 10.

Malgré l'augmentation du montant des capitaux de retraite, la moyenne des pensions est condamnée à des chutes périodiques par l'effet de la réduction successive des taux et de l'augmentation du nombre des pensionnés.

Est-il difficile de prévoir ce qui sortira de là ? Le recrutement, déjà si difficile, si faible dans une masse de sociétés, s'arrêtera, les vieux sociétaires resteront seuls, réduits à leurs propres ressources, et accablés de charges croissantes, les hommes jeunes se détourneront de ces sociétés impuissantes, ils se jetteront dans les bras des spéculateurs qui les trompent, l'esprit de prévoyance découragé sombrera, et le pays sera livré à la misère.

III

M. Audiffred, député de la Loire, a dit, dans un mémoire présenté au Congrès de Bordeaux, que l'Etat atténuerait les effets de l'abaissement du taux par des subventions, et que, de leur côté, les ouvriers augmenteraient leurs cotisations.

La Mutualité est en droit, croyons-nous, d'avoir peu de foi dans les promesses de subventions extraordinaires Un ministre nous a déjà promis, le 15 juillet dernier, de proposer au gouvernement d'inscrire au budget de 1893 une subvention de 1.500.000 fr. pour compenser nos pertes. Qu'est-il sorti de ces promesses ? Rien, absolument rien. Le ministre en question, tant qu'il est resté au Pouvoir, les a oubliées, et son successeur a combattu M. le baron des Rotours, réclamant, le 26 janvier, à la tribune de la Chambre, l'exécution des engagements de son ex-collègue.

La Mutualité a donc le droit d'être méfiante. Du reste, quelle est la valeur d'une subvention ? C'est une ressource passagère, révocable à chaque instant, sur laquelle ne peut être basé aucun calcul.

Quant à l'augmentation des cotisations, nous demanderons à M. Audiffred comment il peut l'espérer des ouvriers agricoles, par exemple, qui rapportent au logis une journée de 1 fr. à 1 fr. 25 qui doit faire vivre toute une famille.

Mais si les sacrifices de la famille ouvrière devaient être augmentés, n'est-ce pas au profit des enfants et de la femme, le plus souvent exclus de la prévoyance par le manque de ressources, que ces suppléments de cotisations devraient être employés ? Les Sociétés mutuelles ne comptent encore chez nous qu'un très petit nombre de femmes et d'enfants. Il importe de les y faire entrer au plus tôt, et c'est au payement de leurs cotisations que le père de famille doit appliquer les sacrifices nouveaux, s'il peut s'en imposer, avant de songer lui-même à augmenter ses propres versements de prévoyance.

On est donc encore bien loin de pouvoir espérer que les ouvriers agricoles, et une quantité d'autres qui ne gagnent que 15 ou 18 fr. par semaine, puissent faire face eux-mêmes aux effets de la baisse des tarifs.

IV

Pour les raisons qui précèdent, nous demandons que l'Etat garantisse aux Sociétés de Secours mutuels, qui soignent leurs malades, le tarif de 5 0/0 pour les petites pensions, celles qui, par exemple, sont au-dessous de 120 fr.

C'est la très grande majorité ; sur 27.787 pensions inscrites au 31 décembre 1890, il y en avait 24,242, c'est-à-dire 88 0/0, qui n'atteignent pas la modique somme de 120 fr. par an.

Pour garantir le taux de 5 0/0 à des pensions aussi modiques, l'Etat n'aura pas un énorme sacrifice à supporter.

Les bénéficiaires de ces pensions sont entrés dans la Mutualité à une époque où le taux de 5 0/0 existait et a duré 10 ans. Est-ce la faute de ces pensionnaires si, par le fait des règlements, leur retraite n'a pas été constituée au fur et à mesure, auquel cas ils auraient joui des tarifs élevés, et si, au contraire, elle est liquidée juste au moment où les tarifs sont tombés si bas.

Si l'Etat n'accepte pas la fixité que nous demandons pour les pensions les plus modestes, la ruine des institutions mutuelles, qui s'accomplira fatalement en peu d'années, lui créera des charges autrement plus lourdes.

Tous ces vieillards, incapables de vivre avec une retraite dérisoire, il faudra bien les recueillir quelque part : on ne les laissera pas mourir de faim.

L'hospitalisation publique prendra alors des proportoins effrayantes, et on sait ce que coûte un vieillard dans un hospice, 400 fr. au minimum par an.

La participation de l'Etat à la constitution des retraites est la forme la plus économique et la plus bienfaisante qu'il puisse donner à l'appui qu'il doit aux humbles.

Car, dans cette constitution des retraites, l'Etat n'a qu'une part légère à sa charge ; l'autre part, de beaucoup la plus forte, est supportée par les mutualistes et par les membres honoraires, souvent aussi par les départements ou les communes.

Et ce que l'Etat dépense sur ce point, il le regagne plusieurs fois sur les dépenses d'assistance publique.

V

La très humble pension de retraite que nous sollicitons l'Etat de consolider par la garantie de la fixité du taux de 5 0/0, passera certainement, aux yeux de beaucoup de gens, pour une question bien secondaire, et, cependant, vous le reconnaîtrez comme moi, mon cher collègue, c'est une question capitale.

A la campagne, en effet, cent francs de retraite suffisent à l'existence d'un vieillard, en famille.

Grâce à ces cent francs, il conservera donc sa place au foyer.

Loin d'y être une gêne, il y sera utile, car ses cent francs rendront service dans le petit ménage, où les produits du jardinage peuvent souvent être abondants, mais où l'argent est toujours rare.

Le vieillard vivra donc indépendant et respecté au milieu des siens.

Il gardera et soignera les enfants, il entretiendra le petit jardin, et donnera ainsi à la mère de famille le loisir de s'occuper à des travaux plus lucratifs.

C'est donc la vie de famille que ces cent francs contribueront à reconstituer, et la terre que le paysan abandonne si volontiers aujourd'hui pour s'entasser dans les villes et y aggraver la misère et les difficultés sociales, retiendra ses enfants, assurés désormais de terminer leurs jours dans le calme, le bien-être et les douces joies de la famille.

Opinion de M. Fauger, vice-président de la Société des comptables du département de la Seine

(Extraits d'un discours prononcé le 14 mai 1893 à la réunion plénière des Mutualistes parisiens) :

Je pourrais m'étendre davantage, mais les moments sont comptés. Je me bornerai donc à traiter brièvement les questions qui font l'objet de nos revendications, et qui présentent un intérêt vital pour la Mutualité.

Au premier rang, je placerai l'intérêt consolidé des fonds déposés à la Caisse des Dépôts et Consignations pour la constitution des pensions de retraites.

Si nous nous reportons, Messieurs, à l'article 13 du décret organique du 26 mars 1852 sur les Sociétés de secours mutuels approuvées, et à l'article 2 du décret du 26 avril 1886, relatif à la constitution d'un fond de retraites dans les mêmes sociétés, nous y voyons que ces sociétés DEVRONT verser les fonds destinés aux retraites à la Caisse des Dépôts et Consignations, où ils produiront intérêt à 4 1/2 0/0.

Depuis quarante ans, ce contrat *imposé* aux Sociétés, ne l'oublions pas, a été respecté par l'Etat. Les fonds déposés à la Caisse des Dépôts et Consignations, et que celle-ci a d'ailleurs employés en achats de rentes à des taux divers, ont produit intérêt à 4 1/2 0/0.

Aujourd'hui, il ne s'agit de rien moins que de déchirer ce contrat, de diminuer *actuellement* de 1 0/0 le taux de l'intérêt, sans préjudice des réductions futures.

La Mutualité ne saurait accepter cette spoliation, sans protester avec la dernière énergie contre un procédé renouvelé d'un autre âge.

Oui ou non, a-t-on imposé aux Sociétés de secours mutuels l'obligation étroite, absolue, de déposer leurs fonds à la Caisse des Dépôts et Consignations ?

Oui ou non, leur a-t-on promis, en échange de cette obligation imposée, j'y insiste, un intérêt de 4 1/2 0/0 ?

Poser la question, c'est la résoudre.

Il n'est pas permis, aujourd'hui, de dire aux Sociétés : ce contrat que nous vous avons imposé, nous le déchirons, nous en gardons le bénéfice, nous vous en laissons les charges.

Non, cette iniquité n'est pas permise ; l'Etat se doit à ses engagements, et pour les tenir honorablement, il ne lui reste qu'une chose à faire : consolider à 4 1/2 0/0 les fonds de retraites des Sociétés.

Son sacrifice, et ce terme est impropre, car ce n'en est pas un, puisque la caisse a pu, à certaines époques, opérer des placements très avantageux, qui établissent une compensation avec les cours actuels de la rente ; son sacrifice, dis-je, serait exactement déterminé et limité.

Opinion de M. Fougerousse, directeur du journal : *Les Coopérateurs et Mutualistes français.*

(*Extraits du rapport présenté à la réunion plénière des Mutualistes parisiens, le 14 mai 1893*) :

L'article 20 du projet réduit de 4,50 à 3,50 0/0 le taux de l'intérêt payé aux fonds disponibles, ainsi qu'aux fonds de retraite des Sociétés approuvées.

C'est un perte de près d'un quart sur les revenus Les trois abaissements successifs de taux qui se sont opérés à la Caisse des retraites depuis 1882, ont déjà fait tomber les pensions de 30 0/0.

A une première perte de 30 0/0, la loi veut donc en ajouter une nouvelle de près de 25 0/0.

Les Sociétés qui ont cent, deux cent mille francs, un, deux, trois millions à la Caisse des Dépôts et Consignations, vont perdre, par le fait de la loi nouvelle, 1.000, 2.000, 10.000, 20 000, 30.000 fr. par année.

Voilà un des effets du projet de loi.

Or, il y a dans l'application de cet article 20 une distinction importante à faire :

D'une part, son application aux capitaux qui seront versés après la promulgation de la loi ;

D'autre part, son application aux capitaux qui ont été versés depuis 1856 jusqu'à ce jour, sous l'empire de la législation actuelle.

Eh bien, Messieurs, sur ce dernier point, c'est-à-dire en ce qui concerne le capital versé avant que la loi ne soit promulguée, nous prétendons formellement que l'abaissement projeté du taux d'intérêt ne peut être légal que si l'Etat dit en même temps aux Sociétés :

Les conditions économiques du marché financier me mettant dans l'impossibilité de vous continuer l'intérêt de 4,50 payé jusqu'ici, je suis prêt à vous restituer, avec les intérêts capitalisés, toutes les sommes que je vous ai contraint à me verser par le décret de 1856.

Si l'Etat ne fait pas cette offre de remboursement, l'abaissement du taux de l'intérêt pour le capital ancien serait un acte d'illégalité.

Sur ce point, le doute n'est pas possible. En 1856, en effet, le décret du 26 avril a imposé aux Sociétés approuvées qui voudraient faire des retraites l'obligation rigoureuse de verser leurs fonds à l'Etat,

En fait, il leur a dit : « Vous me donnerez votre argent, ou vous n'existerez pas.

« Mais, en échange de cette obligation, vous aurez 4 1/2 0/0 et des subventions. »

Voilà l'engagement formel que l'Etat a pris en échange des versements des sociétés.

Et, remarquez bien ceci: l'Etat a complété cet engagement par la suppression d'une clause résolutoire qui se trouvait dans l'ancienne loi de 1850. L'article 6 de cette loi disait : « Le taux de l'intérêt des sommes déposées est fixé à 4 1/2 0/0 par an, jusqu'à ce qu'il ait été statué autrement par une loi. »

Or, qu'on le remarque bien, le décret de 1856 a supprimé radicalement cette réserve.

Il dit tout simplement :

« Le taux de l'intérêt des sommes déposées est fixé à quatre et demi pour cent. »

Voilà qui est très significatif.

L'Etat doit le 4 1/2 0/0 au capital ancien, tant qu'il retiendra ce capital dans ses caisses, et il ne peut se dégager de cette obligation, s'il ne peut plus la remplir, qu'en rendant l'argent avec les intérêts.

Donc, de deux choses l'une :

Ou maintien du taux de 4 1/2 pour le capital ancien, ou remboursement.

On ne peut sortir de là sans violer la légalité.

Cette déclaration, nous la faisons encore au nom des principes les plus certains du droit commun.

Lorsque l'Etat fait une conversion, que dit-il aux porteurs de rentes ?

Il leur dit : « Vous avez le choix entre l'abaissement du taux et le remboursement de votre capital. »

Il n'y a pas de conversion dans aucun pays civilisé qui s'opère autrement.

Pour quel motif les Mutualistes seraient-ils donc exclus du droit commun ?

Est-ce parce qu'on leur a toujours dit qu'ils sont l'élite des travailleurs ?

Ce principe fondamental de toute conversion est encore plus rigoureux dans le cas des sociétés, par la raison qu'elles n'ont pas eu la liberté de ne pas verser leurs fonds à l'Etat, et qu'elles ont été contraintes à les lui abandonner, tandis que les rentiers ont toujours été libres de ne pas acheter des rentes sur l'Etat.

Plus l'Etat a usé de son pouvoir sur elles, plus il est tenu de respecter leurs intérêts.

On peut encore ajouter d'autres raisonnements ; les sociétés purement autorisées, libres, par conséquent, de l'emploi de leurs fonds, ont acheté des valeurs de tout repos, des obligations garanties, de villes, de chemins de fer, ou des rentes sur l'Etat.

Or, tous ces titres ont subi de fortes hausses, et, néanmoins, ont conservé intégralement leur intérêt ; les sociétés ont donc gagné sur leur capital, sans rien perdre de leurs revenus.

Elles ont donc, en définitive, été plus avantagées que celles que l'Etat a entendu protéger.

Serait-ce logique, cette protection de l'Etat qui aboutirait, en somme, à un préjudice de 20 0/0 pour ses protégés.

Il faut dire encore que l'argent des sociétés versé par elles dans la Caisse des Dépôts et Consignations a dû être employé par cette Caisse en achats de titres. Ces titres ont tous une plus-value. L'Etat a-t-il le droit de bénéficier de cette plus-value, et de rogner l'intérêt du capital qui lui a procuré ces bénéfices ?

Pour tous ces motifs, le projet de loi doit comporter une exception en faveur du capital ancien de retraite des sociétés approuvées ; il doit lui conserver l'intérêt de 4 1/2, ou bien offrir aux sociétés le remboursement de leur capital, avec les intérêts capitalisés, et même les subventions comme équivalent des bénéfices que l'Etat doit avoir réalisés avec l'argent des sociétés.

Qu'on ne dise pas que c'est mettre l'Etat dans un grand embarras. Cet argent, en effet, doit exister quelque part ; il doit être représenté à la Caisse des Dépôts et Consignations par des titres. S'il n'y était pas, il aurait donc été dépensé indûment ! Nous nous refusons à le croire.

Opinion de M. Dennery, vice-président de la Société : l'*Union du Commerce de Paris*

(*Extraits d'un discours prononcé à la réunion plénière des Mutualistes parisiens, le 14 mai 1893*) :

En ce qui concerne les subventions, nous ne voulons pas d'aumônes.

Le mot subvention est mal employé, ce sont des équivalences que nous demandons.

Nous prétendons, nous qui voulons l'unité de la Patrie, mais qui sommes des décentralisateurs dans une certaine mesure, nous venons dire à l'Etat, aux départements et aux communes, que nous avons fait des économies considérables d'administration, puisque nous nous sommes administrés nous-mêmes. Eh bien ! nous ne demandons pas d'aumônes, nous demandons des équivalences en raison des grandes économies que nous vous avons fait faire, et nous voulons que la Mutualité ne soit pas considérée comme une institution de charité.

Nous avons entendu, il y a quelques mois, des députés et des sénateurs discuter la question de l'intérêt, et venir nous dire : Vous comprenez qu'il y a un intérêt démocratique à ce que l'argent soit bon marché au point de vue de l'industriel et du travail. Nous ne le contestons pas, mais il y a un intérêt démocratique, il y a un intérêt social à ce que nos institutions mutualistes vivent.

Quand vous venez nous dire qu'on ne peut pas nous donner des avantages particuliers, nous vous répondrons : Et la preuve qu'il y a des avantages particuliers, c'est que vous ne vous êtes pas occupés de l'intérêt de l'argent pour le fonctionnaire de l'Etat et les fonctionnaires de tout ordre, qui touchent des pensions.

Vous ne vous occupez pas, aujourd'hui, si le taux de l'intérêt s'abaisse, vous continuez à leur servir des rentes plutôt plus fortes que précédemment. (*Applaudissements.*)

Opinion de M. Jeanne, secrétaire de la Société de Secours Mutuels de Bayeux (Calvados)

Il faut, a-t-on dit dans les Sociétés de Secours mutuels, *prendre le sentiment comme moteur et la science comme gouvernail.* C'est absolument notre avis. Les administrateurs de nos sociétés n'ont pas le droit de s'égarer dans les sentimentalités et de se perdre dans les nuages. Mais on est parti de là pour bâtir sur ce thème un plaidoyer fort habile en faveur des finances de l'Etat, et bien pernicieux, mortel même, pour les Caisses de la Mutualité.

Depuis les décrets de 1852, les gouvernements et les ministres qui se sont succédé nous ont tous accordé un taux de faveur. Nous basant sur les promesses du passé, et confiants dans l'avenir, nous nous sommes crus, à juste titre, autorisés à regarder ce taux de faveur comme un droit acquis par 40 années de jouissance, et nous avons établi des barèmes rigoureusement mathématiques, qui nous permettaient de dire à nos sociétaires : *Vous paierez pour la retraite une cotisation spéciale de..., et à l'âge de... il vous sera servi une rente de..., proportionnelle au temps que vous aurez passé dans la Société.* Notre façon de procéder prenait, je crois, *la science comme gouvernail.*

Or, en détruisant la fixité du taux de l'intérêt, vous renversez tous nos calculs, et vos promesses ne sont qu'un leurre. Vous ne pouvez pourtant prétendre *qu'une méthode scientifique* puisse s'accommoder d'aléas et de vagues promesses que l'on esquivera au premier caprice. On rééditera votre maxime : « *Ce que vous offre aujourd'hui l'Etat, c'est tout ce qu'il peut donner.* » Jadis 5 0/0, hier 4, demain 2, plus tard ?... rien peut-être.

Vous nous conseillez de chercher ailleurs les moyens de nous tirer d'affaire. Voyons un peu. Un congressiste aurait indiqué un de ces moyens : « *Augmentez les cotisations de vos sociétaires* (1). C'est vite dit !.. Cela peut même être assez pratique dans certains grands centres, à Paris, par exemple, où la moyenne du salaire de l'ouvrier est de 6 à 8 fr. ; mais, dans nos campagnes, là où se recrute la grande masse de nos Mutualistes, là aussi où il n'y a ni commerce, ni industrie, le salaire journalier est de 2 fr. à 2 fr. 50, par exception 3 fr., et il faut encore déduire les jours fériés et les chômages. Prenez une famille de quatre personnes, dont le chef seul gagne le pain ; chaque membre de cette famille aura pour solder : loyer, nourriture, entretien de vêtements, blanchissage, etc., 30, 35, au plus 40 centimes par jour. Nous ne pouvons imposer une cotisation mensuelle supérieure à 1 fr. ou 1 fr. 25.

Si nous cherchons à augmenter les cotisations, la plupart de nos sociétaires nous répondraient, avec beaucoup plus de raison que l'Etat : « *Nous vous avons donné ce que nous pouvions donner, plus, nous ne le pouvons ;* » ils se retireraient, et nous aurions écarté de nos rangs les plus malheureux, ceux-là mêmes qui ont le plus grand besoin de l'appui de nos Sociétés ; nous pratiquerions alors, dans un autre sens que vous ne le dites, une mesure essentiellement inique, anti-égalitaire et anti-démocratique.

Nous, nous ne sommes ni anti-démocrates ni égoïstes en demandant un taux de faveur.

Que l'Etat, s'il le peut, fasse le bonheur de tous les travailleurs, assure des rentes à tous les vieillards, rien ne nous rendra plus heureux ; mais on oublie trop facilement que nous sommes les principaux et les plus sérieux créanciers de l'Etat, et que, *forcément, nous sommes ses créanciers*.

Nous sommes plus d'un million et demi de mutualistes, et nos réserves atteignent près de 200 millions, dont une grande part se trouve aliénée dans les mains de l'Etat.

Après avoir soigné nos malades à domicile et cherché à doter nos sociétaires d'une rente qui leur évite l'hospice des vieillards ; à force d'économies accumulées, après avoir déchargé, pour près des deux tiers, l'Etat, les départements et les communes en la personne de Dame l'Assistance publique, on vient nous reprocher d'être antidémocrates et égoïstes !... Est-ce que les portes de nos Sociétés ne sont pas grandes ouvertes à tous ?

Sans compensation aucune, les *imprévoyants* tomberont de tous leur poids à la charge de l'Etat. Ce sont eux qui réellement jouiront du taux de faveur, car les caisses de l'Assistance s'épuiseront à soigner et soutenir des corps usés par la débauche bien plus que par le travail.

Que l'Etat nous aide donc, et il réalisera de beaux bénéfices. C'est là une véritable application de la *méthode scientifique de l'économie sociale*.

(1) M. Dumond, au Congrès de Bordeaux (1892).

L'Etat, nous dit-on, ne peut plus nous servir les intérêts qu'il nous offrait en 1852 et en 1873. Ainsi, au sortir de la débâcle de l'Année Terrible, qui avait englouti environ 15 milliards de notre fortune et conduit nos finances aux abois, on nous offrait 5 0/0; aujourd'hui, nos désastres sont réparés, nos finances sont florissantes et l'on vient nous objecter un *non possumus* qui met à néant toute notre organisation !... Ce n'est pas sérieux !...

On nous accuse encore *de compromettre le budget de l'Etat et de renverser toutes les règles de la comptabilité publique ?* Nous sommes forcés, ajoute-t-on, de *suivre les fluctuations de la Bourse ?* D'où viennent donc la dépréciation du loyer de l'argent, et la baisse de son intérêt ?... De l'encombrement du marché, n'est-ce pas ? Or, les réseves de la Mutualité, nous l'avons dit, s'élèvent à 200 millions *que l'Etat nous force à verser entre ses mains.* Il lance imprudemment dans la spéculation le fruit de nos économies ; le marché est atteint de pléthore, naturellement la Rente monte ; naturellement aussi, plus monte la Rente, plus baisse l'intérêt ; et c'est avec notre propre argent qu'on nous fait la guerre. Est-ce cela que les adversaires du taux fixe et de faveur nomment *la méthode scientifique* ? Leur système favorise uniquement les adroits tripotiers de la Bourse. Conclusion : Puisque l'Etat s'empare de nos finances, qu'il les gère mieux !

Mais, paraît-il, jamais l'Etat ne consentira à admettre le taux fixe de l'intérêt, ne sachant pas s'il sera obligé d'inscrire à son budget 1, 2 ou 3 millions. C'est à vous, messieurs les économistes, défenseurs de l'Etat, c'est à vous de chercher et de trouver les moyens de remédier aux conséquences qu'entraîne l'abaissement forcé du taux de l'intérêt.

Si nous osions, nous vous dirions : On nous a formellement promis une large part dans le produit de la vente des diamants de la Couronne et dans celui du Pari mutuel ; or, tandis que de cent côtés, chacun tire le drap à soi et veut s'en partager les lambeaux, faites donc que les promesses soient tenues à notre égard !

A nos gouvernants, nous dirons aussi : Certes, il est bon de subventionner les sciences, les arts, l'agriculture, etc., mais, ne vous semble-t-il pas que l'amélioration morale et matérielle de la classe ouvrière ne mérite pas autant, sinon plus, vos encouragements ? Nous leur dirions encore : Vos administrations sont peuplées de sinécures et de paperasseries coûteuses qui ne font qu'entraver les affaires. Supprimez sinécures, paperassiers et paperasseries, tous les parasites de nos finances, et vous trouverez largement les fonds nécessaires pour subventionner nos Sociétés et assurer à nos vieillards prévoyants le repos mérité et le pain des vieux jours.

Quant aux théories soutenues par MM. Prosper de Lafite, Dumont, Leroy-Beaulieu, Davrillé des Essarts, Audiffred et autres économistes, cela ne paraît se rattacher que de très loin à la question spéciale des Sociétés de secours mutuels. Ce sont, sous ce rapport, rêveries d'hommes de bonne foi. Pour nous, qui avons vécu de la vie de l'ouvrier, partagé ses souffrances et ses misères, nous ne pouvons nous laisser éblouir par ces mirages. *Le règne normal de l'égalité par l'avilissement du loyer de l'argent* ne donnera jamais le capital à l'ouvrier, quelque bon marché soit-il ; et nous n'entrevoyons pas par ce moyen *la solution progressiste et naturelle de la question sociale !*

L'argent suit la loi de l'offre et de la demande : plus il y en a sur le marché, moins il a de valeur. De là l'augmentation du prix des objets de première nécessité.

Depuis 30 ans, le salaire de l'ouvrier a augmenté de 50 0/0, c'est vrai ; mais le prix du loyer a doublé et les vivres ont triplé de valeur. Cette proportion renversée, loin de permettre à l'ouvrier d'acquérir l'instrument du travail, c'est-à-dire le capital, le plonge dans une misère de plus en plus profonde ; grèves et révoltes en sont les conséquences. Ce ne sont là, ni *la paix sociale*, ni *le règne d'égalité* rêvés par nos économistes.

Dans un avenir prochain, nous disent-ils, *grâce à notre méthode scientifique, on ne pourra vivre sans travailler, il faudra travailler pour vivre.* Les fortunes seront nivelées. Soit ! Nivellera-t-on également les aptitudes au travail et les intelligences ?

Suivant nous, dans toute société bien organisée, il faut que chaque rouage soit à sa place : des riches distribuant le travail aux ouvriers ; des ouvriers satisfaisant, par leurs industries diverses, aux besoins et au luxe des riches. Dans toute entreprise commerciale ou industrielle, trois facteurs sont nécessaires : un capitaliste, une tête et des bras.

Nous sommes plus modestes dans nos vues que les économistes, nous demandons simplement que les capitalistes et l'État n'oublient pas que, si le troisième facteur est indispensable dans la société, il a droit à une part proportionnelle aux services qu'il a rendus.

Si nos gouvernants se laissent endormir par les savantes études et les méthodes scientifiques de nos contradicteurs, ils verront bientôt nos sages mutualistes, désespérés de l'insuccès de nos efforts, abandonner nos Sociétés et se jeter dans les bras des socialistes révolutionnaires ? Ce jour-là, le *Ça-ira* et la *Carmagnole* pourront bien faire la tache d'huile au-delà de Carmaux !

Opinion de M. Vermont, président de l'Emulation chrétienne, de Rouen

(Extraits du bulletin de la Société industrielle de Rouen 1893)

....
....
....

Au point de vue financier, cette loi serait une loi de désorganisation et porterait à beaucoup de Sociétés un coup mortel.

Je ne parle pas seulement des obligations nouvelles et onéreuses qu'on nous impose et dont quelques-unes sont puériles, comme l'obligation de publier dans les journaux des extraits de nos statuts et de chacune de leurs modifications; des avantages de détail dont nous avons toujours profités et qu'on nous enlève, tels que la fourniture gratuite des livrets et des registres de comptabilité ; des libéralités qu'on nous promettait et qui sont tombées de 10 millions à 6 millions, puis à 1,500,000 fr., puis à l'espoir de 400,000 fr.

Il y a dans la loi une double disposition bien autrement redoutable.

Pour la comprendre, il faut se rappeler que l'Etat, en nous obligeant à lui confier nos économies, avait pris à notre égard des engagements que les projets de loi de 1852 augmentaient et promettaient de rendre définitifs.

L'Etat nous interdisant de disposer de nos capitaux assurait à nos fonds disponibles un taux déterminé, un intérêt de 4 1/2 0/0 qui, depuis cette époque (1852) n'a jamais varié.

Supposez qu'en 1870 nous eussions été libres, avec 10.000 fr. nous pouvions acheter un titre de rente de 600 fr. et nous aurions toujours eu ces 600 fr. par an.

L'Etat nous a contraints à lui remettre ces 10,000 fr. et il nous en donnait que 4 1/2 0/0, soit 450 fr., alors qu'il empruntait à 8 0/0.

L'Etat s'est donc enrichi à nos dépens pendant 40 ans, toutes les fois que le prix de l'argent était supérieur à 4 1/2 ; mais. par contre, nous avions la sécurité de l'avenir, la possibilité de faire les calculs de prévoyance qui nous sont indispensables, la certitude que si le loyer de l'argent venait à baisser, nous profiterions *à notre tour* de cette fixité du taux d'intérêt qui nous avait été maintes fois désavantageuse.

Eh bien ! pas du tout. Ce qu'on a fait pour nos pensions, même alimentaires, par la loi de 1880, on veut le faire pour nos fonds disponibles. Ils subiront, eux aussi, toutes les fluctuations dont on avait tenu à nous préserver. L'Etat déchire la loi qu'il nous avait imposée, il garde notre argent, il garde le bénéfice réalisé à notre détriment à une autre époque, et, par une loi annoncée comme n'ayant pas d'autre but que de nous favoriser, il nous dépouille.

Les Sociétés approuvées ont aujourd'hui 160 millions de capitaux ; il serait moins onéreux pour elles d'en perdre le quart que de subir le préjudice indirect, mais certain, dont les menace la modification du contrat créé par l'Etat, qu'on a le droit de rompre pour l'avenir, mais qu'on devrait au moins respecter pour le passé.

Remarquez bien que nous ne sommes pas des porteurs de rente. Ceux qui ont acheté des rentes l'ont fait librement et en sachant que la conversion était possible ; tandis que nous, on nous a forcés de donner notre argent, on nous a empêchés de le placer avantageusement, on l'a pris à un taux déterminé qui nous a été souvent désavantageux et qui n'a jamais varié. Aujourd'hui que ce taux devient pour nous profitable, on le change, on l'abaisse et on nous impose sa dépréciation, sans nous rendre ni les sommes qu'il nous a fait perdre ni les capitaux qui nous appartiennent et dont nous continuons de ne pouvoir disposer.

Quand l'Etat convertit sa rente, il donne toujours l'option entre la diminution de l'intérêt et le remboursement du capital.

On se gêne moins avec nous.

Est-ce parce qu'il s'agit de la petite épargne et non des grosses fortunes ? Est-ce parce qu'il s'agit de l'argent destiné à la maladie et non de l'argent destiné au plaisir ? Est-ce parce qu'il s'agit des ouvriers et non pas des banquiers ?

Il y a là un fait sans précédent, et j'ajoute sans excuse. L'Etat va manquer à ses engagements, décourager les ouvriers prévoyants, détruire des centaines de sociétés qui lui venaient en aide et qui ne pourront plus tenir leurs engagements, augmenter d'une manière effrayante les frais de l'assistance publique.

Pourquoi ?

Pour épargner 1,500,000 fr. par an.

1,500,000 fr. ! Quel chiffre pour une nation qui prodigue l'or pour ses courses, qui subventionne si chèrement ses théâtres, qui garantit annuellement tout près de 100 millions aux chemins de fer, qui dépense le double pour l'assistance publique et dont le budget dépasse trois milliards.

On proclame volontiers que rien n'est préférable aux Sociétés de secours mutuels. Il n'est pas de promesses qu'on ne nous fasse..... en paroles. On devait améliorer notre législation, on l'empire ; augmenter nos avantages, on les diminue ; nous donner plus de liberté, on nous crée de nouvelles entraves.

Il semble que, pour nous, la multiplicité des promesses n'ait d'autre résultat que la multiplicité des déceptions.

En voulez-vous une nouvelle preuve ?

Une autre Commission de la Chambre vient, elle aussi, de déposer son rapport. Dans le projet primitif sur les retraites ouvrières, toutes les pensions créées par les Sociétés de secours mutuels étaient majorées; dans le nouveau projet, toutes les petites pensions le sont encore, toutes..... excepté les nôtres, qui sont subrepticement mais formellement exclues du bienfait de la loi.

Je n'insiste pas et laisse à d'autres le soin de se demander si les hommes qui nous flattent et nous frappent de la sorte ne nous font pas payer trop cher les compliments qu'ils nous prodiguent, et si nous ne finirons pas par comprendre quels sont en réalité les ennemis de la Mutualité, quels sont ses défenseurs.

Opinion de M. Vermont, Président de la Société l'Emulation Chrétienne de Rouen

(Réponse à un article de M. Prosper de Laffite, au sujet du Congrès de Bordeaux):

M. P. L..., dans un article beaucoup trop élogieux pour moi, se félicite d'un vote qu'il signale, avec raison, comme marquant une date dans l'histoire de la Mutualité.

En effet, le 24 septembre 1892, le Congrès Mutualiste de Bordeaux, par 55 voix contre 34, sur 181 délégués, a *repoussé* ce que la commission du Congrès proposait, ce que pendant neuf ans la Mutualité française, par des milliers de pétitions, n'avait cessé de réclamer, *ce qui avait été voté*, presque à l'unanimité, *par tous nos Congrès précédents.*

Depuis l'organisation de nos sociétés, depuis quarante ans, les sociétés approuvées ont perdu le droit de disposer de leurs capitaux; l'Etat, en exigeant leur dépôt, nous donnait un taux d'intérêt de 4 1/2 0/0 qui n'a jamais varié, qui nous a été quelqefois onéreux, qui nous est actuellement avantageux, qu'on ne peut abaisser sans manquer à des promesses vingt fois réitérées, sans détruire nos calculs, sans *exposer* beaucoup de nos sociétés à *ne pouvoir tenir leurs engagements.*

Le Congrès a refusé de *demander* que ce taux, *dont nous jouissons encore actuellement*, nous fût conservé.

Il est nécessaire qu'on sache comment ce vote s'est produit.

Le règlement du Congrès, défectueux, attribuant une seule voix à chaque délégué présent, donnait à l'élément local une prédominance exagérée, M. Bonniot, de Marseille, et moi, nous avions 77 mandats, nous représentions 40.000 mutualistes, nous n'avons pu donner à la fixité du taux d'intérêts que deux voix, le tiers des suffrages accordés à six délégués locaux, représentant 40 personnes.

Ce n'est pas tout. Les Bordelais avaient, sans débat contradictoire, approuvé avant le Congrès un rapport très savant de l'un d'entre eux, contraire à la fixité. Ils se sont déjugés d'autant mieux que : 1° ils n'ont pas assisté à la discussion très approfondie qui a déterminé dans la commission le vote de la fixité à une grande majorité; 2° faute de temps et pour d'autres motifs, la *discussion* en assemblée générale a été *close*, sans que le *rapporteur y eût pris part.*

Il était cependant aussi facile que nécessaire de réfuter les arguments qu'on lui opposait.

Jugez en :

Argument de M. Dumont : « Le péril financier que vous redoutez pour vos sociétés est plus apparent que réel ; pour le conjurer, il suffit d'augmenter leurs cotisations ; avec 1 fr. de plus par mois, vous aurez en dix ans 200 millions de plus ». — Réponse : « Une telle utopie ne peut séduire que les mutualistes en chambre. Quiconque s'est occupé *sérieusement* d'une Société de secours mutuels d'ouvriers sait qu'il leur est difficile de payer leurs cotisations actuelles ; les obliger à doubler une épargne méritoire parce qu'elle est difficile, ce serait les décourager, les obliger à quitter nos sociétés ».

Argument de MM. Laporte, Dumont, P. de Laffite : « Au nom de la science, nous déclarons que la *fixité* de l'intérêt de vos dépôts est *impossible* : on ne doit pas demander ce qui ne peut exister. Vous ne trouverez jamais un ministre qui accepte cette fixité, elle rendrait le budget impossible. » — Réponse : « La *fixité* de l'intérêt *existe*, et elle existe depuis quarante ans, elle n'est donc pas impossible. *Nier la possibilité de ce qui est*, c'est *nier l'évidence*. Depuis quarante ans, *aucun* ministre *ne s'est refusé à l'admettre* dans notre budget. Il n'est pas sérieux de prétendre que sur un budget qui dépasse 3 milliards, et alors que nous consacrons chaque année 200 millions à l'assistance publique, la France ne peut pas donner un million et demi à l'assistance préventive. »

Argument de MM. P. de Laffitte et Arboux . « Vous allez vous aliéner des personnages considérables ; ils sont absolument contraires à la fixité du taux d'intérêt ; jamais vous ne les ferez changer d'opinion ». — Réponse : « Presque tous ceux que vous citez, MM. Tirard, Waldeck-Rousseau, Léon Say, Goblet, Ricard, Waddington ont demandé, comme ministres, ou voté, comme députés, ce que nous demandons. Nous nous bornons à désirer qu'on n'enlève pas à notre institution les avantages dont ils proclamaient la nécessité et qu'ils promettaient d'augmenter. Ils n'ont pas tous changé d'avis peut-être, d'ailleurs on peut et nous devons leur montrer que leur première opinion était la bonne. »

Argument de l'article de M. P. L... : « Il faut dans la Mutualité de la science au gouvernail ». — Réponse : « Laissez donc à nos calculs une base sérieuse et fixe; l'incertitude arithmétique relève, non de la science, mais de la fantaisie ».

On a, de plus, caressé l'espoir d'une compensation, d'une subvention extraordinaire. Le vrai moyen de l'obtenir n'était peut-être pas de solliciter une faveur au lieu de réclamer un droit ; avec la fixité de taux d'intérêt, la Chambre autrefois avait voté pour nous 10 millions ; sans la fixité on nous fait espérer 1.500.000 fr.

Nous lâchons la proie pour l'ombre.

Je crains absolument qu'ayant perdu l'union qui faisait notre force, nous cessions d'empêcher le vote de la loi qui remplace, pour nous, les promesses pour les déceptions et qu'on a déjà si bien nommée :

La loi *contre* les Sociétés de secours mutuels.

Opinion de MM. Latertre et Dreux, délégués de la Mutualité d'Indre-et-Loire, au Congrès de Bordeaux.

(*Extrait du rapport présenté au syndicat d'Indre-et-Loire*)

Conformément aux mesures prises par le gouvernement, qui, à la suite de l'abaissement successif du taux fixe de 5 0/0, propose de donner, chaque année, une subvention pour réparer le dommage causé aux rentiers mutualistes, le rapport présenté par M. Laporte, au nom du Comité girondin, concluait qu'il y avait lieu d'accepter ces mesures, et répondait en ces termes aux trois questions en lesquelles avait été divisée cette principale et importante question des retraites dans la Mutualité :

« En ce qui concerne le moyen de réparer les conséquences de l'abaissement du taux de 5 0/0 à 4 0/0 et 3 1/2 0/0,

« Le congrès national, après avoir exprimé le regret que le Sénat ait supprimé la dotation promise des diamants de la Couronne, prend acte de la promesse d'une subvention plus modeste, qui a été faite par M. le Président du conseil, ministre de l'Intérieur, le 22 juillet dernier, à une délégation dont faisaient partie notamment MM. Brisson, Marmottan, Prével, députés et présidents de Sociétés de secours mutuels ;

« Mais en ce qui touche le taux de 5 0/0, dont le rétablissement exigeait l'abrogation des lois du 30 janvier 1884, du 20 juillet 1886 et demanderait ensuite la réorganisation complète de la caisse des retraites et même de la Caisse de Dépôts et Consignations, sans parler du trouble budgétaire permanent ;

« Le congrès exprime le vœu que les sociétés administrent librement leurs fonds, et demandent pour elles le droit de se syndiquer en vue du résultat qu'elles ne pourraient obtenir isolément ».

Voilà donc le Comité girondin d'accord pour la liberté et de gestion et d'union des Sociétés, mais acceptant la réduction du taux d'intérêt, se contentant de la *promesse* de subventions.

Cette dernière thèse a été soutenue notamment par MM. Dumont, président d'un groupe lyonnais, et directeur de la Caisse d'épargne de Lyon ; de Laffitte, mutualiste réaliste, calculateur infatigable, qui a établi des tables statistiques pour les fonds des sociétés ; Arboux, secrétaire général de la Ligue nationale ; Davrillé des Essards, avocat ; Laporte, professeur au Lycée de Bordeaux, et leur grand cheval de bataille était : la perturbation dans la comptabilité de l'Etat ; la non-justification d'un taux de faveur envers les mutualistes et la diminution de la valeur de l'argent.

L'opinion contraire a eu pour champions MM. E. Vermont, président de la Société d'émulation chrétienne de Rouen ; Letertre, président de la Société de Poré ; E. Dreux président du *Syndicat* d'Indre-et-Loire ; Dennery, vice-président de la Société des voyageurs de Paris ; Ménard, directeur de l'établissement pénitentiaire de Marseille, président de Société mutuelle, etc.

Ces derniers ont fait ressortir :

1° Qu'il y avait engagement moral formel de la part de l'Etat depuis la promulgation de la loi de 1852 ;

2° Que la pertubation redoutée dans la comptabilité était une crainte chimérique, puisque cette particularité du taux spécial aux sociétés existe depuis plus de 30 ans, et que cette comptabilité n'en a pas moins bien fonctionné.

3° Que c'est au moment où l'argent diminue que l'on restreint les retraites, conséquence absurde autant que douloureuse pour le travailleur réformé par la vieillesse, qui ne peut que mourir de faim, ou être admis à l'hôpital ;

4° Que les subventions « ne pourront être reportées ni équitablement, ni « proportionnellement ; qu'en l'état actuel, ce sont les sociétés qui en ont le « moins besoin qui recevront les plus grosses parts, et que les sociétés rurales, « faisant juste face à leurs nécessités de maladie, NE POUVANT PAS QUELQUEFOIS AVOIR D'EXCÉDENT à verser pour les retraites, n'en toucheront pas « un centime ».

5° Enfin qu'au point de vue de la *faveur* déniée aux sociétés, cette faveur est tout simplement un *droit*, ce qui s'établit facilement par l'énumération des services considérables que la Mutualité rend à la Société entière, et que cette fixité du taux de 4 0/0 n'est qu'un moyen de *restitution*.

Le gouvernement, déclarent en outre les partisans du maintien de ce taux fixe, dépense des sommes considérables pour l'*amélioration du sort des malfaiteurs*, il prodigue sa pitié humanitaire à des voleurs, des criminels qu'il nourrit bien, loge, chauffe et vêt avec un zèle, louable peut-être ! Il met en mouvement une coûteuse armée de fonctionnaires, de médecins, voire même d'aumôniers, pour tous ces misérables condamnés, qui tendent à augmenter d'autant plus qu'on les choye davantage, et ce même gouvernement marchande quelques centimes aux associations des honnêtes travailleurs !... il se déclare impuissant à trouver dans son énorme budget les quelques mille francs nécessaires à assurer ses engagements vis-à-vis des retraités du travail !... vis-à-vis des pères de famille dont toute une vie de sacrifices, de dévouement, d'épargne sur un chétif salaire, d'assistance à leurs compagnons d'infortune, a consacré les plus hautes vertus sociales et les droits les plus sacrés !... Allons donc !... La criminalité aurait le pas sur la Mutualité, et cela sous le gouvernement de la République ?... C'est impossible ! Et nos mandataires républicains ne sauraient moins bien traiter le peuple que les fonctionnaires de l'Empire, dans ses légitimes revendications.

Malgré donc la vive insistance des opposants, à l'unanimité, moins une voix, la 3e commission a adopté la proposition du maintien des taux fixes de 4 1/2 0/0 pour les fonds en dépôt courant, et à 5 0/0 pour ceux affectés aux retraites.

Opinion de la Mutualité Forézienne

(Extraits d'un rapport du secrétaire général de l'Union des Sociétés de secours et de Prévoyance mutuelle de la Loire approuvé à l'unanimité en réunion plénière, le 26 février 1893.)

Il est inutile de revenir aujourd'hui sur la question de capitalisation à 5 0/0. Nous sommes tous d'accord pour traiter de spoliatrice la loi de 1886. On n'a pas répondu à notre argument, savoir : « L'État a le droit de rompre un « engagement contracté depuis 30 années, mais en retour il doit donner la « liberté à ceux qui se sont liés à lui ; pour être légale, la loi de 1886 aurait « dû spécifier que les sommes acquises à la caisse, lors de la promulgation de « la loi, continueraient à bénéficier du taux acquis, à défaut de cette spécifi- « cation, le devoir de l'État était de laisser à la disposition des intéressés la « faculté du retrait des sommes versées. »

On n'a jamais répondu à cet argument basé sur la logique même, car il est sans exemple qu'une loi puisse avoir un effet rétroactif. Les mutualistes sont spoliés depuis six ans. Ils ont perdu depuis 1886 une somme de 150,000 fr. par le fait de l'abaissement du taux de capitalisation ; nous ne cesserons de crier : *Restitution*, jusqu'au jour où justice nous sera rendue.

La loi nouvelle sur les Sociétés de secours mutuels aggrave la situation faite aux Sociétés depuis 1886, car elle supprime pour nos fonds libres, ainsi que pour nos fonds déposés à titre aliéné en vue de la constitution de nos futures pensions, le taux d'intérêt de 4 1/2 0/0 établi par les décrets de 1852 et de 1856.

Nous avons perdu en six ans 450,000 fr.; si la loi présentée au Parlement était votée dans sa teneur actuelle, ce serait pour la Mutualité française une perte sèche d'environ 1 million par an, étant donné que nos dépôts dans les caisses du Trésor s'élèvent à près de cent millions.

Voilà, mes amis, comment on s'apprête à récompenser les efforts que les mutualistes font depuis trente ans pour arracher à la misère, pour détourner des idées subversives, une masse compacte de travailleurs. Quelle idée voulez-vous que ces travailleurs se fassent du droit, de l'équité, de la justice, de l'égalité, alors que les législateurs et l'État paraissent s'entendre pour consacrer l'iniquité, l'injustice, et, ce qui est plus grave, la spoliation?

A-t on suffisamment réfléchi aux amères pensées auxquelles se laissera entraîner ce vieillard qui, depuis trente ans, verse mensuellement sa cotisation à la caisse de la Société, et qui, cloué par la maladie, par les infirmités contractées en une dure vie de labeur, se verra obligé d'attendre encore un an, deux ans, avant d'obtenir la liquidation de sa pension modeste, loyalement due, mais que l'abaissement du taux d'intérêt ne permettra plus de servir au temps prescrit par les statuts, sous peine de banqueroute. Qu'un fait pareil se produise, et il se produira forcément, si on n'y prend garde, c'est un recul de vingt ans pour la Mutualité. Est-ce le but poursuivi? Alors qu'on le dise franchement, car notre esprit se refuse à comprendre toutes les théories des économistes, toutes les polémiques sur la valeur de l'argent.

Le grand cheval de bataille des mutualistes en chambre, pour justifier le retrait du taux de faveur, est l'argument suivant : *Dans une Démocratie, les privilèges doivent disparaître, et il n'est point juste de conserver ceux des mutualistes, il n'est point juste de faire payer par l'ensemble des contribuables une partie des rentes mutualistes.*

Cet argument nous frappera et nous nous déclarerons convaincus, le jour où le privilège mutualiste restera seul debout en France; mais, pour l'instant, il porte à faux, car le budget républicain fourmille de privilèges.

Privilège! la garantie d'intérêt aux porteurs d'obligations de chemins de fer?

Privilège! la dotation à l'agriculture, à la sériciculture, à la viticulture, à la filature?

Privilège! les subventions destinées à l'amélioration des races chevaline, ovine et porcine?

Privilège! l'argent donné aux théâtres nationaux?

Privilège! les encouragements accordés aux lettres, aux sciences, aux arts?

Privilège! le renouvellement du contrat avec la Banque de France?

Osera-t-on soutenir qu'un étalon est plus intéressant qu'un mutualiste, et que les danseuses de l'Opéra contribuent à l'extinction du paupérisme dans une plus large proportion que les Sociétés de secours mutuels?

CHAPITRE V

Les différents projets de retraite obligatoire. — Initiative privée. — Initiative parlementaire

En 1886, à Marseille, pendant la tenue du deuxième Congrès national de la Mutualité, nous déposâmes un vœu tendant à la création d'une Caisse nationale de retraites pour les travailleurs, indépendante de la Caisse actuelle, avec obligation de l'inscription pour tous les citoyens français. Ce vœu n'eut point l'honneur d'une discussion sérieuse, le temps matériel manquant pour cela, mais au cours du succint débat auquel il donna lieu, un délégué, économiste distingué, mais à l'orthodoxie farouche, nous décocha l'épithète de Prussien et d'élève de Bismarck. Nous avouons que cette flèche de Parthe glissa sur notre conscience, et qu'elle ne nous émut pas.

Moins de sept ans après, nous avons la consolation de voir que notre idée a fait du chemin, puisque la création de l'œuvre que nous proposions d'établir en 1886 ne fait aujourd'hui de doute pour personne, et que, dans quelques mois, dans quelques jours peut-être, la Caisse des retraites ouvrières sera fondée en France.

La retraite obligatoire n'est plus une utopie, son étude s'est imposée à l'attention des plus timorés. On ne discute plus que sur la meilleure méthode d'application.

Nous allons passer en revue les différents projets dus à l'initiative privée et à l'initiative parlementaire. En ce qui concerne l'initiative privée, nous nous bornerons à analyser les projets dus aux mutualistes, car nous occuper des autres nous entraînerait trop loin.

Pour ceux éclos de l'initiative parlementaire, nous ferons appel au remarquable travail que M. Duquaire a fait sur la question, cela, sur la demande du Comité des Présidents de Lyon (1).

INITIATIVE PRIVÉE

M. Paul-Émile Laviron est le premier, à notre connaissance, qui, après nos désastres de 1870, ait soulevé cette grosse question des retraites ouvrières.

(1) Etude sur les Caisses de retraites pour les travailleurs (Lyon 1892), par M. Duquaire, avocat à la Cour d'appel.

Dans une pétition en date du 19 novembre 1875, adressée à l'Assemblée Nationale, M. La[illegible]on demandait la création d'une Caisse de retraite en faveur des ouvriers et ouvrières des villes et des campagnes.

Dans un long mémoire, l'auteur s'attache d'abord à démontrer le droit absolu qu'ont les travailleurs à la retraite.

« L'homme, qui a besoin toute sa vie des objets propres à sa consommation, « ne jouit que pendant un temps limité de la faculté de produire ces objets. Il « faut que, pendant cette période d'activité, il produise plus qu'il ne consomme « (ce qui existe en fait), et se fasse, avec la différence, des réserves pour « l'avenir. Ce sont ces réserves accumulées qui sont destinées à constituer son « avoir, son capital futur, ses moyens d'existence dans la période de repos, et « il lui importe que la conservation en soit mise à l'abri de tout risque. C'est « là, pour lui, un droit naturel incontestable.

« Mais la Société ne lui garantit rien à cet égard, et si les mêmes réserves « restaient à l'état de simples produits, se détruisant par l'usage et exposés, « d'ailleurs, à toutes sortes d'éventualités fâcheuses, elles seraient loin de lui « offrir une sécurité complète pour ses vieux jours. Il est donc obligé de cher- « cher à pourvoir lui-même à leur stabilité, et il y parvient en les convertis- « sant en une propriété territoriale ou financière. C'est une sorte de gage qu'il « se donne, une sorte d'hypothèque qu'il prend sur le fonds commun, pour « s'assurer la jouissance permanente du fruit économisé de son travail, pour « se constituer, sous forme de revenus, ce qu'on pourrait appeler sa pension de « retraite. A ce point de vue, la propriété est chez celui qui la détient absolu- « ment légitime et sacrée ; elle est inviolable, comme son droit même à l'exis- « tence. C'est alors que la Société intervient, et à juste titre, pour le confirmer « dans la possession de son gage.

« Si l'on avait toujours eu le soin de bien faire ressortir cette justification « souveraine du droit de propriété, il ne serait venu à personne la pensée de le « contester Les exclus n'auraient pu, au contraire, que l'affirmer, en invo- « quant, dans leur propre intérêt, sa raison d'être : la garantie de l'existence.

« Cette garantie est due à tous les travailleurs, à raison de l'excédent que « leur production laisse sur leur consommation, et il est nécessaire que tous « l'obtiennent, sous une forme ou sous une autre. Tant mieux pour ceux qui « ont réussi à l'acquérir par le moyen de la propriété. C'était leur droit, et il « doit être respecté. Il n'y a, de ce chef, aucune revendication à exercer « contre eux.

« Mais les autres, qui avaient un droit identique, ne sauraient en être déclarés « déchus par cela seul qu'ils n'ont pas été assez heureux pour arriver à se « procurer le même gage, Il y aurait évidemment excès à leur opposer cette « circonstance comme une fin de non-recevoir absolue.

« *Il ne serait pas juste*, a dit M. le comte de Melun, dans son excellent

« rapport sur les institutions charitables, *de croire que la misère est toujours*
« *le fruit du vice..., et il y a dans ce monde bien des misères imméritées.*
« Et, en effet, il est matériellement impossible que tout le monde parvienne à
« la propriété effective ; mais ceux qui s'en trouvent privés ne conservent pas
« moins leur droit à la sécurité qu'elle procure, et c'est précisément en s'ap-
« puyant sur son principe, et en reconnaissant ainsi la légitimité, qu'ils peuvent
« prétendre arriver — par d'autres voies — à l'exercice de ce droit.

« L'ouvrier qui est resté prolétaire n'a pourtant pas consommé, nous l'avons
« fait remarquer, tout ce qu'il a produit. La plus-value qu'il a laissée, et qui
« n'a pas été réalisée dans son intérêt direct, a profité à la société, prise dans
« son ensemble ; elle s'est confondue avec la masse des revenus capitalisés, et
« a contribué à accroître d'autant la richesse générale. Il est donc de la plus
« rigoureuse équité de faire contribuer cette richesse au soulagement de ses
« dernières années. Dans ce système, les pensions des travailleurs parvenus à
« l'âge de la retraite deviennent une charge sociale de premier ordre, à l'instar
« de l'instruction, de la justice, de l'armée, etc., etc., et il semble naturel qu'il
« y soit pourvu de la même manière, c'est-à-dire au moyen des revenus
« publics.

....

....

« La mesure que je signale à votre sollicitude n'est pas une nouveauté, loin
« de là ! Elle a déjà été soutenue, sous des formes diverses, par des autorités
« que vous ne récuserez pas ; les autorités, je les cite d'après MM. Tallon et
« Fournier, qui les ont invoquées à l'appui de leur proposition de loi sur
« l'organisation de l'assistance publique. Rappelant l'état de choses qui exis-
« tait avant 1789, vos honorables collègues se sont exprimés ainsi :

« *Jusque-là, en effet, certaines taxes et de grands biens avaient fourni*
« *au clergé les moyens de pourvoir aux besoins des pauvres ; ces taxes,*
« *détournées de leur but originaire, étaient, il est vrai, condamnées par les*
« *abus mêmes dont elles avaient été la source ; mais elles témoignèrent*
« *hautement du souci que l'on avait, dans les siècles passés,* de venir en
« aide à la misère.

« *L'abbé Maury, essayant de défendre la dîme contre les justes et puis-*
« *santes attaques de Mirabeau, rappelait ses origines ; elle devait être,*
« *suivant la définition d'Innocent III, le tribut que le riche doit au pauvre,*
« *en signe d'égale possession qu'ont tous les hommes sur les biens de la*
« *terre.* Egentium tributa animarum, in signum, domini universalis.

« *Le Parlement de Toulouse avait affirmé les mêmes principes dans un*
« *arrêt du 18 avril 1651, où il ordonnait que, dans les trois jours, les*
« *évêques du ressort pourvoiraient à la nourriture des pauvres, passé*
« *lesquels il permettrait la saisie du sixième de tous les fruits que ces*
« *évêques percevraient dans les paroisses dudit ressort.*

« *La Démocratie moderne n'a pas trouvé, on le voit, de formules plus* « *radicales pour la pratique de la fraternité humaine et de la solidarité* « *sociale.*

« Vous ne ferez pas moins, messieurs, que le pape Innocent III, que l'ancien « clergé français, que le Parlement de Toulouse. Vous voudrez que les vieux « travailleurs se ressentent des richesses qu'ils ont contribué à créer (1). »

Comme on le voit, M. Paul-Emile Laviron préconise la retraite obligatoire pour les vieux travailleurs, retraite uniquement fournie par l'Etat, sans retenue aucune sur les salaires. Pour alimenter la caisse qui devra délivrer les pensions, l'auteur du projet propose d'y verser :

1° Les revenus des propriétés collectives de la nation, telles que : les lais ou relais de la mer, une partie des rives des fleuves et des rivières, les forêts de l'Etat, les biens et diamants de la Couronne etc., etc., total environ : 171 millions par an ;

2° Une contribution nouvelle sur les profits du commerce et de l'industrie portée à 81 millions 1/2 ;

3° Les économies réalisées sur divers ministères, soit : 70.222.000 fr. ;

4° Les économies réalisées par une réduction dans les frais de perception de l'impôt, soit : 156 millions.

Au total, 478,722,000 fr. de revenu annuel, au moyen duquel une pension de 400 fr. serait assurée à 1,200,000 ouvriers ou ouvrières.

Nos lecteurs, qui s'intéresseraient au travail de M. Laviron, feront bien de se procurer, outre le document cité, l'ouvrage intitulé : *Droit des travailleurs à la retraite*, du même auteur (1 vol. (Paris, librairie socialiste). Ils y puiseront des documents fort suggestifs.

A Lyon, au cours de la tenue du premier Congrès national de la Mutualité, quatre projets sur la retraite obligatoire furent déposés par M. Louis Combet, docteur ; Henri Messand, Audiffred et Dauvergne.

Projet Louis Combet

Création d'une Caisse nationale de retraites civiles assurant à tous les Français et Françaises, une rente de 300 fr. minimum à 60 ans d'âge.

Administration financière et administrative centrale nommée par le Parlement. Dans les départements, la Caisse serait administrée par une délégation du conseil général, chaque commune posséderait un délégué à la Caisse.

(1) Extrait du projet de caisse de retraite pour les ouvriers, par P.-E. Laviron (Paris, 1878), librairie des Sciences Sociales.

La pension civile se constituerait par un versement mensuel établi à raison de 5 centimes par jour, depuis l'âge de 20 ans jusqu'à 60 ans, soit un débours de 730 fr. pendant 40 ans pour chaque personne.

Tous les patrons, chefs d'ateliers, commerçants et bourgeois ayant une ou plusieurs personnes, pourraient être obligés d'opérer la retenue qui serait versée à la Caisse générale et inscrite sur un livret *ad hoc* pour chaque personne.

En ce qui concerne l'armée, l'État verserait à la Caisse nationale 5 centimes par homme et par jour. Les officiers subiraient une retenue sur leur solde, la pension venant en déduction des autres pensions ordinaires.

De 20 à 60 ans, toute personne réduite à l'impossibilité de pourvoir à ses besoins, par suite de maladies, blessures ou infirmités résultant des charges de son état, pourrait jouir des avantages fixés par l'article 1er de la loi, c'est-à-dire d'une pension de 300 fr.

Les receveurs municipaux devraient, comme pour l'impôt ordinaire, tenir la main à ce que la prime d'assurance fût versée régulièrement par chaque citoyen ou citoyenne âgé de 20 ans jusqu'à 60 ans.

Projet Henri Messand

Pension de 1,000 fr. délivrée à tous les citoyens français âgés de 55 ans. Capital nécessaire obtenu par le versement obligatoire, pendant 20 ans, d'une annuité de 50 fr. Dans le cas où le citoyen ne pourrait payer ses annuités à l'échéance, la commune, la ville ou le département y pourvoirait et les retiendraient, le moment venu, sur la rente servie par l'État.

Le titulaire ne serait possesseur de son titre qu'après complète libération de sa part envers celui qui a fait les avances.

Projet Audiffred

Voici comment le rapporteur de la section faisait l'analyse du projet :

« M. Audiffred, fils de ses œuvres et maître tisseur, a vu de près la vie, les « inquiétudes et les souffrances du travailleur, il a ressenti, comme lui, quelle « économie il fallait apporter dans l'établissement du budget familial, quelle « force de volonté, pour réaliser quelques économies, qui, hélas ! souvent dispa- « raissent trop vite par le chômage et les vicissitudes de l'existence ; il a vu aussi « de près ces ouvriers sans attaches, travaillant de côté et d'autre, ne songeant « jamais au lendemain, n'ayant pour ainsi dire pas de foyer et arrivant à la « vieillesse sans ressources et sans abri.

« C'est pour remédier à cette situation digne d'intérêt qu'il a élaboré son « projet. Estimant que chaque ouvrier, travaillant pour le compte de son « patron, laisse entre ses mains une partie de la valeur intrinsèque de sa « production, il est d'avis que le patron doit payer un impôt pour assurer « l'avenir de ses employés.

« Pour ce, chaque industriel paierait donc annuellement un impôt « proportionné au nombre moyen des gens qu'il emploie ; pour les industries, « où le nombre d'ouvriers varie, un recensement serait fait à l'époque « normale de la plus grande production, il servirait de base à la taxation.

« Cette taxation serait de 12 fr. par tête, pour tous les Français et Françaises « âgés de plus de 12 ans.

« La population de la France étant de 36,672,000 habitants, le projet établit « ses calculs sur 30 millions, laissant 6,672,000 pour représenter le nombre « d'enfants âgés de moins de 12 ans ; le revenu annuel serait donc de 360 « millions. Comme les retraites ne se distribueraient que dans 20 ans, ces « annuités, intérêts composés, formeraient un capital de 12,496,704,000 fr. qui, « à 5 0/0, donnerait un revenu de 624,835,200 fr.

« Une fois ce capital acquis, on ne capitaliserait plus les annuités, elles « serviraient à parfaire le chiffre de 740,148,550 fr. nécessaire au service des « rentes ; le surplus des recettes, après déduction des frais occasionnés par ce « service, concourrait à la création d'une Caisse nationale d'assurance contre « l'incendie qui pourrait entrer en fonction vingt ans après le premier service « des rentes fait. M. Audiffred estime qu'à cette époque ces excédents auraient « formé un capital de 3,471,306,666 fr.

« Pour établir le barème des rentes, il a pris les chiffres de l'annuaire « statistique de la France (année 1881).

« Voici le nombre de Français vivants, âgés de plus de 60 ans :

		Rente à servir	Totaux
« De 60 à 65 ans	1.542.648	100	154.264.800
— 65 à 70 —	1.167.040	150	175.056.000
— 70 à 75 —	861.496	200	172.299.200
— 75 à 80 —	523.445	250	130.861.250
— 80 à 85 —	229.059	300	68.717.700
— 85 à 90 —	73.199	400	29.279.600
— 90 à 95 —	15.800	500	7.900.000
— 95 à 100 —	2.730	600	1.638.000
— 100 ans et au-dessus	220	600	132.000
	4.415.637		740.148.550

« Soit : 4.415.637 vivants touchant 740.148.550 fr. de rentes.

« Vous remarquerez que la rente s'accroît avec l'âge du pensionné ; à 60

« ans, il peut encore se livrer à quelques travaux, faiblement rétribués, il est « vrai, tandis qu'à un âge plus avancé, ces ressources disparaissent, mais sa « rente augmente. »

Projet Dauvergne *(Analyse de l'auteur)*

Celui qui ne donne rien à la Société n'est pas apte à se réclamer d'elle. Pénétrée de cette pensée qu'un léger effort individuel, mais se répercutant sur la masse de la nation, doit produire un résultat sensible, j'ai dû poser comme principe que, pour obtenir une retraite à l'âge de 60 ans, il faut que tout individu, dès son enfance, produise l'effort demandé ou qu'on le produise pour son compte.

Est-il illogique de demander au père de famille de poser la première base de l'avenir de la vieillesse de son enfant ? Ne lui impose-t-on pas, dans la mesure de ses moyens, l'obligation de pourvoir à son instruction et à son éducation ? N'est-ce pas le père qui, par sa vigilance, ses soins constants, décide de la vie heureuse ou malheureuse de son enfant ?

Qu'allons-nous lui demander encore ? Qu'au moment de la naissance de son enfant, en le faisant enregistrer, il verse 10 fr. à la Caisse de retraite, aux mains de l'employé de la mairie, qui remettra au père un livret pour son enfant.

Je prévois l'objection à faire : chez un ouvrier, la naissance d'un enfant est généralement, pour ne pas dire toujours, l'éclosion d'une charge, vous voulez la rendre plus onéreuse encore. L'objection est juste, et, pour quelques-uns, il sera naturellement impossible de remplir cette obligation. Mais, dans ce cas, la commune ou le département intervient ; chaque année, le budget prévoit un crédit pour verser d'office les 10 fr. sur la tête de ceux qui naissent de parents indigents.

Pendant la première période, les dépenses à faire de ce chef iront peut-être en s'accroissant ; mais à la période de la prise des retraites, il se créera un fonds destiné à amortir chaque année les dépenses occasionnées par le service des naissances ; ce fonds se formera par l'abandon de la rente acquise de la part de ceux dont la situation de fortune permettra le sacrifice.

Chaque année, le montant de ces abandons sera versé à la caisse spéciale, et les rentes produites par ce fonds seront partagées entre toutes les communes les plus pauvres d'abord, pour les décharger de verser pour les indigents.

Tout père de famille ayant eu six enfants vivants se verrait déchargé du droit de 10 fr., qui serait payé par l'Etat. Comme corollaire, il serait institué des bons de retraite pour les enfants, et, dans les classes, on pourrait les distribuer concurremment aux bons d'épargne. Il y aurait également un usage à introduire dans nos mœurs, et qui compléterait dignement l'œuvre à créer : à la naissance de chaque enfant, on lui donne un parrain et une marraine, pourquoi, eux aussi, ne donneraient-ils pas chacun leur 5 fr. pour leur filleul ? Sa retraite serait doublée du même coup.

Le champ des applications est vaste : mais ce qui est important, c'est de voter le principe. L'enfant, en naissant, se trouverait immédiatement sous la protection de l'épargne ; en grandissant, il apprendrait comment et par quoi on préserve ses vieux jours des affres de la misère ; sa jeune intelligence s'approprierait ses principes, et, croyez-le, lorsqu'il serait devenu un homme, cette pensée l'arrêterait souvent, lorsque, prêt à céder à de fatales passions, il se disposerait à gaspiller quelques épargnes.

Il reste à établir quelle serait la rente acquise par le versement unique d'une somme de 10 francs, à la naissance d'un enfant. D'après Duvillard, sur 1 million de naissances, il reste, à soixante ans, 213.567 vivants. Le capital produit par un versement unique de 10 francs par tête égale 10 millions ; au bout de soixante ans, capital et intérêts composés s'élèvent à 187.116.619 fr. 70. La probabilité de la vie, à partir de soixante ans, est de douze ans trois mois ; ce qui permet de donner 4/8 du capital en rentes, et produit pour les suivants 109 fr. 50 de rente, pour un capital unique de 10 francs versé à la naissance. D'après la table de Déparcieux, la rente ne serait que de 68 fr. 65 par tête.

Projet J. Gaune, ingénieur civil.

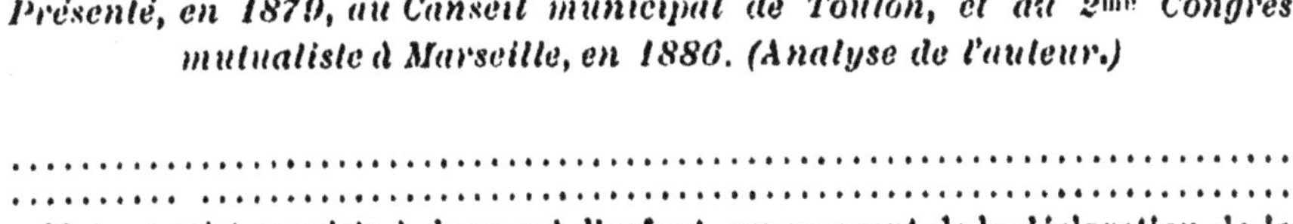

Présenté, en 1879, au Conseil municipal de Toulon, et au 2me Congrès mutualiste à Marseille, en 1886. (Analyse de l'auteur.)

....

....

Notre projet consiste à donner à l'enfant, au moment de la déclaration de la naissance, à la Mairie, un *livret de retraites,* mentionnant que la Caisse communale a versé une somme de 5 francs ou toute autre — et que cette somme donnera une rente de..... à l'âge de 55 ou 60 ans.

Nous ne voulons pas créer une caisse de retraites dans chaque commune, mais seulement une caisse de retraites provisoire, où les fonds seraient déposés jusqu'à ce que l'enfant ait atteint l'âge de 3 ans, époque à laquelle les fonds lui appartenant seraient versés à la *Caisse de retraites pour la vieillesse de l'Etat.*

Notre proposition pourrait être présentée à un Conseil municipal, sous la forme suivante :

« Le Conseil municipal de.....

« Considérant qu'il y a un intérêt majeur à assurer une retraite à tous les « habitants de la commune, autant sous le rapport moral que sous le rapport « matériel ;

« Considérant que la commune, dans la mesure de ses forces, doit aider les « habitants à se créer une retraite pour être à l'abri du besoin dans leurs vieux jours ;

« Considérant que cette aide doit s'accorder *à tous, sans exceptions*, pauvres « ou riches et même étrangers, puisque tous contribuent aux dépenses de la « commune ;

« Décide :

« 1° Il est créé, à partir du..... une caisse de retraites dans la com- « mune de.....

« 2° Le jour de la déclaration de la naissance d'un enfant, il sera versé par « la commune, dans cette caisse et au nom de l'enfant, une somme de « cinq francs (ou toute autre) devant lui assurer une rente de..... à l'âge « de 55 ans (ou de 60 ans) ;

« 3° Un crédit de..... est ouvert à cet effet pour l'exercice de l'année.....;

« 4° Les fonds de cette caisse seront capitalisés avec l'intérêt que la ville « reçoit pour les sommes déposées au Trésor ;

« 5° La Caisse de retraites de la commune recevra, au nom et au compte de « l'enfant, et pendant trois ans, toutes les sommes qui seront versées en son « nom par les parents ou autres personnes. Ces sommes seront capitalisées « aux mêmes taux que celles versées par la commune ;

« 6° Lorsqu'un enfant aura atteint l'âge de 3 ans, il sera pris dans cette « caisse, pour être versée à la *Caisse de retraites pour la vieillesse*, tenue par « l'État, la somme qui appartiendra à cet enfant, pour lui garantir une retraite « correspondante à l'âge de 55 ou de 60 ans ;

« 7° Les sommes déposées à la Caisse de retraites de la commune deviendront « la propriété de cette caisse, en cas de décès des enfants avant leur troisième « année ;

« 8° L'État accordant des subventions pour les retraites des Sociétés de « secours mutuels et de retraites, la commune réclamera de l'État une certaine « somme pour chaque enfant qui aura un livret de retraites de la commune ;

« 9° Cette caisse de retraites existera jusqu'au jour où l'État admettra les « versements à la *Caisse de retraites pour la vieillesse*, à partir de la « naissance des enfants.

« Le jour où l'État admettra ces versements, la Commune versera à la caisse « l'État et pour chaque enfant vivant, ayant un compte à la Caisse de retraites, « la somme lui appartenant pour lui faire avoir un compte correspondant à « son âge et à la somme versée ;

« 10°. A partir du jour où l'Etat admettra les versements sans limite d'âge, « la commune qui n'aura plus la Caisse de retraites versera à la *Caisse de* « *retraites pour la vieillesse* une somme de 5 francs (ou toute autre) pour « chaque enfant, le jour de la déclaration de la naissance faite au bureau de « l'Etat-Civil ;

« 11°. Si l'Etat, faisant droit à un vœu que nous avons émis, créait, comme « la commune, le versement de 5 francs pour chaque enfant né en France, « c'est-à-dire, la véritable *Caisse nationale de retraites*, le Conseil municipal « aurait à délibérer sur la suppression des versements faits par la commune, « et dans le cas où il maintiendrait ces versements, la retraite des enfants nés « dans la commune serait doublée. »

Cette proposition, qui devrait être votée par toutes les communes de France, peut également s'appliquer aux sociétés diverses qui voudraient créer des retraites pour les enfants de leurs membres.

Projet de M. Jacquet (1)

M. E. Jacquet, ancien conseiller général de la Seine, ancien maire des Lilas (Seine), a mis à profit sa situation pour poser la question des retraites ouvrières au Conseil général de la Seine. De 1874 à 1878, il a déposé *cinq fois* son projet.

L'économie obligatoire

Des vœux favorables ont été formulés par le Conseil, sinon pour le projet, du moins pour le principe d'une Caisse nationale de retraites. Une sixième fois, le rapporteur a conclu au rejet pur et simple de la question des retraites civiles, alléguant que c'était porter atteinte à la liberté individuelle. 25 membres sur 40 présents ont voté l'ordre du jour pur et simple.

Le projet de M. Jacquet demande le versement *obligatoire* de cinq centimes par jour, soit 18 fr. 25 par an, par tout citoyen des deux sexes, de toutes conditions et professions.

« Si je veux — dit-il dans son projet — imposer à tous la même obligation, c'est qu'il faut, dans une œuvre aussi grande, maintenir le principe de l'égalité ; c'est que, celui qui est riche à cinquante ans, n'est pas certain de l'être à soixante, et que, connaissant l'égoïsme du cœur humain, je n'ai pas voulu que les riches criassent au voleur ! en disant qu'on leur fait supporter seuls l'impôt nécessaire pour la retraite des travailleurs. »

(1) Analyse de l'*Echo du Bien* (n° de mai 1893).

Les parents, les tuteurs et les patrons seraient responsables de la non-inscription.

Les habitants des deux sexes, âgés de 60 ans, auront droit à une pension minimum de 300 fr., ou à leur admission dans une maison de retraite.

Ledit projet contient, en outre, 21 articles où les droits et les devoirs de chacun sont parfaitement classés.

Projet de M. J.-B. Blanchard (1)

M. J.-B. Blanchard, auteur d'un projet de *Prévoyance nationale*, est d'avis que, si l'on veut que l'action de la Caisse de retraites soit efficace, c'est-à-dire qu'elle puisse satisfaire à la généralité des besoins urgents causés par la vieillesse, il faut l'*obligation*.

Dans un travail des plus complets, que nous trouvons dans la belle collection du journal l'*Echo de la Mutualité*, M. Blanchard établit la prime d'assurance pour alimenter la caisse à créer, par deux éléments distincts : la partie aisée et la partie journalière de la population.

1° La prime journalière varie de 2 à 12 centimes par jour ouvrable, soit de 6 à 30 fr. par an ;

2° La prime aisée, à peu près double de la première, parcourt aussi une échelle de 4 à 20 centimes par jour ouvrable, et donne 12 à 60 fr. par an.

Le rendement annuel de ces moyennes donnerait 420 millions pour la population aisée (12 fr. × 10.000 = 420.000.000).

Et 312 millions produits par la population journalière (24 × 13.000.000 = 312.000.000)

Soit un rendement total annuel de 732 millions environ.

Avec ces 732 millions, produit du décime national et proportionnel, la *Prévoyance nationale* donnerait :

1° Aux gens aisés, une retraite proportionnelle à leurs versements, *en cas de revers de fortune* ;

2° Aux journaliers, à 60 ans, une retraite proportionnelle à la prime versée, d'un minimum de 300 fr., dite *pension alimentaire*.

L'échelle proportionnelle dont M. Blanchard se sert pour établir son impôt, ainsi que la répartition des retraites, est des mieux conçues.

Prime journalière : Impôt, 2 centimes par jour, 6 fr. par an, dans une résidence de 1 à 1.000 habitants. — Retraite, 103 fr.

4 centimes par jour, 12 fr. par an, dans une résidence de 1.001 à 3.000 habitants. — Retraite, 210 fr.

(1) L'*Echo du Bien* (n° de mai 1893).

6 centimes par jour, 18 fr. par an. Résidence, 3.001 à 10.000 habitants. — Retraite, 318 fr.

8 centimes par jour, 24 fr. par an. Résidence, 10.001 à 50.000 habitants. — Retraite, 423 fr.

10 centimes par jour, 30 fr. par an. Résidence, 50.001 à 100.000 habitants. — Retraite, 528 fr.

12 centimes par jour, 36 fr. par an. Résidence, 101.000 habitants et au-dessus. — Retraite, 631 fr.

La même échelle proportionnelle est établie pour les gens aisés, dont les versements varient de 4 à 20 centimes par jour, suivant la localité où ils seraient imposés. Leur retraite, *en cas de revers de fortune*, varie aussi de 684 à 1.060 fr. par an.

Le journalier peut, à sa volonté, augmenter sa prime et la porter même jusqu'au maximum de la prime aisée, soit 20 centimes par jour. — De même qu'il peut la réduire, sans qu'elle puisse jamais descendre au-dessous du plus faible minimum de résidence, soit 2 centimes par jour ouvrable.

Dans certains cas, l'assuré a droit à un subside (cas de maladie).

Perception

La perception des primes aura lieu dans les mêmes conditions que celles de l'impôt. Les primes sont donc exigibles au domicile de l'adulte assuré, avec toutes les garanties ordinaires de l'impôt.

M. Blanchard estime que les dépenses de toutes natures, comme les salaires, sont d'autant plus élevées suivant que le centre est plus peuplé; que, par conséquent, une échelle proportionnelle est indispensable pour établir équitablement les droits et les devoirs des assurés.

Projet de M. Decourteaux (1)

M. C. Decourteaux, publiciste, très versé dans les questions de prévoyance de travail et d'économie sociale, est l'auteur d'un projet, dont voici l'analyse :

M. Decourteaux considère les projets de caisses de retraites, présentés à ce jour, comme rempli de difficultés pour leur application.

1° Tous les systèmes proposés, dit-il, veulent faire, *obligatoirement*, des rentiers à un âge déterminé, à 50, 55 ou 60 ans. Pour y arriver, il faut environ 1 milliard de revenus annuels, suivant que le projet admet tous les citoyens ou une catégorie seulement ;

(1) *L'Echo du Bien* (n° de mai 1893).

2° Pour arriver à ce milliard annuel, il faudrait que 22 millions au moins d'adultes versassent un impôt de 10 centimes par jour pendant 40 ans environ, ce qui exclut des bienfaits de la Caisse des retraites la génération actuelle, c'est-à-dire les personnes présentement âgées de 35 à 40 ans, ou à peu près, qui, cependant, auraient contribué à la fondation du capital ;

3° Par un versement de 30 fr. par an, de personnes des 20 à 50 ou 55 ans, on obtient 450 millions, soit pour l'Etat l'obligation d'emprunter annuellement cette somme et de la garantir. En ajoutant les intérêts accumulés des versements antérieurs vers la 36e année, l'opération terminée rendra l'Etat dépositaire de trente milliards en chiffres ronds, somme énorme, insuffisamment abritée contre toutes sortes de fluctuations et de tentations possibles ;

4° Pour l'impôt unique, qu'il soit de 5 ou 10 centimes par jour, il est illégal, attendu que le dernier salaire moyen permet à peine de vivre, et que les chômages viennent encore diminuer ce salaire moyen. En outre, une nombreuse catégorie de travailleurs gagne moins que ce salaire moyen. Il y a des familles dont le nombre d'enfants est au-dessus de la moyenne etc., etc....

M Decourteaux craint aussi que la pension de retraite *obligatoire*, à 50, 55 ou 60 ans, *valide* ou *non*, ne déterminera une diminution du salaire, par la concurrence entre les retraités encore valides et les non retraités, surtout dans certains emplois où la jeunesse n'est pas absolument recherchée.

Déjà les retraités des administrations civiles et militaires ou de l'Etat, les petits rentiers postulant avec plus de succès que ceux qui n'ont rien, pour les places, et souvent, en raison de leur pension ou rente, sollicitent à bas prix ledit emploi.

Que deviendraient les salaires dans ces conditions ?

Si tous les citoyens avaient une pension, ne serait-elle que de 360 fr., à l'âge de 50, le tout profiterait inévitablement aux employeurs, qui ne manqueraient pas de spéculer sur la pension des retraités, au préjudice des travailleurs non encore pensionnés !.....

D'après M. Decourteaux, s'il faut, par an, *un milliard* pour servir annuellement une pension alimentaire à toute personne âgée de 50 ou 55 ans, il suffit, d'autre part, seulement de *deux à trois millions* pour servir des pensions viagères de retraite aux *Invalides du Travail*, quels que soient leur âge et leur profession, et sans craindre que ces retraites, provenant de la collectivité, viennent faire une concurrence déloyale à la main-d'œuvre, puisque, dans la pensée de l'auteur, l'admission à la pension est subordonnée à l'incapacité absolue du travail de la profession ou de l'emploi, ne donnant pas un salaire supérieur à....fr.

Il y aurait en France, d'après M. Decourteaux, **un** Invalide du Travail sur **cent** sujets adultes valides, soit sur 12 millions de travailleurs, 120,000 ayants droit environ à la fois.

120,000 Invalides à 200 fr. de pension, dépense annuelle 240 millions.

120,000 Invalides à 300 fr. de pension, dépense annuelle 360 millions.

120,000 Invalides à 400 fr. de pension, dépense annuelle 480 millions.

Si, pour ces 12 millions de travailleurs, on calcule sur deux invalides pour cent, on obtient 240,000 invalides qui, à 200 fr. par an, exigeraient 480 millions ; à 300 fr. chacun, il faudrait 720 millions.

Voilà une proposition de projet qui, si elle est bien conçue, réduira considérablement l'impôt nécessaire au budget annuel de la retraite, et, par conséquent, les versements à faire par chaque citoyen deviennent accessibles, *obligatoires* ou *volontaires*.

Suivons notre auteur dans l'application de son projet, lequel, dit-il, peut être mis en vigueur après une année d'exercice au plus et immédiatement si l'on veut.

Les ayants droit

Sont admis, sur leur demande, avec pièces justificatives à l'appui, à bénéficier des avantages de la Caisse générale de Retraites des Invalides du Travail :

1° Toutes personnes de nationalité française, se trouvant dans l'*incapacité absolue* de se livrer à un travail lucratif de sa profession ou autre, par suite d'accident, d'infirmité ou de vieillesse, et quel que soit son âge ;

2° Tous les salariés ou anciens contribuables ou patentés, prouvant que leur *salaire*, *gain* ou *revenu*, par suite d'accident, infirmité ou vieillesse, n'excède pas....fr. par semaine pour les hommes, et....fr. pour les femmes.

Ce salaire, gain ou revenu pour avoir droit à la pension ne devra être que de....fr. par semaine pour les hommes, et....fr. pour les femmes, habitant une ville de moins.........habitants, etc., etc.

Ne seront dans aucun cas compris dans les salaires, gains ou revenus :

1° Les revenus annuels provenant de la Caisse nationale de retraites pour la vieillesse ;

2° Les pensions servies par les Sociétés de secours mutuels ou de Caisses spéciales de retraite au-dessus de....fr., ou comme complément ;

3° Il en sera de même des pensions servies par les administrations civiles ou militaires, et qui n'excèdent pas....fr. par an ;

4° Dans aucun cas, pour avoir droit à la retraite viagère, l'ensemble des salaires, gains ou revenus, y compris la pension d'Invalide du Travail, ne pourra excéder....fr. par an pour les hommes résidant dans une localité de plus de.........habitants, et de.....fr. pour les femmes ;

5° Dans les villes au-dessous de.........habitants, cet ensemble ne pourra excéder....fr. pour les hommes, et....fr. pour les femmes ;

6° Dans tous les cas où les salaires, gains ou revenus de toute nature n'atteindraient pas les sommes indiquées précédemment, le complément en sera fait par la *Caisse générale des Invalides du travail.* Ces pensions pourront être diminuées ou augmentées, suivant l'incapacité plus ou moins *absolue* du bénéficiaire, ou en cas de retour à la validité.

Impôt spécial en faveur des Invalides du Travail

Nous avons vu qu'il suffirait, d'après M. Decourteaux, de *deux à trois millions* par an, pour servir une pension de retraite alimentaire aux 120,000 Invalides du Travail en France.

Où prélever cette somme?

M. Decourteaux dit que les moyens ne manquent pas; qu'on la trouvera, et même plus, dans les propositions faites par MM. Laviron, Nadaud, Jacquet, Blanchard, etc., etc.

Toutefois, il serait bon d'appliquer une partie de l'échelle proportionnelle présentée par M. J.-B. Blanchard, soit un impôt de 2 centimes par jour pour les journaliers et de 4 centimes pour les gens aisés.

On trouverait aussi une source féconde, dit M. Decourteaux, dans le *Timbre-Quittance*, qui a été établi à l'occasion des frais de guerre, et qui subsiste encore, malgré la dette payée. Ce timbre-quittance, auquel on se soustrait le plus possible, et qui s'appellerait *Timbre de Retraite*, deviendrait plus utilisable, aurait une excellente raison d'être, et pourrait être, non sans logique, proportionnel. Est-il juste qu'il soit constamment de 10 centimes, qu'il s'agisse d'acquitter une facture de 10 francs 01 centime ou une de 1.000.000 de francs?...

Nous donnons cet avant-projet inédit à titre de renseignements, et sans autre commentaire, en insistant cependant près de nos lecteurs pour étudier tout spécialement l'économie des propositions de M. Decourteaux, qui limite, pour commencer, la retraite aux citoyens se trouvant dans l'incapacité *absolue* de se livrer à un travail lucratif ou dont le salaire sera reconnu insuffisant, par suite d'infirmité d'accident ou vieillesse.

Projet de M. Jacques Fabien

M. Jacques Fabien, un philanthrope des plus connus et estimés de Paris, notamment dans le XVIe arrondissement, s'est attaché avec vaillance à un problème de retraite ouvrière.

L'impôt au profit du travail

Il se conforme rigoureusement, pour l'application, à toutes les lois, à tous les règlements en vigueur qui régissent la Caisse nationale de Retraites pour la vieillesse.

Son projet est des plus simples. C'est un impôt qui serait créé au profit des travailleurs, et qui leur serait payé par ceux qui les emploient, sans rien retenir de leurs salaires.

M. Fabien évalue à 10 centimes en moyenne le versement à faire par un patron pour chaque ouvrier ou employé, et par chaque journée de travail.

« Ne vous effrayez pas, dit-il aux commerçants, industriels, rentiers, etc...,
« de l'impôt en faveur de l'ouvrier ; c'est aussi votre bien-être. Calculez, si
« vous le pouvez, ce que font perdre les révolutions armées à tous ceux
« qui possèdent, et vous verrez que l'impôt que je propose vous coûterait
« moins cher ; de plus, c'est un droit, c'est la répartition la plus équitable de
« la richesse publique. »

M. Fabien n'est pas partisan de la cotisation *obligatoire* de l'ouvrier, ni de la part contributive de l'Etat, pour alimenter la Caisse de Retraites. C'est par l'employeur seulement qu'il fait supporter l'impôt de 10 centimes par jour et par chaque employé, ouvrier ou apprenti.

Un livret personnel de la Caisse des Retraites serait délivré à chaque ouvrier par le patron, chargé de verser son impôt et les sommes volontairement économisées par les employés. Quand l'employé quitterait le magasin et l'ouvrier son atelier, ils présenteraient leur livret à leurs nouveaux patrons, etc.

L'honorable M. Fabien, pour prouver que son projet est réellement pratique, l'a mis à exécution en s'imposant lui-même envers ses employés : jardinier, concierge, valet de chambre, cuisinière, blanchisseuse, journalier, barbier, homme de peine, etc., soit environ quinze serviteurs. Il déposa, au nom de chacun d'eux, tous les trois mois, 9 fr. et, à ce versement, venaient se joindre quelques économies des titulaires.

M. Fabien a soumis son projet : *L'impôt au profit du travail*, à la Chambre des Députés, en 1884, avec la mise en pratique par lui du système proposé.

« Si vous adoptez cet heureux système — disait-il en terminant — grâce à
« vous la misère ne sera plus, à l'avenir, que le triste fruit de la débauche ou
« de la paresse. Ne dites pas : C'est du socialisme d'Etat. La France a su agir
« quand il le fallait, dans notre grande Révolution, et le monde entier en a
« profité. Agissez à votre tour, et vous obtiendrez, sans nouvelle charge pour
« l'Etat, le progrès le plus beau, le plus humanitaire, le plus noble qui ait
« jamais existé. »

Projet de M. Colombet Joseph

M. Colombet Joseph, expert comptable, est l'auteur, à l'exemple de M. Jacquet, d'un projet reposant sur l'*obligation*. Ce sont les deux auteurs qui se rapprochent le plus; ils diffèrent cependant sur le niveau égalitaire, en ce sens que M. Jacquet demande un versement uniforme pour tous, et que M. Colombet, tenant compte des besoins individuels et des satisfactions qu'ils exigent, demande l'impôt sur chaque personne en raison de ce qu'elle possède, en fixant un *maximum*, de manière que la spéculation n'y puisse trouver accès, et un *minimum* nécessaire pour que les retraités puissent vivre sans l'adjonction d'autres ressources, s'ils en sont privés.

D'ailleurs, dit-il, ce principe de la proportionnalité est pratiqué dans le monde entier par les gouvernements et les grandes administrations, qui fournissent des retraites à leurs serviteurs.

M. Colombet fixe la prime à payer à partir de l'âge de 18 ans, à raison de 3 0/0 du *salaire, gain et revenu* des individus, d'après leur déclaration, qui sera contrôlée et modifiée, le cas échéant. Elle serait de 5 0/0 pour les employés des administrations civiles et militaires.

La retraite, à 60 ans, ne pourrait être moindre de 400 fr., ni excéder 2,000 fr. par an. Comme il faudrait 37 ans d'exercice, avant que la caisse de retraites puisse avoir son plein effet, ce projet donne, à titre transitoire, à partir de la cinquième année de la promulgation de la loi, des retraites à 60 ans, et dans la proportion des versements effectués.

Insistant sur l'obligation, M. Colombet pense que, toutes les fois qu'on laissera à un salarié la faculté de verser ou de ne pas verser une somme dont il ne profitera que dans un temps éloigné, ou dont il ne profitera peut-être pas du tout, s'il vient à décéder avant d'avoir atteint la vieillesse, il est à peu près certain qu'il donnera de préférence satisfaction à d'autres besoins plus immédiats et, pour lui, plus apparents. Comme exemple, il cite la Caisse Nationale des retraites, qui n'a trouvé qu'un nombre très restreint de clients, après plus de 35 années d'exercice.

La création d'une caisse de retraites, organisée comme nous l'indiquons, dit en terminant M. Colombet, aurait, outre son but principal, l'avantage de modifier notre situation financière; car si tous les sujets âgés de 18 à 60 ans (23 millions), versaient, en moyenne, chacun, une somme annuelle de 20 fr., l'État recevrait de ce chef plus de 400 millions; il n'aurait plus besoin de contracter d'emprunts, et pourrait rapidement éteindre sa dette publique en remboursant ses créanciers; ce qui aurait l'avantage de faire rentrer dans la circulation des capitaux qui, pour être productifs, seraient forcés de revenir dans l'industrie, ce dont profiteraient les travailleurs.

• INITIATIVE PARLEMENTAIRE (1)

Trois premiers dépôts sont effectués : le premier par M. Nadaud, le 14 mai 1881 ; le second par M. Waldeck Rousseau, le 16 mars 1882, et le troisième par M. Laroche-Joubert, le 24 juillet de la même année.

Proposition Nadaud

Il s'agissait de la création d'une Caisse de retraites pour les vieux ouvriers de l'agriculture et de l'industrie. Pour l'alimenter, les bénéficiaires devaient être *contraints* de verser chaque jour 5 0/0 de leur salaire ; les patrons auraient été tenus d'effectuer un versement égal à la moitié de celui de l'ouvrier, et l'Etat aurait fourni une subvention égale à celle des patrons.

La proposition fut prise en considération, après une attaque très vive de M. Marcel Barthe, sur le caractère obligatoire qu'elle entendait imprimer aux versements. Et comme cette condition rallie encore un grand nombre d'esprits qui la considèrent comme indispensable à toute constitution de Caisse sérieuse, nous croyons utile de rappeler les principales raisons invoquées à l'appui de cette opinion.

M. Barthe a considéré l'obligation du versement comme contraire à la liberté individuelle, inapplicable, onéreuse et injuste.

(A) La *liberté individuelle* se trouve atteinte au double point de vue du droit de propriété et de l'esprit de famille. Le salaire de l'ouvrier est une propriété aussi sacrée que toute autre. En l'en expropriant pour partie, on lui fait perdre quelque chose du citoyen, pour le rapprocher en quelque sorte de l'esclave. Quant à l'esprit de famille, il suffit de rappeler combien d'ouvriers travaillent pour acheter une parcelle de terre ou une maisonnette. Chacun connaît, dans ce but, les émigrations du Limousin, de l'Auvergne, de la Savoie. Désormais, ils devraient renoncer à cette ambition pour celle de l'acquisition d'une rente, qui s'éteindra avec la vie du bénéficiaire.

(B) L'obligation est *inapplicable*, même dans l'industrie ; car, à côté des grands ateliers, où une comptabilité exacte permettrait de tenir régulièrement à jour les prélèvements et les retenues, il y en a d'autres plus nombreux et de moindre importance, dans lesquels cet assujétissement serait impossible, les

(1) Etude sur les Caisses de retraites pour les travailleurs, par M. Duquaire, avocat à la Cour d'appel de Lyon (imprimerie du *Salut Public*, 1892).

ouvriers travaillant, en outre, dans diverses industries et changeant fréquemment de patrons. Et quand le salaire est déjà insuffisant, comment espérer pouvoir opérer une retenue sur 1 fr. 25, 1 fr. 50 ou 2 fr. ? Et pour les ouvriers agricoles, qui changent presque tous les jours, dont le salaire est minime, payé souvent en nature, qui tiendra la comptabilité et comment ? Quant aux patrons accablés de charges, pourront-ils lutter contre la concurrence étrangère ? S'ils se ruinent, comment paieront-ils ? Leur prix de revient augmentant, ne chercheront-ils pas à faire supporter leur perte à l'ouvrier ?

(*C*) *Charges à redouter :* Les auteurs de la proposition fixent à 30 fr. par an et par ouvrier la somme que l'Etat devrait payer ; ils disent qu'il y a un million d'ouvriers qui profiteraient de la retraite. (Notez que la loi serait faite pour tous les ouvriers de l'agriculture et de l'industrie.) « Or, disait M. Barthe, d'un recensement fait en 1876, il résulte qu'il y a plus de six millions de personnes, ayant plus de 55 ans, sur lesquelles au moins deux millions doivent vivre de leur salaire. Mais même en ne calculant que sur un million, devant avoir une rente de 400 fr. en moyenne, ce serait 400 millions par an. Le versement des ouvriers devant produire 60 millions et celui des patrons et de l'Etat chacun 30 millions, le total ne serait que de 120 millions. La différence devrait donc être encore fournie par l'Etat. Et comme il ne faut pas calculer seulement sur un million, mais au moins sur deux millons de parties prenantes, et même sur quatre millions, d'après M. Keller, ce serait donc un débours annuel de 600 millions. Et où s'arrêterait-on ?

(*D*) Il est *injuste* enfin, de favoriser les seuls ouvriers, à l'exclusion des modestes paysans, moins heureux encore, après avoir travaillé toute une vie ; on serait donc amené progressivement à pensionner tous ceux qui demandent à leur travail, sinon la totalité au moins une partie de ce qui lui est nécessaire pour vivre. Or, on ne compte que 943,617 personnes vivant uniquement de leurs revenus. On voit par là si les budgets pourraient suffire.

« Est-ce à dire, ajoute M. Barthe, qu'il n'y ait rien à faire ? Non, vraiment. Mais le rôle de l'Etat doit se borner à encourager et à protéger les initiatives et les efforts individuels. » Le mouvement a été imprimé par un certain nombre de patrons, par les Sociétés de chemins de fer, de mines, etc. ; les Sociétés de secours mutuels servent des pensions, et puis un nouveau facteur apparaît à l'horizon économique : les assurances. Mais il ne faut pas contraindre les ouvriers à traîner partout le boulet de leurs retenues, ce qui serait un esclavage d'un nouveau genre. Il ne faut pas non plus faire naître des espérances irréalisables.

Proposition Waldeck-Rousseau

M. Waldeck-Rousseau a été, avec raison, frappé de ce double fait : d'une part, que si le nombre des associations de secours mutuels a sensiblement augmenté, celui des sociétaires qui arrivent à obtenir des retraites est fort restreint, le chiffre de ces pensions étant beaucoup au-dessous de ce qu'il pourrait être ; d'autre part, que la Caisse d'assurances, en cas de décès, fonctionne à peine, et l'on peut dire que celle des assurances en cas d'accidents ne fonctionne pas du tout.

La Caisse des retraites, au lieu de servir d'instrument d'épargne aux travailleurs, a profité aux industriels et aux spéculateurs, particulièrement aux Compagnies d'assurances, qui ont retiré, au préjudice de l'Etat, d'importants bénéfices, motivés par la supériorité du taux d'intérêt dont était gratifiée l'institution d'Etat.

Tout le système de M. Waldeck-Rousseau repose sur les deux idées suivantes :

1° Affecter exclusivement désormais au développement et à l'encouragement des associations de secours mutuels la Caisse des retraites, telle qu'elle avait été créée par la loi du 18 août 1850, et la Caisse d'assurances au cas de décès et en cas d'incapacité de travail, créée par la loi du 11 juillet 1868 ;

2° Substituer l'assurance individuelle, par les soins de l'association, au versement collectif fait à la Caisse des Consignations, pour le compte de cette association.

« Entre ce que fait cette dernière, dit-il, et ce qu'elle pourrait faire, il y a la même différence qu'entre le placement de 1 fr. à intérêts composés — c'est l'opération qu'elle fait — et le placement de 1 fr. en assurance sur la vie — c'est l'opération qu'elle ne fait pas. Cette assurance serait alimentée par un prélèvement de 12 fr., que ferait l'association, par tête de sociétaire, sur les 24 fr. de cotisation annuelle, et qu'elle verserait entre les mains du percepteur pour le compte de l'Etat. Ce dernier majorerait cette somme de 3 fr., ce qui ferait 15 fr. répartis comme suit : 10 fr. pour la retraite, 2 fr. pour l'assurance, en cas de décès et 3 fr. pour l'assurance en cas d'incapacité de travail. »

Proposition Laroche-Joubert

Il s'agirait de la création d'une Caisse de retraite pour tous les salariés, assez prévoyants pour épargner chaque mois, au plus, le dizième de leurs salaires. L'Etat doublerait ce versement chaque fois qu'il en serait fait un, avec capitalisation à 5 0/0. Le déposant aurait la faculté de retirer son argent. Ce retrait entrainerait celui du versement de l'Etat pour une somme égale. La pension pourrait être liquidée, quand l'intéressé aurait versé pendant vingt-cinq ans ; elle serait reversible sur la tête de la veuve et des orphelins, jusqu'à vingt-cinq ans pour ces derniers. Elle ferait retour au Trésor en cas de décès du titulaire, sans veuve ni orphelins.

M. Laroche-Joubert n'est pas partisan de l'obligation pour le salarié, parce que, neuf fois sur dix, le versement obligatoire des employeurs et des travailleurs équivaudrait à un versement double de la part de ces derniers, l'employeur pouvant s'arranger de façon à leur payer un salaire réduit de tout ce qu'il remettrait pour eux à la Caisse des retraites.

Proposition Jaurès *(déposée le 8 avril 1886)*

M. Jaurès voudrait organiser, d'une façon générale, dans chaque canton et pour chaque branche de la production industrielle comptant au moins 200 ouvriers, hommes ou femmes, des caisses corporatives de secours, de retraites et de coopération.

Cette organisation serait établie et tous les ouvriers d'une même industrie en feraient *obligatoirement* partie, quand les 3/5e d'entr'eux, hommes ou femmes, âgés de vingt-un ans, auraient voté dans ce sens. Dans ce cas, les patrons retiendraient mensuellement sur les salaires 2 fr. 50 par homme 1 fr. par femme et 50. cent. par enfant au-dessus de 15 ans. Ils fourniraient eux-mêmes une somme égale et verseraient, annuellement, à la Caisse des retraites 20 fr. par homme et 5 fr. par femme. Un livret individuel serait établi pour chacun.

M. Jaurès est partisan de l'intervention de l'Etat, parce qu'on a fait trop de promesses aux ouvriers, pour qu'on puisse, sans danger pour l'avenir, maintenir la situation actuelle. L'économie libérale est dans l'erreur quand elle ne voit dans la Société qu'une collection d'individus ; cette dernière est un ensemble d'idées, de tendances, de traditions. Les patrons pourraient créer l'assurance obligatoire, en s'entendant entre eux pour ne prendre que des ouvriers qui en auraient contracté une. Comment refuser un droit analogue à l'Etat, qui n'est pas un syndicat d'intérêts particuliers et ne représente pas une classe spéciale de citoyens ? M. Jaurès repousse l'assimilation avec la loi allemande, qui n'a été faite, suivant lui, que pour entraver le socialisme, dans l'intérêt des classes dirigeantes, qui ne comporte pas le capital corporatif et est incompatible avec la dignité et l'indépendance de l'ouvrier.

Proposition de Mun (*déposée le 15 mai 1886*)

M. de Mun veut substituer à l'intervention de l'Etat, menaçant de tout absorber, de tout envahir, de tout annihiler, la force de l'association entre ceux que rapproche la solidarité des besoins et des intérêts. L'application de ce principe au travail, par la reconstitution des groupes professionnels, constitue le régime corporatif, qui respecte la liberté et la dignité humaine, tandis que le socialisme, qui fait de l'Etat un pourvoyeur général et nécessaire, les sacrifie complètement.

Il demande qu'on crée dans chacune des quinze circonscriptions territoriales, établies par la loi du 19 mai 1874 et déterminées par le décret du 15 février 1875, sur le travail des enfants dans les manufactures, pour chaque corps de métier et chaque industrie ou groupes d'industries similaires, une ou plusieurs Caisses corporatives de prévoyance, dans le but de garantir les membres participants contre les conséquences de la maladie et de la vieillesse. Les Caisses d'une région pourraient fusionner avec les Caisses correspondantes des circonscriptions voisines.

La retenue *obligatoire* ne pouvant dépasser 3 0/0 du salaire pour tous ouvriers n'ayant pas plus de 3.000 fr. d'appointements, une contribution au moins égale émanerait de l'entreprise. En échange : retraite pour l'ouvrier de 30 0/0 du dernier salaire, après 30 ans de travail ou un nombre d'années déterminé suivant la nature de l'industrie ou du métier par un réglement annexé à la loi ; service médical gratuit et indemnité de moitié du salaire en cas de maladie.

M. de Mun justifie l'obligation qu'il édicte par le droit qu'a l'Etat de prendre des mesures préventives, pour que la faute d'un seul (paresseux ou imprévoyant) ne retombe pas sur la Société tout entière. Il n'y a là qu'une mesure de police rentrant dans le devoir général incombant à ce dernier de procurer la paix et la prospérité publiques. — Ce n'est pas du socialisme d'Etat, parce qu'il ne s'agit pas de constituer l'Etat lui-même assureur, administrateur ou exploiteur de Caisses de prévoyance, mais de lui accorder le droit d'exiger que les ouvriers soient efficacement garanties contre les maux inhérents à la nature humaine ou particuliers à leur condition.

Proposition Bérard (*déposée le 27 mars 1890*)

La loi du 10 juillet 1886 sur la Caisse nationale des retraites serait modifiée comme il suit : Toute personne qui, de l'âge de 15 ans à l'âge de 60 ans, aurait versé une somme d'au moins 1 franc par mois, aurait droit, à partir de l'âge de 60 ans, à une pension viagère égale à celle qu'auraient produite ces versements majorés des subventions communale, départementale et nationale. La subvention de la commune serait fixée à un douzième, celle du département à deux douzièmes et celle de l'État à trois douzièmes des versements opérés, dans l'année, par le déposant. Ces subventions ne seraient acquises qu'après le versement du minimum de 12 fr. à provenir de ce dernier. Elles cesseraient de plein droit: 1° Si elles se sont exercées sur une période de 45 ans; 2° si le déposant est parvenu à l'âge de 60 ans; 3° aussitôt que les versements effectués, quel que soit leur chiffre majoré des subventions correspondantes et supposées continuées à raison d'un franc par mois, seraient capables de procurer à l'ayant droit, à partir de l'âge de soixante ans, une pension viagère de 365 fr.; 4° enfin, si les versements ont été interrompus pendant une durée supérieure à trente-six mois.

Proposition Adam *(déposée le 3 juin 1890)*

M. Adam est de l'avis de ceux qui pensent que la Caisse des retraites, telle qu'elle a été reconstituée par la loi du 20 juillet 1886, n'est qu'une Caisse de dépôts volontaires où les plus fortunés viennent verser le fruit de leurs économies, mais qui ne fait rien pour l'ouvrier malheureux n'ayant pu mettre de côté pour une retraite. Il demande la création d'une Caisse des travailleurs, où seraient versés les fonds des Sociétés de secours mutuels et qui serait, en outre, alimentée par des versements facultatifs des patrons et des ouvriers, un prélèvement de deux dixièmes sur les bénéfices nets des Caisses d'épargne et de 6 0/0 sur ceux du Pari mutuel, enfin un droit de patente spécial sur ceux qui s'occupent des paris.

Nous ne parlerons pas d'une proposition déposée le même jour par M. Papelier, parce que ce député en a fait plus tard une seconde que, seule, nous mentionnerons.

Proposition de Ramel *(déposée le 8 juillet 1890)*

Création d'une Caisse spéciale des travailleurs et des invalides du travail, sous la direction de la Caisse des Dépôts et Consignations. Présomption d'adhésion de tout Français de seize ans, ouvrier industriel ou agricole, employé ou serviteur à gages, gagnant moins de 3,000 fr. par an. En cas de non adhésion, déclaration devant le juge de paix. Prélèvement sur le salaire, de

5 centimes, 10 au plus, par jour et versement par le patron de somme égale. Quant aux travailleurs à la tâche, ils subiront une retenue 1 ou 2 0/0 au plus; même somme fournie par le patron, qui serait aussi tenu de verser dix centimes par jour, pour chaque ouvrier étranger qu'il emploierait. Chaque trimestre, le patron produirait, au bureau du percepteur un état des journées et ferait les versements ou apposerait sur le livret individuel pour la retraite des timbres spéciaux de 5, 10 ou 20 centimes Faculté de retrait des sommes déposées à cet effet, si la demande en a été faite, lors du versement. Taux de capitalisation de 4 0/0 en faveur des déposants qui auront versé pendant vingt-cinq ans au moins et n'atteindraient pas le chiffre de 360 fr. Pension minima de 360 fr. assurée, à capital aliéné, à tout travailleur qui, de dix-huit à cinquante-huit ans ou de vingt à soixante, aura prélevé 5 centimes par jour, ou 1 fr. 25 par mois, l'année étant comptée pour 300 jours, avec contribution égale de la part de l'employeur.

Nous devons ajouter que l'honorable député répudie d'une manière générale le concours pécuniaire de l'Etat, pour ne pas grever, au profit de quelques-uns seulement, les finances publiques, qui ne doivent servir qu'au profit de tous.

Toutefois, par une annexe déposée le 16 juillet 1891, M. de Ramel demande que, si l'intéressé est appelé sous les drapeaux, il soit fait un versement de dix centimes par jour, à son livret, par les soins et à la charge du ministère de la Guerre, pendant toute la durée de son service militaire.

Proposition Isambart *(déposée le 21 mars 1891)*

M. Isambart assimile la masse des travailleurs aux fonctionnaires de l'Etat. Les premiers ne sont pas moins intéressants que les seconds ; et leur bien-être est plus indispensable encore à la sécurité publique, d'où la conséquence que des retenues peuvent aussi bien être imposées tant sur le salaire des premiers comme sur celui des seconds, que sur les ressources générales budgétaires, pour assurer le nécessaire aux premiers, quand souvent les seconds sont ainsi gratifiés du superflu.

Partant de là, il crée une Caisse nationale de retraites, alimentée par les cotisations de ses membres et les subventions de l'Etat. Tous les ouvriers français ou naturalisés, âgés de 15 à 60 ans, ainsi que les employés à 3.000 fr. et au-dessous en sont membres participants! Il est interdit à tout patron, français ou étranger, établi en France, d'avoir à son service quelqu'un qui n'y ait pas son livret. La retraite devra être, à 60 ans, pour chaque intéressé, d'autant de fois 13 fr. 34 qu'il y aura à son actif de 300 journées de travail relevées par des moyens dont le détail est indiqué, sans qu'il nous soit possible de nous étendre davantage à cet égard.

Proposition Papelier (*déposée le 30 décembre 1891*)

L'idée de M. Papelier est celle de la création d'une institution qui soit à la fois Caisse d'épargne, avec faculté, pour le déposant, d'en retirer ses fonds, et Caisse de retraite. Ce qui l'alimenterait, ce serait, d'une part, les versements des déposants, mais sans obligation ni contrainte, la prévoyance ne pouvant être non le résultat de la force, mais le fruit de la propagande et de la persuasion. Le retrait serait facultatif, mais sous la réserve d'une retenue de 3 fr. par année sur les fonds de ceux qui se retireraient avec cinquante-cinq ans. Une retenue semblable serait exercée sur les intérêts des fonds, de ceux qui précéderaient. L'Etat fournirait autant de fois 10 fr. qu'il y a de déposants de vingt-cinq à cinquante-cinq ans, ayant versé au moins 12 fr. Toutefois, ces subventions ne seraient acquises au bénéficiaire et tranformées en rente viagère à capital aliéné, qu'à une double condition, c'est que ce dernier aurait versé pendant trente ans, et qu'il aurait déclaré n'avoir qu'un revenu inférieur à 800 fr.— Déposition transitoire, comme celle du projet Constans, en faveur des personnes de plus de vingt-cinq ans et de moins de quarante ans qui voudraient profiter de la loi.

Majoration de 75 fr. pour les rentes liquidées à la Caisse des retraites, en faveur des rentiers ayant fait dix versements au moins, et ayant moins de 800 fr. de revenus.

Majoration semblable et dans les mêmes conditions, pour les rentes provenant des versements déjà effectués par les déposants ou à constituer par les Sociétés de secours mutuels.

Proposition Lacôte (*déposée le 16 février 1892*)

M. Lacôte voudrait effectuer une triple création : 1° Caisse de retraite pour les vieillards des deux sexes âgés de plus de 60 ans ; 2° Caisse de secours pour les incapacités absolues et temporaires du travail ; 3° Caisse de secours immédiats à l'extrême misère.

Nous dirons d'abord un mot de la seconde, parce qu'elle doit contribuer à l'existence et à la vie de la première. La Caisse de secours pour les incapacités de travail serait alimentée de la manière suivante : 1° 5 fr. payés chaque année par tout homme marié et toute femme non mariée dont le revenu, gain ou salaire, ne dépasse pas 2,000 fr. par an, contribution payée de 25 à 60 ans ;

2° Une journée, le 1/400e du revenu, gain ou salaire des mêmes, ayant plus de 2,000 fr. par an.

3° 10 fr. par tout célibataire n'ayant pas plus de 2,000 fr. dans les conditions précédentes.

4° Deux journées, 2/400e par ceux de cette catégorie ayant plus de 2.000 fr.

5° 5 fr. par tout veuf ou veuve non chargés de famille, ayant moins de 2,000 fr. par an, comme ci-dessus.

6° Une journée, 1/400e, par celle ayant des ressources supérieures.

7° 5 fr. par tout employeur et par tout employé français dont le salaire n'excède pas 2,000 fr. par an.

8° 10 fr. par l'employeur, quand l'employé dont le salaire ne dépasse pas 2,000 fr. serait étranger.

9° Une journée, ou le 1/400e de salaire d'employé, quand ce salaire serait de plus de 2,000 fr. par année et que l'employé serait Français.

10° Deux journées, ou les 2/400e, quand l'employé serait étranger.

Déclarations à faire par les contributions.

Pénalités en cas d'exactitude. Perception comme les impôts directs.

La recette prévue serait de 150 millions, dont 75 seraient versés à la Caisse de retraites qui serait alimentée par cette somme et par 75 autres millions versés directement par l'Etat. M. Lacôte espère que cette dernière subvention serait bientôt supprimée, parce que, dit-il, il y a en France 500,000 propriétaires dont le revenu dépasse 2,000 fr. par an et qui auraient à contribuer pour au moins cette somme.

Ces perspectives, qui ne manquent pas d'un certain charme fiscal, se trouvent complétées par les idées émises à propos de la Caisse de retraites.

Les 150 millions dont la provenance vient d'être indiquée serviraient à acheter du 3 0/0 français pour le rembourser au pair par voie de tirage au sort. L'auteur de la proposition espère ainsi amortir 25 milliards de la dette française, somme nécessaire pour produire, à 3 0/0, 750 millions de francs, qui serviraient à donner tous les ans 500 fr. de rente aux 1.500,000 vieillards français des deux sexes de plus de soixante ans.

La Caisse de secours immédiats à l'extrême misère serait constituée par la création d'un bureau de bienfaisance dans toute commune de 500 habitants. Des centimes seraient encore imposés aux contribuables à cet effet.

Nous ne croyons pas devoir nous étendre davantage sur une proposition qui, pour venir la dernière, n'est pas la moins originale.

Projet Constans et Rouvier

C'est avec dessein que nous avons omis de mentionner, à sa date, le dépôt du projet Constans et Rouvier. Ce projet, ayant servi de base à la proposition de loi actuellement soumise à la Chambre des Députés, mérite une mention toute spéciale.

Déposé le 6 juin 1891, par MM. Constans, ministre de l'Intérieur, et Rouvier, ministre des Finances, le projet de loi sur la création d'une Caisse de retraites ouvrières était fondé sur l'obligation en fait de faire partie de la Caisse pour tous les Français qui ne feraient pas une déclaration contraire devant le maire de leur commune.

La Caisse serait alimentée par un versement de 0,05 à 0,10 cent. par journée de travail, que tout patron devrait retenir sur le salaire de ses ouvriers ou employés à charge par lui de contribuer à l'épargne de son ouvrier ou employé pour une somme égale, l'Etat majorant des 2/3 les sommes versées. Toutefois, l'Etat ne majorerait les sommes versées qu'autant que le déposant ne posséderait pas des ressources annuelles s'élevant à plus de 3,000 fr.

Au moment de la liquidation de la pension, le déposant devrait justifier qu'il ne jouit pas d'un revenu supérieur à 600 fr.

Pour que les sommes majorées par l'Etat soient acquises définitivement au déposant, celui-ci devra avoir effectué des versements depuis l'âge de vingt ans jusqu'à cinquante-cinq ans.

L'originalité du projet Constans et Rouvier consistait surtout en ce qu'il prenait la Mutualité comme base d'organisation. En effet, d'après l'article 4 :

« Les sommes constituées seront versées, au moins chaque trimestre, soit à « la Caisse des retraites ouvrières, soit à une Société de secours mutuels, « à une Société de retraites, à un Syndicat professionnel ou à une Caisse de « Prévoyance régulièrement autorisée. Elles seront portées sur un livret « spécial.

« Les Sociétés de secours mutuels, les Syndicats professionnels, les Sociétés « de prévoyance, pourront, soit placer les fonds ainsi reçus dans les conditions « prévues par la loi sur les Sociétés de secours mutuels, soit les déposer à la « Caisse des retraites ouvrières. »

« Art. 16. — Seront majorées des 2/3 et dans les limites indiquées « à l'article 9, les rentes viagères déjà liquidées par la Caisse nationale des « retraites, pourvu qu'elles aient été produites au moins par des versements « annuels.

« Art. 17. — Seront également majorées des 2/3 à leur liquidateur, et dans « les mêmes limites et conditions, les rentes viagères provenant de versements « déjà effectués par les déposants ou à constituer par les Sociétés de secours « mutuels.

Le projet Constans et Rouvier soumis aux Chambres en 1891 a fait l'étude d'une Commission spéciale, et M. Guyesse, rapporteur de cette Commission, a déposé sur le bureau de la Chambre un projet de loi qui ne rappelle plus que de très loin le projet primitif.

L'obligation de fait a disparu ; d'après le nouveau projet, en effet, feront partie de la Caisse les Français seuls qui s'y feront inscrire. D'autre part, les avantages accordés à la Mutualité ont totalement disparu, nous ne trouvons nulle trace des articles 4, 16 et 17 du projet Constans que nous venons de citer. Nous donnons dans leur teneur les deux projets, aux mutualistes de se faire une opinion sur leur valeur respective.

PROJET CONSTANS ET ROUVIER

TITRE PREMIER

Article Premier. — Il est créé, au profit des ouvriers et employés, métayers ou domestiques de l'un ou l'autre sexe, jouissant de la qualité de Français, dont les ressources annuelles sont inférieures à 3,000 fr., une « Caisse de retraites ouvrières », qui est annexée à la Caisse nationale des retraites pour la vieillesse, régie par la loi du 20 juillet 1886.

Art. 2. — Cette caisse est alimentée par :

1° Les versements directs des déposants grossis d'allocations égales que versent les patons qui les occupent ;

2° Les versements qu'effectue l'Etat dans les conditions ci-dessous indiquées.

Art. 3. — Celui qui loue ses services est présumé vouloir bénéficier des avantages de la loi, sauf déclaration contraire devant le maire de la localité qu'il habite, il sera délivré récépissé de cette déclaration.

A défaut de la présentation de ce récépissé, le patron devra retenir sur les sommes dues à celui dont il loue les services une somme de 5 centimes au moins et de 10 centimes au plus par journée de travail, et sera tenu de contribuer à l'épargne de son employé pour une somme égale.

Art. 4. — Les sommes ainsi constituées seront versées au moins chaque trimestre, soit à la Caisse des retraites ouvrières, soit à une Société de secours mutuels, à une Société de retraites, à un Syndicat professionnel ou à une caisse de prévoyance régulièrement constituée. Elles seront portées sur un livret spécial.

Les Sociétés de secours mutuels, les Syndicats professionnels, les Sociétés de retraites et autres Sociétés de prévoyance pourront, soit placer les fonds ainsi reçus dans les conditions prévues par la loi sur les Sociétés de secours mutuels, soit les déposer à la Caisse des retraites ouvrières.

Art. 5. — Les Sociétés autres que les Sociétés de secours mutuels approuvées ne seront admises à faire participer leurs membres au bénéfice de la présente loi qu'en vertu d'un arrêté du ministre de l'Intérieur.

Art. 6. — Les versements portés au livret du déposant seront majorés des deux tiers par l'Etat. Les sommes majorées seront inscrites annuellement au moins sur les livrets.

Art. 7. — A l'appui de la première demande de majoration, le déposant devra déclarer et faire certifier par son patron et le maire de la commune que ses ressources annuelles ne s'élèvent pas à 3,000 fr.

Au moment de la liquidation de sa pension, il devra justifier qu'il ne jouit pas d'un revenu supérieur à 600 fr.

Toute fausse déclaration sera punie d'une amende de 50 à 500 fr. et entraînera l'annulation de la majoration.

Art. 8. — Les déposants peuvent contracter à la caisse d'assurances en cas de décès, instituée par la loi du 11 juillet 1868, moyennant trente primes annuelles, une assurance sur la vie pour un capital variant de 500 à 5,000 fr., équivalant au total des sommes qu'ils auraient à verser personnellement à la Caisse des retraites ouvrières.

L'Etat prendra à sa charge le tiers de ces primes annuelles.

Art. 9. — Pour que les sommes majorées par l'Etat soient acquises définitivement au déposant, celui-ci devra avoir effectué des versements depuis l'âge de vingt-cinq ans jusqu'à cinquante-cinq ans.

Des interruptions de versements, qui ne peuvent excéder cinq années au total, sont admises pour des causes de force majeure en faveur des déposants qui les justifieront. Les versements interrompus devront être repris et prolongés d'une durée égale aux interruptions.

Art. 10. — Les rentes viagères auxquelles donneront droit les sommes portées au livret des ouvriers seront inscrites au Grand-Livre de la Caisse nationale des retraites pour la vieillesse. Les versements provenant de la contribution de l'Etat serviront à la constitution de la rente, sans que cette pension, cumulée avec les autres revenus du déposant, puisse dépasser 600 francs.

Art. 11. — Tout patron employant des salariés étrangers de l'un ou de l'autre sexe devra verser 10 centimes par journée de travail de ces salariés.

Art. 12. — Il sera formé un fonds commun à l'aide :

1° Des dons et legs affectés à la Caisse de retraites ouvrières ;

2° De la contribution acquittée par les patrons employant des ouvriers étrangers ;

3° Des sommes restées disponibles sur la contribution de l'Etat par suite de liquidation de pensions supérieures à 600 fr. ou au profit de déposants ayant des revenus supérieurs à 600 fr. ;

4° Des sommes provenant des versements de l'Etat, non maintenues au compte des déposants à la suite d'interruption de versements ;

5° Des versements ou arrérages de rentes atteintes par la prescription ;

6° Des intérêts du fonds commun.

Art. 13. — Les produits qui alimentent le fonds commun seront affectés :

1° A compléter jusqu'à concurrence de moitié les primes annuelles versées à la Caisse d'assurances en cas de décès par les déposants dont les fonds auront été placés par les soins d'une Société de secours mutuels ou de tout autre Société de prévoyance ;

2° A liquider par anticipation les pensions des ouvriers, employés, métayers ou domestiques que des infirmités empêcheraient de travailler, jusqu'à concurrence de la totalité de la pension pour ceux dont les versements auront été placés par une Société de secours mutuels ou d'une Société de prévoyance et jusqu'à concurrence de la moitié de la pension pour ceux dont les fonds auraient été versés à la Caisse de retraites ouvrières ;

3° A venir exceptionnellement en aide à ceux qui, temporairement, devraient interrompre leurs versements par suite d'accidents ;

4° Aux frais de gestion de la Caisse des retraites ouvrières.

Art. 14. — Les pensions de retraites liquidées en vertu de la présente loi sont incessibles et insaisissables.

TITRE II

Dispositions transitoires

Les personnes désignées à l'article 1er, âgées de plus de vingt-cinq ans et de moins de quarante ans, pourront bénéficier des dispositions du titre 1er, sous la condition de commencer leurs versements dans l'année qui suivra la promulgation de la loi.

Art. 16. — Seront majorées des deux tiers et dans les limites indiquées à l'article 9, les rentes viagères déjà liquidées par la Caisse nationale des retraites, pourvu qu'elles aient été produites au moins par dix versements annuels.

Art. 14. — Seront également majorées des deux tiers à leur liquidation et dans les mêmes limites et conditions les rentes viagères provenant de versements déjà effectués par les déposants ou à constituer par les Sociétés de secours mutuels.

Art. 18. — Un règlement d'administration publique déterminera les mesures propres à assurer l'exécution de la présente loi.

PROJET CONTANS ET ROUVIER (modifié)

Rapporteur : M. Guyesse

Article premier. — Il est créé, au profit des travailleurs français des deux sexes, une Caisse nationale ouvrière de prévoyance, alimentée par les versements des adhérents, les contributions des employeurs ou patrons et les subventions de l'Etat.

Art. 2. — La Caisse nationale ouvrière de prévoyance a pour but de créer des retraites pour les travailleurs, et, en général, de leur permettre de faire toutes les opérations d'assurances sur la vie ou de constitutions de capitaux qui seront prévues et déterminées par les règlements de la Caisse. Elle est dirigée par le directeur général de la Caisse des Dépôts et Consignations, assisté d'un conseil supérieur central.

Art. 3. — Elle comprend des succursales ou Caisses régionales administrées par un conseil régional et chargé notamment de faire emploi des sommes recueillies dans la région, et de les utiliser, tant en fonds d'Etat français et en valeurs garanties par l'Etat qu'en prêts aux départements et aux communes, en placements industriels agricoles et commerciaux, en travaux publics, immeubles, etc., ou autres opérations du même ordre. Un règlement d'administration publique déterminera le nombre, le siège et la délimitation des Caisses régionales, ainsi que les rapports des conseils généraux avec le conseil supérieur central et avec les commissions cantonales dont il sera parlé aux articles 19 et 20 de la présente loi.

Art. 4. — Le conseil supérieur central, siégeant à Paris, déterminera les conditions générales des placements, qui ne pourront être faits sans son autorisation.

Il sera en outre chargé de la surveillance des opérations de la Caisse nationale et des succursales, déterminera les diverses combinaisons d'assurances, tant en rentes viagères qu'en capitaux, et fixera le taux de l'intérêt adopté pour les tarifs.

ART. 5. — Le conseil supérieur central est présidé par le Ministre du Commerce et comprend :

Deux sénateurs nommés par le Sénat ;

Deux députés nommés par la Chambre des députés ;

Deux membres de la Cour des comptes et deux membres du Conseil d'Etat, nommés par le Ministre du Commerce ;

Le directeur général de la Caisse des Dépôts et Consignations ;

Le directeur général des fonds au ministère des Finances ;

Le directeur général des contributions directes ;

Deux inspecteurs des finances ;

Deux présidents des caisses régionales et dix membres pris tant parmi les membres agrégés de l'Institut des actuaires français que parmi les personnes notoirement connues en matière de prévoyance, et nommées par le Ministre du Commerce.

Les membres du conseil, autres que les membres de droit, sont nommés pour quatre ans.

ART. 6. — Les conseils généraux comprennent :

Un inspecteur des finances nommé par le Ministre du Commerce ;

Le trésorier général et le directeur des contributions directes du département, siège de la Caisse régionale ;

Et pour chacun des départements compris dans la circonscription :

Deux conseillers généraux nommés par le conseil général ;

Six membres choisis parmi les employeurs ou patrons faisant partie des commissions cantonales et nommés par eux.

Les membres désignés ou éligibles de ces conseils sont nommés pour quatre ans ; ils nomment leur président.

ART. 7. — Sont admis à bénéficier des avantages de la Caisse nationale ouvrière de prévoyance :

1° Tous les salariés de nationalité française ne relevant pas d'une administration publique ou privée qui possède déjà une caisse de retraites réglée ou reconnue par l'Etat ;

2° Les artisans, tâcherons, patrons, entrepreneurs ou commerçants, à condition néanmoins qu'il n'occupent pas d'une façon permanente plus de deux ouvriers étrangers à la famille ;

3° Les membres des Sociétés coopératives de production ;

4° Les fermiers et métayers, à condition qu'ils n'occupent pas plus de deux ouvriers étrangers à la famille d'une façon permanente, et les petits propriétaires exploitant eux-mêmes leurs biens avec leurs famille.

Art. 8. — L'inscription à la Caisse nationale ouvrière de prévoyance n'est pas obligatoire. Les adhérents, rentrant dans une des catégories précédentes, sont tenus de faire leur déclaration d'adhésion, en justifiant de leurs qualités, devant le maire de la localité où ils ont leur domicile. Il leur sera, à ce moment, délivré un livret nominatif de la Caisse de prévoyance.

Art. 9. — Il sera tenu, dans chaque mairie, un registre public contenant les noms de tous les adhérents ayant leur domicile dans la commune. Quand l'un d'eux changera de domicile, il devra en faire la déclaration au maire, qui visera son livret, et se faire inscrire à nouveau à la mairie de son nouveau domicile.

Art. 10. — Les adhérents à la Caisse nationale devront être âgés de douze ans au moins ; mais, jusqu'à l'âge de seize ans, l'autorisation des père, mère ou tuteur est nécessaire. Les femmes mariées peuvent faire acte d'adhésion sans l'autorisation du mari. La liquidation du livret ne peut avoir lieu avant cinquante ans, à moins d'invalidité ou dans des conditions spéciales à apprécier par le conseil supérieur central. L'époque de la liquidation du livret peut être fixée d'avance, à la volonté de l'adhérent, ou prorogée à une date ultérieure pour l'entrée en jouissance de la retraite.

Art. 11. — Les versements sont faits par les adhérents, soit directement au moyen de timbres-retraite ou en argent entre les mains du percepteur, soit indirectement dans les mêmes formes par les patrons, ou par les Sociétés de secours mutuels et des Caisses d'épargne. Le percepteur arrête tous les ans le compte de chaque livret porté par lui sur un registre spécial, en y inscrivant d'office le montant des contributions patronales et des subventions dues par l'Etat, réglées par les articles 14, 15, 16, 17 et suivants, et transmet une copie certifiée de ce registre à la Caisse régionale.

Art. 12. — Les versements faits par les adhérents sont applicables à une forme quelconque de l'assurance sur la vie (rente viagère ou constitution de capitaux). Toutefois, les assurances en cas de décès ne peuvent être contractées qu'à partir de la majorité ou de l'émancipation.

Art. 13. — Les versements des adhérents cessent d'être admis, dès qu'ils auront pu servir à constituer à l'âge de cinquante ans une rente viagère de 600 fr., quelle que soit d'ailleurs la forme d'assurance adoptée. Tout adhérent peut cesser ses versements à volonté, sans encourir de déchéance.

Tout versement annuel donne droit d'office, jusqu'à concurrence de la valeur maxima de 30 fr., à une subvention de l'Etat pour tous les adhérents et à une contribution patronale pour les adhérents salariés. Les sommes, une fois inscrites sur un livret, sont définitivement acquises, qu'elles proviennent des versements, des contributions patronales ou des subventions de l'Etat.

Les rentes viagères et les capitaux garantis par les sommes portées sur le livret sont incessibles et insaisissables.

Art. 14. — La subvention de l'État est égale au montant des versements annuels des adhérents et ne peut servir qu'à la constitution d'une rente viagère à capital aliéné ; elle ne peut dépasser, en vue de ce résultat, 30 fr. par an et par tête, et cesse de plein droit quand son montant total atteint la valeur de 1,000 fr.

Cependant, si l'adhérent a employé tout ou partie de ses versements donnant droit à une subvention de l'État à la constitution d'une assurance en cas de décès, il lui sera accordé par l'État une subvention supplémentaire égale au tiers de ce versement et applicable à la même opération.

Art. 15. — Une contribution patronale est due à la Caisse nationale ouvrière de prévoyance par tout employeur ou patron ayant utilisé à un titre quelconque le travail de toute autre personne moyennant salaire.

Ces contributions patronales individuelles servent à l'inscription, sur le livret de l'adhérent, d'une somme égale au montant de ses versements annuels sans que cette somme puisse dépasser 30 fr. par an.

La contribution patronale est fixée chaque année par le conseil supérieur centrale, de manière à assurer le fonctionnement normal de la Caisse nationale de prévoyance. Pour les employeurs ou patrons de l'agriculture, elle ne pourra être inférieure à 2 fr. ni supérieure à 6 fr. pour 300 jours de travail utilisés. Pour tous les autres employeurs ou patrons, elle ne pourra être inférieure à 3 fr., ni supérieure à 9 fr. pour 300 jours de travail utilisés. En cas d'insuffisance, le montant de la contribution devra être déterminé par une loi spéciale. La contribution patronale ne peut servir, comme celle de l'État, qu'à la constitution d'une rente viagère à capital aliéné.

Art. 16. — La déclaration du nombre des journées de travail est faite chaque année, par l'employeur ou patron, à la mairie de la commune où a été utilisé le travail à déclarer, sans que le nombre des journées puisse, pour un même travailleur, être compté pour plus de 300 dans une même année. Ces déclarations sont contrôlées par une commission de trois membres, nommée par le Conseil municipal ; elles sont inscrites sur un registre dont le double est adressé au percepteur de la commune. Toute déclaration erronée est punie d'une amende de 16 à 200 fr.

En cas de récidive, l'amende sera portée au double.

Art. 17. — Le percepteur recouvre les contributions dues par chaque employeur ou patron, dans les mêmes formes et conditions que les contributions directes. Il en transmet le montant à la Caisse régionale par l'intermédiaire du trésorier général du département.

Néanmoins ne rentrent pas dans la collectivité patronale dont il vient d'être parlé, les employeurs ou patrons qui satisferont à l'article ci-après.

Art. 18. — Sont exemptés de la contribution patronale définie aux articles 15, 16 et 17 tous employeurs ou patrons qui auront établi en faveur de leurs employés et ouvriers des livrets individuels de retraites constitués par des versements annuels au moins égaux d'une part au maximun prévu par l'article 15, et d'autre part aux versements faits par les employés et ouvriers, sans toutefois que les versements puissent obligatoirement dépasser 30 fr. par an. La déclaration en sera faite au maire de la commune et au percepteur, qui fera recette de ces versements pour la Caisse régionale, comme pour les autres contributions patronales.

Art. 19. — Une commission cantonale de contrôle est instituée dans chaque canton ; elle comprend le juge de paix, président ; trois employeurs ou patrons et trois adhérents à la Caisse nationale ouvrière de prévoyance nommés à l'élection par les personnes inscrites sur les registres communaux correspondants et choisis parmi elles. Ces membres sont nommés pour quatre ans.

Art. 20. — Les commissions cantonales, jugeant en premier ressort, sont saisies de toutes les réclamations faites par les patrons, relativement à la déclaration ou à la supputation des journées de travail, ainsi qu'au montant des contributions patronales.

Elles reçoivent également les déclarations faites par les adhérents, relativement à la tenue de leurs livrets.

Art. 21. — Les conseils généraux jugent en appel, s'il y a lieu, et en dernier ressort, les décisions rendues par les commissions cantonales. Les affaires, en appel, lui sont transmises par le préfet du département, avec avis motivé du directeur des contributions directes.

Art. 22. — Tout employeur ou patron occupant des employés ou des ouvriers étrangers payera le double de la contribution patronale maxima fixée par l'article 15.

Art. 23. — Le montant des contributions patronales relatives aux étrangers sera versé à la Caisse régionale pour y constituer une caisse d'invalidité, dont le but sera défini à l'article 24 suivant. Cette caisse recevra également des dotations de l'État, les dons et legs, ainsi que le montant des livrets non liquidés par suite de l'absence des titulaires et tombés en déshérence.

Art. 24. — La Caisse d'invalidité servira à constituer les secours viagers en faveur des travailleurs que des infirmités en dehors des accidents du travail ont mis dans l'impossibilité de subvenir à leurs besoins et à ceux de leurs familles, et des secours temporaires en faveur des travailleurs atteints par la maladie. Elle peut également venir en aide aux travailleurs malades ou chargés d'une nombreuse famille, pour les aider dans le payement de leurs versements à la Caisse nationale ouvrière de prévoyance.

Les conseils généraux règlementeront la distribution de ces secours.

Dispositions transitoires

Art. 25. — Seront majorées les rentes viagères déjà liquidées par la Caisse nationale des retraites au jour de la promulgation de la présente loi, et dont les titulaires rentrent dans les conditions d'adhésion à la Caisse nationale de prévoyance, à la condition que le montant de ces retraites soit aliénées, soit calculées à capital aliéné au moment de leur entrée en jouissance, soit inférieur à 300 fr. et qu'elles proviennent d'au moins dix versements annuels. Les rentes inférieures à 200 fr. seront majorées de moitié, les rentes supérieures à 300 fr. seront majorées à 300 fr.

Art. 26 — Seront majorées de la même façon les rentes viagères remplissant les mêmes conditions venant à échéance dans les quinze années qui suivront la promulgation de la présente loi et provenant des versements effectués par les déposants ou à régler par les Sociétés de secours mutuels ou les Caisses de retraite et de prévoyance, qui feront une demande spéciale à cet effet.

Art. 27. — Un règlement d'administration publique déterminera toutes les conditions particulières du fonctionnement de la Caisse nationale ouvrière de prévoyance, ainsi que celles relatives aux dispositions transitoires.

CONCLUSION

Avant de déposer notre plume, il nous reste à résumer en quelques lignes l'esprit qui nous a guidé en écrivant ce livre.

Depuis quinze ans, nous nous occupons de Mutualité en militant ; c'est-à-dire, que rien de ce qui peut intéresser nos associations fraternelles ne nous est resté étranger. Nous avons, depuis cette époque, consacré les quelques loisirs que nous laissent les quatorze heures de notre travail professionnel journalier, à la vulgarisation des principes mutualistes dans notre région.

En notre qualité de président et d'administrateur de diverses sociétés, nous avons eu souvent à demander des conseils ; il nous est arrivé quelquefois d'en donner, mais un fait nous avait frappé, depuis longtemps déjà, c'est l'absence d'un ouvrage résumant, en peu de pages, toutes les données sur nos institutions, qu'un mutualiste, soucieux de s'instruire, est obligé aujourd'hui de rechercher dans vingt volumes divers.

Essayer de faire cet ouvrage, voilà l'idée mère qui a présidé à notre travail.

Nous n'avons point la prétention d'avoir fait une œuvre historique, loin de là, nous avons seulement essayé de coordonner, en quelques chapitres, les principales données mutualistes connues a ce jour.

Notre œuvre est le résumé des travaux de vingt auteurs, et nous nous empressons de leur rendre à tous cette justice : c'est que chacun d'eux, dans la partie spéciale dont il s'est occupé plus particulièrement, a rendu à la Mutualité de signalés services.

La Société de secours mutuels, comme l'a dit si excellemment M. Léon Say, *est la cellule originaire autour de laquelle doivent venir se greffer toutes les autres institutions mutualistes.*

Pour que cela soit, il faut encourager les Sociétés de secours mutuels, aider à leur développement, c'est là le rôle de l'Etat, et c'est pour lui une obligation formelle, lorsque cet Etat est démocratique, car c'est la partie la plus saine de la Démocratie qui forme la ruche mutualiste.

On donne, sans compter, les millions nécessaires à la Défense nationale, à l'Instruction populaire, au développement du Commerce et de l'Industrie, et nous trouvons que l'on fait fort bien, mais nous voudrions ne pas voir marchander les millions nécessaires au développement de la Mutualité,

N'oublions jamais que toutes les fois qu'un nouveau citoyen vient se faire admettre dans une Société de secours mutuels, c'est une chance nouvelle d'un dégrèvement futur au budget de l'assistance publique, budget que les mutualistes voudraient voir, de plus en plus, réduit à sa plus simple expression.

La suppression de l'Assistance publique, c'est-à-dire de ce reste de barbarie, de cette lèpre du XIXe siècle, voilà l'idéal que nous poursuivons ! Il est du devoir de l'Etat d'encourager moralement et surtout pécuniairement les efforts de ceux qui se sont résolument attachés à faire triompher cette noble idée.

La Mutualité poursuit, depuis trente ans, un autre but, aussi noble et aussi généreux : c'est d'essayer d'assurer aux vieillards ou à ceux que des infirmités prématurées rendent invalides avant l'âge, un minimum d'existence, cela au sein de leur famille. Grâce au concours de l'Etat, des résultats remarquables, quoiqu'on en dise, ont déjà été obtenus. Nous croyons fermement que, pour l'avenir, en ce qui concerne la question du jour : *les retraites pour la vieillesse*, c'est dans la Mutualité qu'il faudra chercher le pivot de toutes combinaisons.

Déjà on commence à comprendre qu'il ne suffit point que les citoyens attendent leur entrée dans les sociétés mutuelles pour parer aux éventualités de la vieillesse. Un courant se dessine en faveur de la Mutualité scolaire dont l'idée mère et les premiers résultats probants obtenus sont dus tout entiers au dévouement mutualiste de l'honorable M. Cavé, ancien juge au Tribunal de Commerce de la Seine (1).

C'est en apprenant aux nouvelles générations, encore sur les bancs de l'école, les saines notions de la Prévoyance que l'on arrivera à un résultat certain dans l'avenir. La Société de secours mutuels scolaire est une démonstration par le fait, ce sera la pépinière des mutualistes futurs.

On parle beaucoup, depuis quelques années, de la retraite obligatoire pour tous les citoyens français. Il est incontestable que le jour où tous les travailleurs seront assurés de finir leurs jours au milieu des leurs, une des formes les plus intéressantes de la question sociale sera résolue. Malheureusement, comme on a pu s'en convaincre au chapitre que nous avons consacré à cette question, tous les moyens proposés pour arriver à ce but sont plus ou moins empiriques.

Il ne suffit pas de dire : tous les citoyens sont dès aujourd'hui obligatoirement assurés à la Caisse nationale des retraites pour la vieillesse ; encore faut-il démontrer que tous les citoyens pourront donner le minimum des efforts demandés, c'est malheureusement ce que l'on ne prouve pas.

Si l'on veut toute notre pensée sur ce point délicat, nous dirons : « Oui, il

(1) Des Sociétés scolaires de secours mutuels fonctionnent à Paris dans les VIIIe, XVIe et XIXe arrondissements. Nous engageons tous ceux que cette question intéresse de se faire adresser les comptes rendus annuels fort suggestifs.

est nécessaire, indispensable, que tous les citoyens soient assurés de ne pas mourir de faim un jour; il est nécessaire, indispensable de supprimer l'hospitalisation, qui coûte fort cher et rend peu de services; mais pour cela faire, il ne faut point demander, sous forme d'impôts nouveaux, une nouvelle contribution à l'ensemble des citoyens, déjà fort surchargés par les taxes existantes. Si l'on veut que cette réforme aboutisse, il faut s'occuper d'abord de la refonte de notre système d'impôts, basé sur une assiette déplorable et frappant aujourd'hui, à rebours, la classe laborieuse, la famille nombreuse, le commerçant besogneux, et épargnant scandaleusement l'oisif, le millardaire, ne faisant œuvre de leurs dix doigts.

La Caisse nationale de retraites ouvrières sera fondée, en France, le jour où l'on appliquera l'impôt progressif sur le capital ou le revenu, destiné dans un temps plus ou moins prochain à être l'impôt unique, car il est logiquement et économiquement le seul démocratique.

Pour que la Mutualité poursuive sa marche ascendante, un autre facteur lui est indispensable, c'est la solidarité étroite des travailleurs et des employeurs.

Aux travailleurs, nous dirons : En attendant que les théories, fort belles, ma foi! déclamées en réunion publique par les sociologues de profession ou d'occasion, passent du domaine de l'utopie dans celui de la pratique, vous avez pour devoir immédiat de vous préserver et de préserver les vôtres des affres de la faim dont vous êtes journellement menacés, par suite du chômage forcé occasionné par la maladie suspendue sur vos têtes. C'est la Mutualité seule qui peut immédiatement vous délivrer de cette obsession cruelle.

Entrez donc dans les Sociétés mutuelles, vous n'abdiquerez, ce faisant, aucune des théories qui peuvent vous être chères, et vous aurez démontré que vous êtes des hommes sérieux sachant allier sagement *l'idéal* et le *positif*.

L'idéal, c'est une société où tous les hommes seraient frères, où les besoins de chacun seraient les besoins de tous, où, communiant tous à la même table, il ne serait point nécessaire de distribuer les bribes du festin aux nécessiteux contemplant actuellement d'un œil jaloux le repas des riches. Nous devons tous poursuivre cet idéal, sachant même qu'il ne sera jamais atteint, car, hélas! les besoins matériels et intellectuels croîtront toujours en raison directe des améliorations apportées au bien-être de l'humanité. C'est la loi inflexible du mouvement qui pousse toujours en avant, et notre planète, et l'esprit de ceux qui l'habitent.

Le positif, c'est la lutte de tous les jours pour la vie, c'est le devoir pour le chef de famille de ne pas sacrifier le bonheur des siens à de vaines chimères ou à des théories dont il ne verra pas lui-même l'application. Il ne faut pas, sur cette terre, lâcher la proie pour l'ombre, et lorsqu'on a charge d'âmes, lorsque, à la maison, une compagne et des petits êtres qui n'ont point demandé à naître attendent de vous joie et consolation dans le présent, assurance dans l'avenir, un devoir impérieux vous est imposé, c'est de leur procurer un bien-être relatif avec le maximum de vos efforts. Vous avez des idées avancées, vous pensez que tout n'est pas pour le mieux dans le meilleur des mondes possibles, vous avez cent fois raison, mais cela ne doit pas vous faire perdre de vue vos obligations présentes.

Franklin, qui était un profond philosophe en même temps qu'un grand physicien, a dit un jour : « On s'assure contre l'incendie, ce danger lointain « qui, 90 fois sur 100, ne nous atteindra jamais, et on ne s'assure pas contre la « maladie, ce danger toujours suspendu sur nos têtes et auquel nul ne peut se « flatter de pouvoir échapper un jour ou l'autre. »

Profonde est cette pensée, et nous vous engageons, travailleurs, à la méditer.

Aux employeurs, aux riches *du présent*, car, inconstante est la fortune, nous dirons : N'oubliez jamais que le principal artisan de votre fortune est le travailleur, votre bourse est souvent ouverte aux institutions charitables, c'est fort bien, mais cela ne suffit pas ; à côté de ces institutions, il y en a d'autres beaucoup plus intéressantes, dues à la solidarité des travailleurs, et qui ont nom : *Sociétés de secours mutuels, Caisses de retraites*, etc. etc... C'est surtout vis-à-vis de celles-ci que vous avez pour devoir de vous montrer généreux. L'aumône avilit toujours celui qui reçoit et ne rehausse pas toujours celui qui donne. En apportant votre généreux concours aux Sociétés mutuelles, ce n'est plus une aumône que vous faites, c'est un acte de solidarité sociale que vous accomplissez.

La Mutualité est le terrain neutre où toutes les bonnes volontés peuvent se rencontrer sans choc de retour, plus vous vous intéresserez à elle, plus vous adoucirez les angles du monde économique, plus vous rendrez cordiaux et pacifiques les rapports du capital et du travail. Souvenez-vous, et ayez toujours présente à la mémoire cette belle maxime d'un mutualiste de cœur et d'âme, du docteur Guépin, de Nantes : *Aux déshérités le plus d'amour !*

Nous voici arrivés au moment où il faut écrire le mot *fin*. Il nous reste un devoir à remplir, c'est de remercier cordialement tous ceux, et ils sont nombreux, qui se sont intéressés au succès de notre volume, tous ceux qui ont contribué sous diverses formes à son éclosion, soit à titre de collaborateurs, soit pécuniairement. Je ne citerai personne, craignant de blesser la modestie de beaucoup, mais à tous, nous disons fraternellement : Merci !

JOLY Eugène.

— FIN —

TABLE DES MATIÈRES

LIVRE Ier : Le Passé

LIVRE II : Le Présent

LIVRE III : L'Avenir

IMPRIMERIE DU " STÉPHANOIS "
RUE DE PARIS, 17

www.ingramcontent.com/pod-product-compliance
Ingram Content Group UK Ltd.
Pitfield, Milton Keynes, MK11 3LW, UK
UKHW020436200726
13857UKWH00002B/439

9 782013 352499